多様化するライフスタイルと家計

─生活指標研究─

編：(社)日本家政学会　家庭経済学部会

建帛社
KENPAKUSHA

◇ 執　筆　者 ◇（五十音順）

東　　珠実（あずま　たまみ）	椙山女学園大学	第2章―1
石田　好江（いしだ　よしえ）	愛知淑徳大学	第5章―4
磯部美津子（いそべ　みつこ）	県立島根女子短期大学	第6章―2, 3, 4
磯村　浩子（いそむら　ひろこ）	武蔵野短期大学非常勤講師	第7章―4
今村　幸生（いまむら　ゆきお）	金城学院大学	はしがき
上村　協子（うえむら　きょうこ）	東京家政学院大学	第7章―5
大藪　千穂（おおやぶ　ちほ）	岐阜大学	第5章―6
小川　直樹（おがわ　なおき）	筑紫女学園短期大学	第4章
尾島　恭子（おじま　きょうこ）	金沢大学	第1章
古寺　　浩（こでら　ひろし）	金城学院大学	第5章―5
重川　純子（しげかわ　じゅんこ）	埼玉大学	第5章―1
杉原　利治（すぎはら　としはる）	岐阜大学	第5章―6
鈴木真由子（すずき　まゆこ）	新潟大学	第2章―2
高橋　桂子（たかはし　けいこ）	新潟大学	第2章―2
田中　敬文（たなか　たかふみ）	東京学芸大学	第7章―4
谷村　賢治（たにむら　けんじ）	長崎大学	第4章
中川　英子（なかがわ　ひでこ）	宇都宮短期大学	第5章―3
庭田　範秋（にわた　のりあき）	慶應義塾大学名誉教授 東京都厚生年金受給者協会会長	第7章―2
堀田　剛吉（ほった　たけよし）	徳島文理大学	序章，第6章―1
松岡　明子（まつおか　あきこ）	共立女子短期大学	第7章―3
御船美智子（みふね　みちこ）	お茶の水女子大学	第7章―1
村尾　勇之（むらお　ゆうじ）	東京家政学院大学	第3章
安川みどり（やすかわ　みどり）	横浜労災看護専門学校	第5章―2
渡邉　廣二（わたなべ　こうじ）	鳴門教育大学	第6章―5

は　し　が　き

　経済が成熟段階に達した現代において，価値観の多様化とともに，人々は物質的な豊かさだけでなく，各自のライフイタイルに合った生活の豊かさを求めている。したがって，現在の生活指標に関する問題意識は，たんなる生活水準や貧困の問題ではなく，多面的に把らえた生活の豊かさやゆとりに関わるものである。生活の豊かさを考えるに当たっては，基本的に個人や個別家庭の視点が大切で，豊かさを実現するための生活指標の選択や利用（総合）のしかたも個人の価値観に大きく依存しており，地域や国の視点も個別家庭の豊かさや発展を支えるものとして認識されなければならない。

　豊かさに関わる生活指標は多くの機関から提示されているが，個々の家庭の生活向上ということが十分意識されていないためか，それらが必ずしも個別家庭の生活の改善に結びついているとはいえない。われわれ研究者としては，具体的な生活指標の提示と指標のもつ意味や限界を正確に説明しながら，分析・診断の目的に合わせた比較基準を整理するとともにその方法を提示したり，シミュレーションを行ってその結果を提示するなどして，家庭経営の診断・設計や行政への支援を行うことが大切な役割であろう。

　本書は，これまでの生活指標研究の系譜をたどりながらその総括を行うとともに，生活環境条件を意識しながら，個別の家庭生活の向上を目指し，多様化するライフスタイルに対応して，家庭の経済的側面を中心とした豊かさに関わる有効かつ適切な指標の作成や利用の方法を提案し，さらに診断・設計にまでつなげていくことを意図している。このような意図がどこまで達成できているかは読者のご判断に委ねるしかない。

　また，本書は，日本家政学会家庭経済学部会のこれまでの研究活動の成果に基づく研究書であると同時に実践性を重視しており，この意味において，この分野で学ぶ学生や研究者だけでなく行政担当者や実務担当の方々にもご利用頂いて，ご意見やご批判を頂戴できれば幸いである。

家庭経済学部会は昨2001年に15周年を迎え，それを記念して当部会における生活指標に関する研究活動の成果を取りまとめることが企画された。しかし，当時部会長であった私の不手際もあって刊行が遅延しご迷惑をおかけしていたが，編集を担当された堀田剛吉，村尾勇之両教授を中心とする関係役員各位及び執筆者の方々のご努力及び会員各位のご協力によって，この度ようやく上梓の運びとなった。関係各位のご努力とご協力に対して深く感謝の意を表したい。また，本書が成るに当たっては，これまで同様，建帛社筑紫恒男社長のご理解とご協力を得た。厚く御礼申し上げたい。

　2002年7月

　　　　　　　　　　　　　　　㈳日本家政学会家庭経済学部会　前部会長
　　　　　　　　　　　　　　　　　　　　　今　村　幸　生

目　　次

序章　豊かさ指標を作成する研究過程　　　　　　　　（堀田）　　1

第Ⅰ部　生活指標研究と生活経済指標

第1章　生活指標研究の現況　　　　　　　　　　　　（尾島）
1. 生活指標研究の系譜……………………………………………………… 6
   (1) 豊かさ指標としての生活指標研究の始まり／6　(2) わが国の生活指標研究の推移／6　(3) 生活指標の類型／8
2. 近年の生活指標の概要……………………………………………………12
   (1) 新国民生活指標（PLI）／12　(2) 生活の豊かさ指標／16
   (3) 現在の生活指標の諸問題とこれからの課題／21

第2章　生活指標研究にみる生活経済指標
1. 既存の生活指標をベースにした生活経済指標の作成…………（東）　24
   (1) 既存の生活指標の分析―地方自治体が作成した生活指標の概要―／24　(2) 既存の生活指標を手がかりにした生活経済指標の考案／35
2. 地域を対象とした意味ある生活経済指標の提案……（高橋・鈴木）　46
   (1) 住民参加型の生活指標の提案／46　(2) 先行研究のサーベイ／47
   (3) 行政改革の手法に学ぶ―オレゴン・モデルを例として―／50
   (4) 生活経済指標の提唱／53

第Ⅱ部　生活経済構造と生活経済指標

第3章　生活経済の定義と生活経済構造　　　　　　　（村尾）
1. 家庭経済学について………………………………………………………62
2. 生活経済学について―生活経済学会にみる所見―………………………63

3. 生活学における生活経済……………………………………………64
  4. 家庭経済部会の取り組みと生活経済……………………………65
  5. 家政学における家庭経済学・生活経済学………………………67
  6. 生活経済の構造……………………………………………………69

第4章　生活経済指標と地域性　　　　　　　　　　（谷村・小川）
  1. 生活の豊かさ指標に対する取り組み……………………………73
  2. 指標調査の設計・分析の概要……………………………………74
     (1) 生活の豊かさ指標に関する調査／74　(2) 「元気が出る地域づくり」県民意識調査―西日本新聞調査の事例―／87　(3) 生活の豊かさと満足度の分析／89　(4) 要約／92
  3. 九州地域における生活経済指標と地域性を考える……………95
     (1) 九州地区モデルへの取り組み／95　(2) 九州地区モデルの構築／99　(3) 九州地域の生活指標／104　(4) 小括／105
  4. まとめ……………………………………………………………106

第Ⅲ部　生活指標研究と家計診断

第5章　家計簿の内容
  1. 家計簿から生活経済簿へ―生活経済簿体系化の試み―……（重川）　110
     (1) はじめに／110　(2) 生活経済簿の対象（メディア）／111　(3) 対象（生活資源）のとらえ方／111　(4) 生活経済簿における評価／113　(5) おわりに／114
  2. 基本的な家計簿……………………………………………（安川）　115
     (1) 家計簿の2つの役割／115　(2) 家計簿の支出科目からみた歴史的変遷／117　(3) 支出科目にみる現代の家計簿の特徴／120
  3. 個人と家族の家計簿………………………………………（中川）　125
     (1) はじめに／125　(2) 家計からみた生活の豊かさ／126　(3) 家計の個別性と共同性／126　(4) 「生活保護基準」／127　(5) 「個人

と家族」の豊かさ指標／129　(6)「個人と家族の家計簿」による豊かさ診断／129　(7) まとめ／133

4. 労働の家計簿－労働報酬算定を用いた家計管理－……………(石田)　137
    (1) はじめに／137　(2) 家族農業経営における労働報酬算定の方法に学ぶ／138　(3) サラリーマン世帯における労働報酬算定と家計管理の考え方／140　(4) サラリーマン世帯における労働報酬の算定を用いた家計管理の実際／142

5. 価値の家計簿………………………………………………………(古寺)　145
    (1) 意思決定と「価値」「目標」「基準」／145　(2)「価値」の形成／147　(3)「目標」の設定と意思決定のプロセス／147　(4)「基準」による意思決定結果の評価／149

6. 環境家計簿…………………………………………………(大藪・杉原)　151
    (1) 環境家計簿とは／151　(2) 現在の環境家計簿／152　(3) これからの環境家計簿／155

第6章　豊かさの診断指標と基準の作成

1. 家計診断の内容と方法………………………………………………(堀田)　162
    (1) 豊かさの理念／162　(2) 家庭経済診断とは／163　(3) 家庭経営経済診断の内容／164

2. 家計診断の指標と基準………………………………………………(磯部)　166
    (1) 診断指標について／166　(2) 診断プロセス／169

3. 地域経済診断の指標と基準…………………………………………(磯部)　171
    (1) 地域経済診断指標について／171　(2) 地域経済指標利用の実際／172

4. 簡易診断方式による個別家計と地域経済の診断……………(磯部)　176
    (1) 豊かさのとらえ方／176　(2) 簡易診断票の有用性／176　(3) 簡易診断方式による個別家計診断／177　(4) 簡易診断方式による生活者重視の地域経済診断票／181

5. 家庭経営診断の指標と基準…………………………………………(渡邉)　184

(1) 家庭経営の診断／184　(2) 生活目標／185　(3) 生活領域と生活目標／185　(4) 「男女の平等」を目標とする家庭生活の診断／186　(5) 「環境への配慮」を目標とする衣食住生活の診断／187

第7章　生活設計とは

1. 生活設計概念と生活設計指標……………………………………(御船)　191
   (1) 現代社会に生きるキーワードとしての生活設計—生活設計概念の体系化／191　(2) 生活設計の意義と意味—何のための生活設計概念か／194　(3) 生活設計指標／195

2. 将来の社会経済予測と生活設計……………………………………(庭田)　200
   (1) 将来予測の必要性とそのあり方／200　(2) 生活設計に求められるものと内容／202　(3) 新しい時代の生活設計とその特徴／206　(4) "将来の経済予測"と"将来の生活設計"／211

3. ライフイベントと生活設計……………………………………(松岡)　214
   (1) はじめに／214　(2) ライフイベント・生活設計と自助努力／215　(3) ファミリーサイクルと生活設計／217　(4) 生活設計への対応／217　(5) 少子化と出産計画／219　(6) 教育計画と資金計画／219　(7) 結婚資金計画／220　(8) 住宅資金計画／223　(9) 老後の生活設計と資金／225　(10) まとめ／226

4. 経済的準備計画……………………………………(田中・磯村)　228
   (1) 危機に立つ家庭経済／228　(2) 生活におけるリスクへの対応／233　(3) リスク対応の手段／235

5. 総合的生活設計と生活主体……………………………………(上村)　239
   (1) 生活主体／239　(2) 主観的指標と生活主体／241　(3) 「政策評価指標」と「生活設計指標」／244　(4) 自己決定と社会変革／246

索　引……………………………………………………………249

序章　豊かさ指標を作成する研究過程

（1）　研究の経緯

　今回，日本家政学会家庭経済学部会としては，生活大国論研究（平成8年まで）の後の共通論題として，国民生活の豊かさを正しく把握できる指標と比較基準をつくり，具体的な豊かさ診断方法を総力をあげて研究することとした。

　平成9年の夏期セミナーでは，会報を学会誌にするため，まず名称を「家庭経済学研究」としたが，ここでは生活の豊かさを指標の面を重視して整理することになった。この場合仮題は「生活指標研究―多様化するライフスタイルと家計」とした。

　この年は，九州地区で小川直樹他3人が「生活の豊かさ指標に関する研究」を，そして中・四国地区は磯部美津子を代表とする9人で「生活の豊かさ指標を求めて―生活の豊かさと育児・高齢者介護―」を，そして関西地区の坂本武人他1人は「豊かさ指標に関する研究―豊かな生活費の算出―」を，中部地区の大藪千穂他1人は「持続可能な社会における『豊かさ指標』開発の試み」を，さらに関東地区の御船美智子は「経済生活の経営指標と主体形成」という題で発表がされた。

　平成10年には，家政学の中の社会科学系4部会の合同セミナーを行ったが，部会としては豊かさ指標の作成に関する共通報告を行った。共通課題は，豊かさ指標を作成する意味とその内容についてであるが，関東地区の高橋桂子は「家計の不平等に関するサーベイ―世帯特性と家計指標―」という題で，また中部地区の東珠美は「世帯特性と家計指標―支出弾力性からみたライフスタイル別家計消費の特徴―」について，中・四国地区の堀田剛吉他1人は「豊かさ指標に関する実践的研究」を発表した。また九州地区では小川直樹他4人で「生活指標の研究―二つの調査事例の検証―」について研究発表された。

　平成11年の夏期セミナーでは，共通論題として関東地区の高橋桂子他1人の

「意味ある『生活指標』の作成―視座並びに我々の提案―」を，中部地区は東珠美他4人で「生活指標の分析と家庭経済」を，九州地区では小川直樹他4人で「生活指標の研究―九州地区モデルの構築」が発表された。

さらに平成12年夏期セミナーでは，次の5題の発表があった。

中部地区の大藪千穂他1人は，「持続可能な社会のための『生活経済指標』」と題し，環境家計簿でCO_2の消費問題を，また関西地区の吉井美奈子は，「21世紀の生活指標―生活の豊かさと情報受信・情報発信の位置付け―」でインターネットの利用の分析をした。また，中・四国地区の磯部美津子他1人は，「生活者重視の豊かさ指標に関する研究」として特に地域別豊かさ指標を整理した。また，九州地区の谷村賢治他1人は，地域の生活指標を考えるということで，「九州地域のモデルの構築」を実践的視点で整理した。さらに，関東地区の藤田由紀子は，「家計の負債利用の実態からみる，家計間格差」として指標を整理した。

平成13年は，創立15周年の年であり，今村幸生・堀田剛吉が本をまとめる立場から，特徴などの提案の後，各地区の代表が発表をした。

（2） 豊かさの分析視点と課題について

この研究を進めるにあたり，考えてきた課題を整理しておきたい。

第1に，すでに26にもおよぶ研究機関から出されている豊かさ指標は，重視している視点内容にそれぞれ特徴がある。これらの違いを検討するとともに，最近は生活環境と結びつけた幅広い豊かさ問題も出されてきており，これらも併せて考慮していくべきであろう。

第2に，地域（国・県）段階の豊かさのみでなく，より細分化した地域としての市町村や，さらに個別家計を診断的にみていく必要がある。この場合には，広く家庭経営的側面から総合的に考える必要があると考えた。

第3に，豊かさの検討には，主に物的・金銭的な経済問題が中心となるが，同時に，各家庭のもつライフスタイルに合わせた豊かさも問題とすべきであろう。この場合特に，家族の満足度を吟味することも必要となろう。

第4に，診断指標は，一般に既存資料の活用より比較分析できるものが好ましいが，町村単位や個別家計などで平易に調査できる内容や，生活者の意識調査なども含めて分析することが有効であろう。しかも，今回われわれが作成する指標は，できるだけ家庭経済的指標を中心に作成すべきであろう。

　第5に，家庭生活の豊かさ分析には，他地域との比較や地域でも継続的に行うことが望ましいし，そのため指標の固定化が必要である。また同時に比較基準（平均値，最高値，最低値，モード，目標値など）を整理し，問題点をより的確に把握する必要があろう。

　第6に，生活の豊かさは多面的内容を含むが，それらは各々独立分野としてみることができると同時に，生活全体の総合診断は，これらを活用して評価することも考慮すべきであろう。

（3）　本書で力点を置くべき問題

　本書は，日本家政学会家庭経済学部会が，地域で活用できる具体的な診断内容から診断指標の基準，生活設計方法を提案することに力点を置きたい。したがって，今回の家庭経済学部会の共同研究において重視すべき重要な課題は，次のごとくであると考えている。

① まず生活の豊かさを，それぞれの研究者が考え，できるだけコンセンサスを得るようにすべきである。また，分析結果を基本として，できるだけ生活改善に活用できる啓蒙的論文にすることが好ましい。

② 地域や家庭での分析として共同に使い得る生活診断指標を，現在出されている多数の指標の中から，具体的な内容として明確に決定することである。この中には生活各分野の問題点を検討する指標のみでなく，生活の総合的評価のできる指標と基準の算出方法も考える必要があろう。

③ 既存資料などから各指標に合う診断基準を検討することが大切である。またこれは家族のもつライフスタイルやライフステージ，家族属性などが診断にどう影響されるかなどを検討しておかなければならない。したがって，多くのタイプ別に合う基準値を，試算していく必要がある。

④　個別の家庭と地域の生活診断は，一応独立として行い，これらを併せて改善方向を総合的にみる必要がある。そのためには，条件別・グループ別にできるだけ多くの診断数値をつかまえておくべきである。そのため既存資料や過去の調査結果などの整理活用が問題となる。これらは記録の整備が必要であり，基準との比較検討で，現状の位置付けや動向をもみたい。
⑤　現状分析から出した診断結果は，改善課題としてまとめ，さらに生活設計をつくり，具体的改善策に活用していく必要がある。
⑥　生活の豊かさ指標や判断基準を整備し，できるだけわかりやすく使用しやすい形で，社会へアピールしていくことが必要であろう。そのため診断のマニュアルづくりも必要となろうし，特に地域，町村で具体的に分析するためには，地域・個別の診断に使用する指標に合う基準をできるだけ多く作成・把握していきたい。

これらを具体的な事例をもとに，整理することが好ましい。

（4）　研究成果の活用

家庭経済学部会員が総力をあげてつくり，家庭経済学部会案として活用できるものにしたい。したがって教科書としてよりも，地域の実践的利用ができる内容とすべきである。特にこれらの論文が，具体的に地域・家庭で豊かな生活をつくる援助となるように考えたものである。したがって，本書に対しては地域の生活行政を担当している人はもちろん，生活改善を研究している諸先生のご批判を仰ぎたい。

第Ⅰ部

生活指標研究と生活経済指標

第1章　生活指標研究の現況

1.　生活指標研究の系譜

（1）　豊かさ指標としての生活指標研究の始まり

　戦後，経済的な豊かさを求め続けたわが国は，1960年代前後の高度成長期を経てその後もめざましく成長を遂げ，1980年代後半には世界有数の経済大国となった。

　しかし，その一方で，深刻な公害問題や福祉制度の不備などの生活問題も発生し，経済水準と厚生水準・福祉水準のギャップが指摘されるようになった。また，人々の意識のうえでもギャップは生じ，経済的な豊かさが実現されても，国民は生活の豊かさを実感できていない状況が明らかになってきた。そのようななかで，経済的な豊かさではなく，そこに暮らす人々の「生活の豊かさ」を充実させるべきであるという認識が共有されるようになると，人々の生活の豊かさを測るには，物質的・経済的な側面のみからではなく，より多面的な視点が必要であるとの見方が一層強調されるようになっていった。このように，経済指標のみからでは生活の豊かさは表現できないとの認識のもとで，豊かさの指標としての生活指標の研究・開発が進められるようになったのである。

（2）　わが国の生活指標研究の推移

　では，生活指標研究はわが国においてどのように進められていったのであろうか。その推移を概観してみる。

1）1960年代～1980年代前半

　わが国において，1960年代は物質面の充足は生活の豊かさに直結していた。そのような時期には，生活を把握するための指標として考えられていた項目は

"モノ"であった。1960年代は、モノとの関わりのなかで生活指標を見出そうとする研究もみられていた[1]のである。

その後、物質的に恵まれた生活が実現するようになると生活は豊かになってくる。経済成長をみる尺度としては、GDP（1人当たり国内総生産；Gross Domestic Product）や GNP（1人当たり国民総生産；Gross National Product）が用いられるが、周知のとおり、これらは高水準を示すようになった。

確かにモノやカネがありさえすれば「豊かである」と感じられた時期もあった。その意味では経済成長を測る GNP や GDP をみれば、"わが国"は豊かである。しかし、厚生面・福祉面、さらには意識のうえでも個々人の生活が豊かであるとはいえない状況が生じてくると、GNP や GDP からでは明らかに生活の豊かさは測ることが困難となり、別の指標が求められるようになる。GNP や GDP は市場で取り引きされる財やサービスに限定されているが、生活とは市場には現れない領域を多く含んでおり、これらの尺度ではみえてこない部分が多いということからである。

その欠点を是正しようと1973年には国民純福祉（NNW；Net National Welfare）も作成される。NNW は、次項にみるように GDP をベースにした貨幣的指標であるものの、GNP や GDP では国民の生活をみていくことができないため、新たな視点から指標を作成するという点で、大きな進展をみせるものであった。

しかし、1人当たり実質 GDP 成長率と生活満足度との関連においては、「生活満足度は好況期に低下し、不況期に上昇する」[2]との事実も確認されているように、われわれの生活が豊かであるか否かは単に経済的側面のみで判断できるものではない。

そこで、金額換算によらないアプローチとして1974年には社会指標（SI；Social Index）も作成されるなど、「生活の豊かさ」を測定しようとする試みがみられるようになる。

このように1970年代には、豊かさの程度を測定する指標が、経済成長単一的ではない、生活を重視した方向へシフトしていったのである。

2）1980年代後半〜

「豊かさ」の意味はその後も変化し続けた。1970年代後半から80年代にかけては，「モノの豊かさ」よりも「ココロの豊かさ」を重視する人が増え，「豊かさ」の概念が問い直されるようになっていった。そのようななかで，生活指標の内容も従来とは視点を異にしてきた。国や企業の発展が必ずしも個人生活の豊かさに結びついていないとの反省から，社会の豊かさではなく，個人の豊かさが重視されるようになっていったのである。1980年代後半，および1990年代に入って作成された「国民生活指標」や「勤労者総合生活指標」，さらには「新国民生活指標」などは，経済指標に代わる指標であることはもとより，社会の豊かさではなく，個人の豊かさが重視されるようになってきている。

経済審議会も1992年に「生活大国5カ年計画」を発表し，政策のうえでも生産者優先社会から生活者優先社会への転換が図られてきた。時期を同じくして，家庭経済学部会でも，「生活大国研究」に取り組むなかで，「豊かさと生活指標」についての研究課題が取り上げられるようになり，生活者の立場から，生活の豊かさについて考え，豊かさの新たな指標を提示するための研究が蓄積されているところである[3]。

（3） 生活指標の類型

1）生活指標の分類

これまで，生活指標はさまざまな行政・研究機関により開発・作成されてきたが，これらの指標はいろいろな視点により整理・分類することができる[4]。そもそも，生活指標とは，生活の実態を把握し，それにより生活のレベルを測定し，その測定結果から現状の課題を発見することで生活の質をさらに向上させていくために開発されるものであるが，ここでは，これらの生活指標は何を主たる目的としているのかによって大きく3つに分けて類型化してみた。まず1つは，生活実態把握型として，生活の実態を把握することを目指したもの。これは，基本的には各種のデータを集積することで，生活実態の把握を目指したものである。2つ目は，生活・福祉水準測定型として，国および地域の生活・

福祉水準や豊かさの測定を目指したもの。そして3つ目は生活課題発見型として，現状の把握とともに課題を提示するというものである。

さらに，それらは主として社会生活の豊かさについてみたものと，個人生活の豊かさについてみたものとに分けて考えることができる。

従来の指標には「国の豊かさ」を測る尺度として作成されているものが多かった。しかし，生活指標とは，そこに住む個人が豊かに暮らしているか否かの問題であるとの指摘から，先にみたように，特に近年，個人生活の豊かさを追求する動きが高まっている。

もちろん，それらは生活の実態を把握しつつ生活水準を測定するものや，生活水準を測定すると同時に生活課題に言及しているもの，さらには個人生活の豊かさを対象にしながらも，社会生活の豊かさを表しているものなど，上述の内容では単純には分類されないものではある。しかし，今回は，生活指標の時系列的な流れも確認するために，あえてそれぞれの指標作成の目的やいかなる視点を重視しているかについて検討して分類を試みた。

ここでは，特に，公的機関を中心に作成された指標を整理してみる。

図1―1―1に示した各指標は，開発・作成された時期により，社会生活の

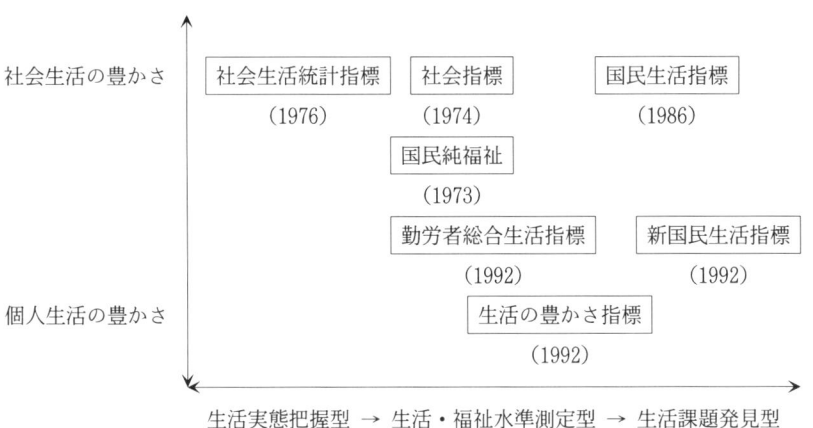

図1―1―1　生活指標の分類

豊かさから個人生活の豊かさへ，生活実態把握型から生活課題発見型へと移り変わっていく傾向がみられる。

これらの指標の内容について概観する。

2）生活実態把握型

a．社会生活統計指標

この統計指標は，総務庁統計局が1976年以来実施し，現在も総務省統計局が実施している社会・人口統計体系において整備した基礎データを用いて作成されたものである。社会・人口統計体系は，人口・世帯，自然環境，経済基盤，行政基盤，教育，労働，居住，健康・医療，福祉・社会保障など国民生活全般の実態を示す約4,100の地域別統計データを収集・加工し，これを体系的に編成することにより，国，地方公共団体等の各種施策および地域分析の基礎資料として提供することを目的として整備しているものである[5]。

そして，そのなかから都道府県別のものを「社会生活統計指標—都道府県の指標—」および「統計でみる県のすがた」として毎年報告書に取りまとめている。

3）生活・福祉水準測定型

a．国民純福祉（NNW；Net National Welfare）

旧経済企画庁経済審議会が1973年に発表したものである[6]。GNPやGDPでは国民の福祉水準を測るには不適切であるという問題意識から作成されており，GDPをベースにして，そこから福祉に役立たない部分を控除し，福祉に不可欠な項目を加えている。具体的には，プラスの要因として，年間余暇時間数を平均賃金で評価したり，家事労働を女子の平均賃金で評価するなどして加算し，マイナス要因として，環境維持費や環境汚染を適切に処理する場合に必要とされる経費，通勤時間の悪化や交通事故の損害賠償についての評価額を減じている。

b．社会指標（SI；Social Indicators）

国民の福祉の状態を非貨幣的な指標を中心として，体系的，総合的に測定しようとするものである[7]。本指標は，「健康」「教育・学習・文化」「雇用と勤

労生活の質」「余暇」「所得・消費」「物的環境」「個人の安全と法の執行」「家族」「コミュニティ生活の質」「階層と社会移動」の10の社会目標分野からなり，それぞれを数値的に把握するものとなっている。

c．勤労者総合生活指標

これは「勤労者生活の実態を総合的に把握し，「生活大国」実現に向けての勤労者生活向上のための対応の判断資料として活用するため」[8)]旧労働省により試算されたものである。本指標は勤労者生活を5領域（「雇用の確保・安定」「所得・家計・消費」「労働環境」「能力開発」「資産・住宅」）に分け，各領域の指数および，それらを統合化した総合指数の作成により，時系列的な改善度をみたものである。

d．生活の豊かさ指標

連合総合生活研究所が作成した本指標は，第1に，豊かさの概念やその基本構造の把握を重視している。そして，例えばスポーツ施設などを考える際にも「施設は個々人にとっての利用しやすさが問題なのであるから……「人口で割る」というような機械的な指標化は「豊かさ」にとって何の意味もないと思われる」[9)]など，従来の指標の算出方法の不備を指摘し，あくまでも個人レベルの指標であることを主としたうえで，生活の豊かさの度合いを指標の形で表現することを目的としたものである（本指標については，次項で詳しく紹介する）。

4）生活課題発見型

a．国民生活指標（NSI；New Social Indicators）

本指標は，国民生活の現状とその変化を経済指標以外に非貨幣的指標をも用いて多面的かつ包括的にとらえることにより，国民生活の問題点を総合的に把握することを目的とした統計指標体系である[10)]。本指標は「社会指標」を再検討して新たに確立した指標であるが，その体系は次の3つの指標群からなっている。①生活領域を「健康」「環境と安全」「経済的安定」「家庭生活」「勤労生活」「学校生活」「地域・社会活動」「学習・文化活動」の8つに区分した生活領域別指標。②国民の生活意識やニーズに関する主観的あるいは心理的な意識の把握に資するための主観的意識指標。③「国際化と生活」「情報化と生活」

「高齢化と生活」「都市化と生活」「国民生活と格差」「家庭・社会の病理」という6つの関心領域別指標である。

b．新国民生活指標（PLI；People's Life Indicators）

新国民生活指標は「社会指標」「国民生活指標」を再検討して作成されたものであるが，社会の側からでなく，生活者の側からみていくこと，経済活動優先ではなく，生活優先でみていくこと，また，生活の評価は個人の状況によって異なることから，重層的な視点でみていくこと，などについて見直したものである[11]（本指標については，次項で詳しく紹介する）。

2．近年の生活指標の概要

では，今までみてきた指標のなかで，新しい時期に開発・作成されたものを取り上げ，その内容を詳しくみていく。ここでは，「新国民生活指標」と「生活の豊かさ指標」について紹介する。

（1）新国民生活指標（PLI）

1）PLIの概要

1992年以降1999年まで毎年試算されていた新国民生活指標（PLI）は，前項でみてきたさまざまな指標のなかでも，わが国で生活の豊かさを測定する際に用いられる代表的なものである。

本指標は「国民の生活実態を多面的にとらえるための生活統計体系」[12]であり，従来の，GDPや所得などの貨幣的な指標でとらえられがちであった生活の豊かさを「非貨幣的な指標を中心に」[13]とらえるものである。

また特にこの指標は社会全体としての視点ではなく，個人の視点からという立場で評価を行っているものである。

本指標は個人の生活をその活動に着目し，住む，費やす，働くといった基礎的活動だけでなく，遊ぶ，学ぶ，交わるといった高度な生活活動も含めて，以下のような8つの活動領域を設定した。

＜PLIの8つの活動領域＞
　住　む……住居，住環境，近隣社会の治安等の状況
　費やす……収入，支出，資産，消費生活等の状況
　働　く……賃金，労働時間，就業機会，労働環境等の状況
　育てる……（自分の子どものための）育児・教育支出，教育施設，進学率等の状況
　癒　す……医療，保健，福祉サービス等の状況
　遊　ぶ……休暇，余暇施設，余暇支出等の状況
　学　ぶ……（成人のための）大学，生涯学習施設，文化的施設，学習時間等の状況
　交わる……婚姻，地域交流，社会的活動等の状況

　また，豊かさはある1つの視点ではなく，さまざまな軸から総合的に評価してとらえることが大切であるとして，各活動領域を重層的にとらえるため，次の4つの「生活評価軸」を設定した。

＜PLIの4つの生活評価軸＞
　安全・安心……個人の欲求としてより基本的な軸
　公　　　正……格差の少なさや社会のやさしさ度を表す軸
　自　　　由……個人生活面での選択の幅を示す軸
　快　　　適……より気持ちよく生活できるかを示す軸

　これらの8つの活動領域と4つの生活評価軸の設定により，PLIは表1－2－1のような体系で示される。

表1－2－1　新国民生活指標（PLI）の体系表―例示

（その1）

活動領域	安全・安心	公正	自由	快適
住む	危険・修理不能住宅比率〔－〕 最低居住水準以上住宅比率 持ち家比率 公害苦情受理件数〔－〕 交通事故発生件数〔－〕 ごみ衛生処理率	住宅取得年収倍率〔－〕 土地資産格差（ジニ係数）〔－〕	世帯用借家の着工比率 誘導居住水準以上住宅比率	日照時間5時間以上住宅比率 1人当たり畳数 1住宅当たり敷地面積 最寄りの交通機関 1人当たり公園面積 リサイクル率
費やす	1人当たり家計所得 貯蓄年収比 負債年収費〔－〕 個人破産件数〔－〕	生活保護世帯割合〔－〕 消費者物価地域差指数〔－〕 30代から50代の世代内所得格差（ジニ係数）〔－〕	サービス支出割合 百貨店数 クレジットカード発行枚数 外食支出割合	宅配便取扱個数 現金自動支払機設置台数 コンビニエンス・ストア数 耐久消費財支出割合
働く	実質賃金 失業率〔－〕 公共職業訓練施設数 転職率〔－〕 男女合計家事時間〔＋〕	身体障害者比率 女性管理職比率 中高齢者就職率 男女賃金格差〔－〕	転職率〔＋〕 有効求人倍率 開業件数 延長保育実施施設数〔＋〕	実労働時間数〔－〕 週休2日制適用労働者割合 平均月間出勤日数〔－〕 男女合計家事時間〔－〕
育てる	乳児死亡率〔－〕 教育費への支出割合〔－〕 長期欠席率〔－〕 高等学校等への進学率 少年犯罪検挙率〔－〕 補導人員〔－〕	児童福祉施設数 母子相談員比率	幼稚園在籍率 高等学校数 教育費への支出割合〔＋〕	児童館数 青少年教育施設数 児童・生徒1人当たり校地面積

(その2)

癒す	平均余命 入院患者率〔−〕 成人病死亡率〔−〕 一般病院病床数 医師数 養護・軽費老人ホーム定員数	身体障害者更生援護施設定員数 知的障害者援護施設定員数 老人保健施設定員数 特別養護老人ホーム定員数	有料老人ホーム定員数	老人福祉施設従事者数 老人ホームヘルプサービス利用状況 身体障害者ホームヘルパー派遣世帯数
遊ぶ	海外渡航に伴う事故・被害者数〔−〕 夏季連続休暇実施日数	法人交際費／個人消費〔−〕	観光目的の出国日本人数 教養娯楽費への支出割合 スポーツ施設数 常設映画館数 衛星放送受信契約数 ビデオレンタル店数 飲食店数	趣味・娯楽の週平均時間 自然公園面積比 利用源泉数 スポーツ行動者率
学ぶ	大学入学者数／進学希望高校生徒数 定時制高校数	育英会奨学生採用数	大学院進学率 留学者数 書籍・雑誌小売店数 書籍等への支出割合 成人一般学級受講者数	図書館数 図書帯出者数 博物館数 成人一般学級講座数
交わる	離婚率〔−〕 婚姻率 未婚率〔−〕 高齢者と子供の近住率		離婚率〔＋〕 未婚率〔＋〕 交際費への支出割合 奉仕的活動時間 老人クラブ加入率 献血者数	交際時間 公民館数 1人当たり選択可能情報量 パソコン普及率

注）〔−〕はマイナス評価の指標
　　表中の項目は時系列・地域別指標として，どちらかにのみ採用されているものも含む

（経済企画庁国民生活局『新国民生活指標　平成11年版』1999, p. 4）

2）PLIの試算結果

　本指標は1993年より作成，公表してきた地域別試算について，本来の趣旨に反して，地域の総合的な「ランキング」として扱われることの弊害が大きいという点から1999年には取りやめになるなど，毎年，その時々の社会動向や個人の生活に照らして検討を重ねてきた。

　1999年の試算結果としては，8つの活動領域別と4つの生活評価軸別に時系列的な動向が，図1－2－1，図1－2－2のように示されている。

(2) 生活の豊かさ指標

1)「生活の豊かさ指標」の概要

　連合総合生活開発研究所が作成したこの指標は，先にも強調したように，「個人レベルの指標」である。そして既存の指標にみられる総合化の方法や変数の扱いについての不備・諸問題を克服する形で設計され，各変数をスコア化し，ウエイト付けしたうえで総合指標を算出している。本研究では焦点を「雇用されている勤労者」に置き，豊かさ指標の基本構造の決定においては，「豊かさ」は「ゆとり」として概念化されており，なかでも金銭的なゆとりと時間的なゆとりは生活のゆとりの基礎をなしているとの理解などから，指標の基本構造を表1－2－2のように12の分野にまとめている。

　そしてさらに，この12の分野について，表1－2－3のように31の項目を具体的に設定し，ウエイト付けをしている。

　なお，表1－2－2中のE「精神的生活領域」については，現在の段階で具体的な指標項目をあげることが困難なため，除かれている。

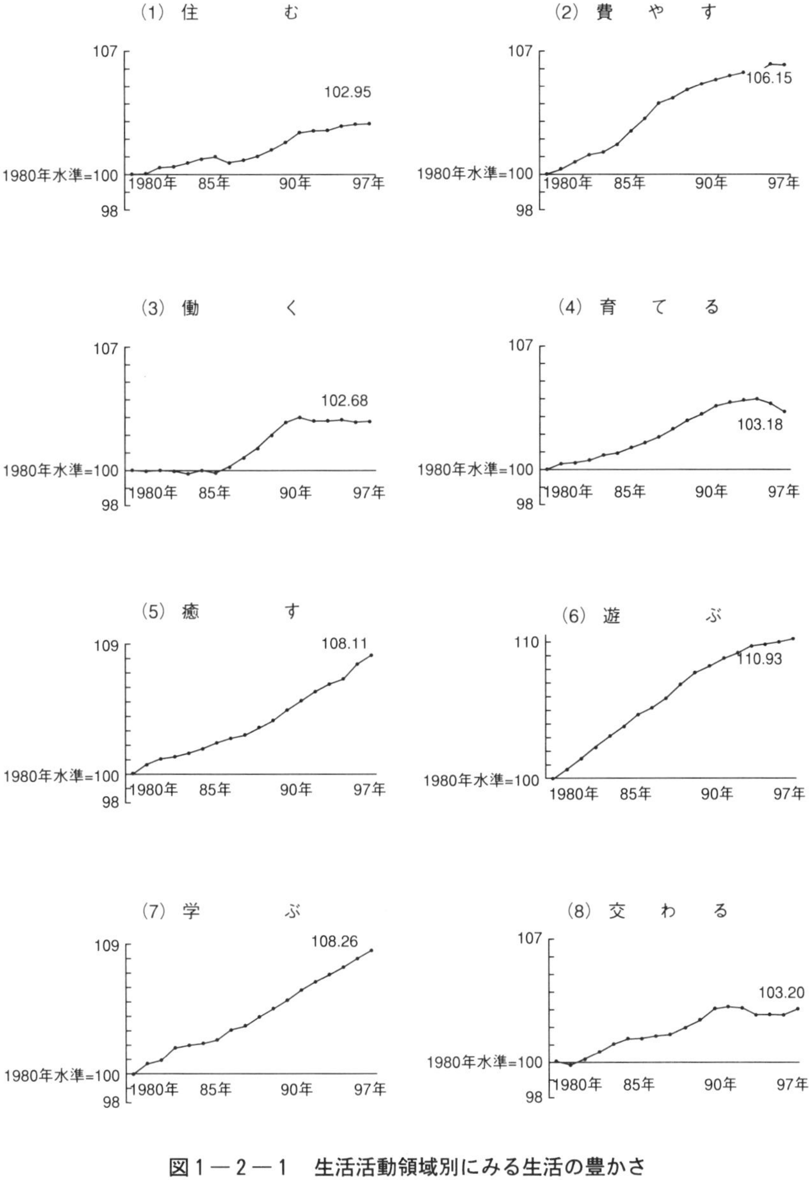

2. 近年の生活指標の概要　17

(1) 住　　む
(2) 費　や　す
(3) 働　　く
(4) 育　て　る
(5) 癒　　す
(6) 遊　　ぶ
(7) 学　　ぶ
(8) 交　わ　る

図1−2−1　生活活動領域別にみる生活の豊かさ
(経済企画庁国民生活局『新国民生活指標　平成11年版』1999, pp.19〜20)

18　第1章　生活指標研究の現況

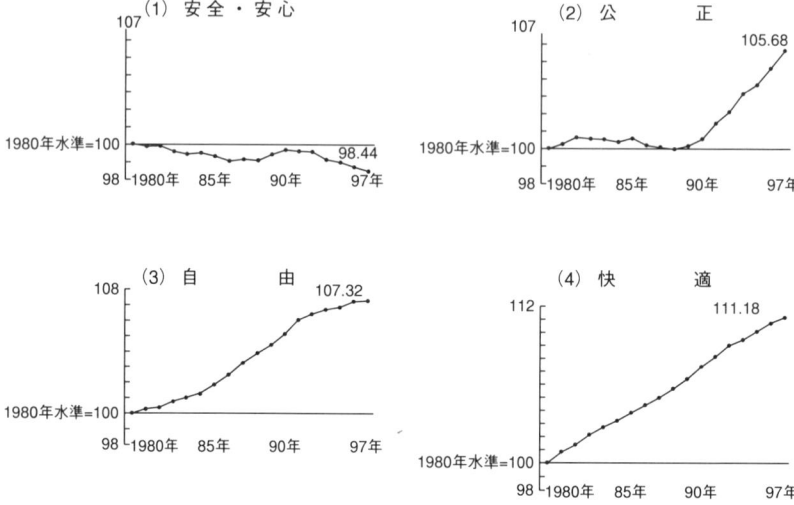

図1－2－2　生活評価軸別にみた国民生活の動向

（経済企画庁国民生活局『新国民生活指標　平成11年版』1999, p.24）

表1－2－2　豊かさ指標の領域と分野

領　　域	分　　野	
A　包括的生活領域	A 1	経済的ゆとり
	A 2	時間的ゆとり
B　基礎的生活領域	B 1	住宅
	B 2	労働
C　選択的生活領域	C 1	余暇
	C 2	文化・教養
	C 3	余暇に関わる財の所有
D　地域的生活領域	D 1	景観・自然環境
	D 2	生活環境
E　精神的生活領域	E 1	安心
	E 2	心の豊かさ
	E 3	社会的人間的関係

（連合総合生活開発研究所「生活の豊かさ指標」
　1993, p.20）

表1−2−3　分野および項目のウエイト

	分野ウエイト	項目ウエイト		分野ウエイト	項目ウエイト
A1　経済的ゆとり	24		C1　余暇	12	
1　住宅費の割合		5	20　国内旅行		5
2　教育費の割合		5	21　海外旅行		2
3　貯蓄の純増		5	22　スポーツ		5
4　金融資産		5	C2　文化・教養	4	
5　実物資産		4	23　鑑賞行動		4
A2　時間的ゆとり	24		C3　余暇に関わる財の所有	1	
6　週当たり労働時間		8	24　財の所有		1
7　年間休日数		8	D1　景観・自然環境	—	
8　自由時間		8	25　緑の度合		—
B1　住宅	16		26　街並み		—
9　広さ		4	D2　生活環境	7	
10　持ち家		4	27　道路環境		1
11　居住水準		4	28　下水道		2
12　駅への距離		4	29　公園		—
B2　労働	12		30　公共図書館		2
13　自律性		2	31　医療機関		2
14　能力の発揮		2	計	100	100
15　職場の快適性		—			
16　労働の安全性		2			
17　雇用の安定性		2			
18　通勤時間		2			
19　通勤の混み具合		2			

（連合総合生活開発研究所「生活の豊かさ指標」1993, p.71）

2）生活の豊かさ指標の試算結果

　以上の項目を具体的にスコア化して指標値を算出し，それに基づいて勤労者の生活の豊かさを，性別（男女），地域別（首都圏と北陸）の比較を通して表1−2−4のようにとらえている。

20　第1章　生活指標研究の現況

表1－2－4　分野別総合指標値

	全　国			首　都　圏			北　陸		
	全国	男性	女性	全国	男性	女性	全国	男性	女性
A1 経済的ゆとり	135.480	134.280	142.590	140.847	139.352	149.447	135.395	135.345	138.715
A2 時間的ゆとり	148.628	151.816	154.560	154.188	150.400	168.040	135.132	140.152	135.464
B1 住宅	89.580	89.156	91.768	87.200	86.420	91.300	108.024	108.144	107.316
B2 労働	81.418	80.400	82.450	79.122	77.052	81.186	87.136	86.466	87.800
C1 余暇	62.974	64.792	61.155	65.396	70.678	60.113	61.021	67.896	54.145
C2 文化・教養	12.622	9.728	15.516	14.924	11.492	18.356	11.334	9.516	13.152
C3 余暇に関わる財の所有	2.177	2.177	2.177	1.965	1.965	19.650	2.384	2.384	2.384
D1 景観・自然環境	0.000	0.000	0.000	0.000	0.000	0.000	0.000	0.000	0.000
D2 生活環境	30.852	30.852	30.852	45.177	45.177	45.177	27.466	27.466	27.466
計	563.731	563.201	581.048	588.819	582.536	615.584	567.892	577.369	566.442

(連合総合生活開発研究所「生活の豊かさ指標」1993, p.72)

（3） 現在の生活指標の諸問題とこれからの課題

　前記のような数々の指標は，その目指すものや分析方法等もさまざま異なったものであるが，これらの生活指標には，それぞれ共通の，また異なる問題点があげられる。

　例えば，「新国民生活指標」や「勤労者総合生活指標」で用いられている総合化については，その方法に誤りがあることや，マクロ変数を用いることで「個人個人にとってどういう意味をもっているのか」が明確ではなく，それが検討されることなく指標が構成されていること[14]などが指摘されている。

　あるいは，個人の豊かさを検討する際には，個人の豊かさ"のみ"を重視した指標ではなく，個人を取り巻くシステムを含めた指標が求められるとする視点から，「新国民生活指標」に対しては，「活動領域」は，あるシステムのある時点での状態を表している指標，すなわち状態指標でしかないとする点や，指標の名称（People）はどのようなシステムを対象としようとしているのかが不明確である点[15]などが指摘され，また「生活の豊かさ指標」に対しても「新国民生活指標」同様に，状態指標にすぎないとも指摘されている[16]。

　さらに，現在作成されている指標を広く概観し，堀田剛吉は次の6点を課題としている[17]。①生活環境と結びつけた幅広い豊かさ問題と併せて考えるべきであること。②地域別の豊かさのみでなく，より細分化した地域としての市町村や，さらに個別家計を診断的にみていく必要があること。③豊かさの検討には，主に物的・金銭的な経済問題が中心となるが，同時に各家庭のもつライフスタイルに合わせた豊かさも問題になること。④診断指標には一般に既存資料に比較できるものが好ましいが，町村単位や個別家計調査などで平易に調査できるものや，生活者の意識調査なども含めた分析が有効であること。⑤継続的に行う豊かさの分析には，指標の固定化が必要であるが，同時に比較基準を整理し，問題点をより的確に把握する必要があること。⑥生活の豊かさは多面的内容を含み，それらは各々独立にみることができるが，生活全体の診断としては，これらを併せて総合的に評価することも考慮すべきであること。

　生活を改善・向上させ，「豊かさ」が実感できる生活を実現させるための指

針となりうる「生活指標」としては，いまだ開発途中である。しかし，現在までにも種々検討が重ねられ，経済的な視点から多面的な視点へ，そしてマクロレベルからミクロレベルへと焦点が移行し，主体者一人ひとりの「暮らし」に近づいてきたことは確かである。今後も，既存の指標をふまえて，生活者の暮らしを総合的に評価可能な指標開発へのさらなる研究が求められるのである。

◇注◇
1) 農村の生活を改善するために，モノをその有用性と諸機能から分類した生活指標とする議論もみられる。
　　井出ふさえ「生活研究と生活指標」『農業総合研究』Vol.19, No.4, 1965, pp. 187～205
2) 福田公正『日本を豊かにする方程式』日本評論社, 1995, p.9
3) 家庭経済学部会における生活指標研究については1997年度の夏期セミナー以降の共通論題として研究報告がなされているが，それ以前のセミナーでも生活指標に関わる議論は示されてきた。
　　盛山和夫「「生活の豊かさ指標」について」『家庭経済学部会会報』No.8, 1995
　　近藤　誠「PLI（新国民生活指標）について」『家庭経済学部会会報』No.9, 1996
4) 堀田剛吉・大藪千穂「生活指標からみた生活大国」家庭経済学部会編『21世紀の生活経済と生活保障』建帛社, 1997, p.34
　　「名古屋市社会指標」名古屋市総務局企画部統計課, 1999, p.1
5) 総務省統計局『社会生活統計指標』1997
6) 経済審議会・NNW開発委員会『新しい福祉指標 NNW』大蔵省印刷局, 1973
7) 国民生活審議会調査部会編『社会調査－よりよい暮らしへの物さし－』大蔵省印刷局, 1972
8) 労働経済課「勤労者総合生活指標の試算について」労働省労働統計調査局編『労働統計調査月報』Vol.44, No.6, 1992, p.7
9) 連合総合生活開発研究所「生活の豊かさ指標」連合総合生活開発研究所, 1993, p.12
10) 経済企画庁国民生活局『国民生活指標　平成3年版』大蔵省印刷局, 1991
11) 経済企画庁国民生活局『新国民生活指標　平成11年版』大蔵省印刷局, 1999
12) 同上　p.3
13) 同上　p.3
14) 盛山和夫「「生活の豊かさ指標」について」『家庭経済学部会会報』No.8, pp.24～26

15) 大藪千穂・杉原利治「持続可能な社会における「豊かさ指標」開発の試み」『家庭経済学研究』No.11, 1998, pp.32〜33
16) 同上　p.33
17) 堀田剛吉「豊かさ指標を作成する意味とその内容」『家庭経済学研究』No.12, 1999, pp.2〜3

◇参考文献◇
- 三重野卓『「生活の質」と共生』白桃書房, 2000
- 原　司郎・酒井泰弘『生活経済学入門』東洋経済新報社, 1997
- 長津美代子他『現代社会と生活』建帛社, 1997

第2章 生活指標研究にみる生活経済指標

1. 既存の生活指標をベースにした生活経済指標の作成

(1) 既存の生活指標の分析―地方自治体が作成した生活指標の概要―

わが国の生活指標研究は,すでに述べたとおり,1960年代以降,生活実態を把握し,福祉水準を測定するとともに,生活課題を発見することを目的に,多様に発展してきた。前章では,これらのうち最も代表的と思われる指標のいくつかについて論じてきたが,ここでは地方自治体が作成ないし委託作成した生活指標に注目する。

各都道府県および政令市の社会指標等への取り組みについては,1995年12月に「平成8年新国民生活指標の充実に係る調査」が実施され,当時の状況を総括しているが[1],本項では,以下の8つの生活指標に関する報告書より,各指標の特徴を明らかにしたい。

①農山漁家生活実態調査(生活ありのまましらべ),愛知県農林部農業技術課(1971年)
②農山漁村の生活水準,愛知県農業技術課(1975年)
③北海道生活指標(HIS),北海道生活福祉部(1990年)
④沖縄振興開発実態調査報告書,沖縄計画研究所(1996年)
⑤埼玉県生活指標,埼玉県総合政策部総合計画課(1997年)
⑥1998 指標で知る千葉県―千葉県統計指標―,千葉県企画部統計課(1998年)
⑦佐賀県豊かさ指標,佐賀県企画調整課(1998年)
⑧名古屋市社会指標,名古屋市総務局企画部統計課(1999年)

これらの報告書にみられる生活指標作成の目的,方法,枠組み,構成項目等

を整理すると，表2—1—1のとおりとなる。

1）初期の生活水準測定指標—愛知県農山漁家生活実態調査・愛知県農山漁村の生活水準指標

表2—1—1の①（愛知県農山漁家生活実態調査），②（愛知県農山漁村の生活水準指標）は，いずれも1970年代半ば以前のかなり早い時期に実施・作成されたもので，自治体が，当時の農山漁家における生活実態を把握し，その改善を図ることを意図したものである。

①はもともと生活指標として作成されたものではないが，過去の調査（1964年度「生活ありのまましらべ」）との結果の比較を行い，その生活の変化と問題点をとらえ，将来の方向付けとなる指標を作成し，農村生活改善の促進を図るといった目的を有することから[2]，その後の一連の生活指標研究の前身的なものとしてとらえることができる。これに対し，②は農林省が設置した農村地域生活指標策定研究会の定めた方法により実施されたもので，当初より生活水準を測定する生活指標としての位置付けが明確にされていた[3]。

①，②においては，いずれも独自の社会調査を実施し，その結果に基づいて指数値（成績，水準評価値）を導いている。①では調査農家の概況，家族の健康の維持，家庭生活の合理的な運営の3類型に関連する42項目を提示し，それぞれに対して「該当する」と答えた割合（％）を求めた。例えば「農休日」については，「月1回以上農休日をとっている」のが38.3（％），「貯蓄について」では「目的貯蓄をしている」のが68.7（％），といったようにである[4]。調査結果は，県内の地帯（地域）別，調査年度別に比較・分析されている。一方，②では身体的要素，精神的要素，文化的要素の3類型に基づく9つの指標項目が設けられ，それぞれについて2～5個の家庭生活指標および地域生活指標（個別指標）が準備された。例えば，「精神的要素」における「生計」という指標項目に対し，家庭生活指標としては「収入と日常生活費」，「各種保険の加入」，「預貯金高」，地域生活指標としては「市町村の福祉対策の負担額」，「老人福祉施設の人口当たりベッド数」が設定された[5]。そして，家庭，地域のそれぞれの個別指標に対し，評価基準表（生活指標一覧表）に基づく4段階評価（良い

26　第2章　生活指標研究にみる生活経済指標

表2−1−1　各報告書にみられる生活指標の特徴

番号	①	②	③
報告書名	農山漁家生活実態調査 (生活ありのままに〜)	農山漁村の生活水準 (農山漁村地域生活水準診断調査 並びに向上対策事業報告書)	北海道生活指標(HIS) ─北海道の「住みやすさ」と「ゆたかさ」─
指標名	(農家漁家生活実態)	(農山漁村の生活水準指標)	北海道生活指標(HIS)
作成機関	愛知県農林部農業技術課	愛知県農業技術課	北海道生活福祉部 (社)社会開発研究所
作成年	1971 (昭和46) 年	1975 (昭和50) 年	1990 (平成2) 年
目的	・農家生活水準の向上をめざし、生活の変化を知り、今後の方向付けの資料とし、農家生活の近代化をはかる	・生活と生産の調和をはかり、健康で豊かなくらしと住み良い村づくりのため、農林漁家生活と地域社会の現状を関連させ、生活の質的、構造的に把握する	・道民生活の現状と問題点及び道内各地の生活ニーズを体系的に把握し、生活施策の総合的な推進を図るための基礎資料とする
方法	・愛知県の農林業地帯別区分12地域より2493戸を無作為抽出し調査を実施した結果をまとめている	・1970年農林業センサスより4451戸を無作為抽出し調査実施した(自計式の4段階評定尺度評価)結果を3分類からとらえ、それぞれについて経済生活指標と地域生活指標の2面から整理している	・北海道の「住みやすさ」の全国との比較、北海道の「住みやすさ」の比較からの統計データとより標準値を求めて「道民生活意識調査」により各項目の満足度についての考察を付加している
指標等の枠組み	調査項目 3個 目標の内容区分(大分類) 14個 目標の内容区分(小分類) 42個 ＊専門分野区分 5個	総合評価 1個 指標項目数 (家庭) 9個 個別指標(地域) 26個 　　　　　　　　　　　22個	「住みやすさ指標」 生活ニーズ 3個 分野 10個 細分野 32個 個別指標 292個 「ゆたかさ指標」 総合 1個 分野 3個 細分野 6個 個別指標 48個
指標等の構成項目	I　農家の概況 1　農家の概況 　(3) 就労日数 　　主となって農業に従事する人 　・農外従事の種類	第1分類　身体的要素 　I　栄養 　II　保育と休養 　III　労働と時間 　IV　住居 第2分類　精神的要素	I 生命(いのち)のニーズ 　1　健康 　2　安全 II 生活(暮らし)のニーズ 　3　就労機会 　・失業率 　I　経済効率 　1　経済効率 　　・人口1人当たり県民所得 　　・人口1人当たり財産所得 　　・就業者1人当たり

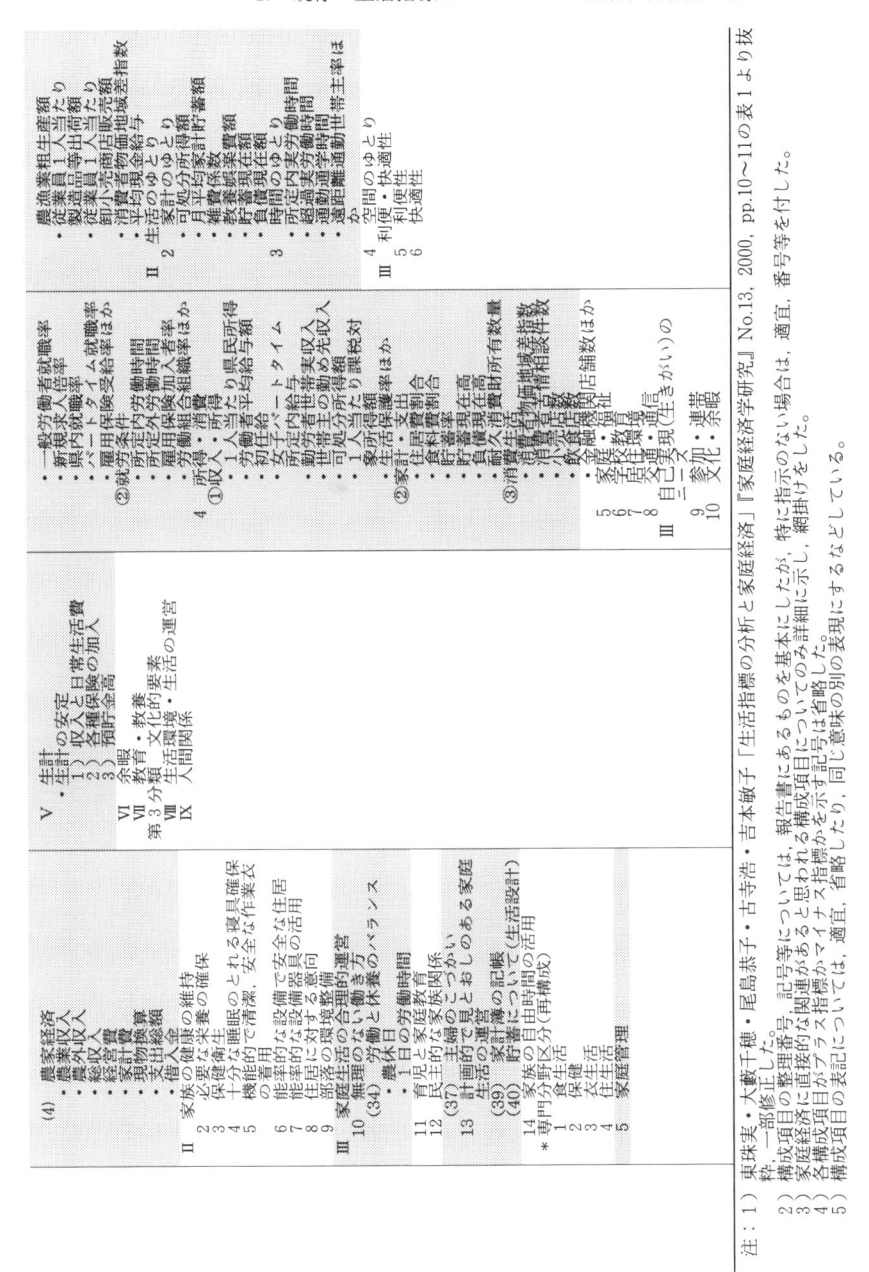

1. 既存の生活指標をベースにした生活経済指標の作成　27

(4) 農家経済
　・農業収入
　・農外収入
　・総収入
　・家計費
　・経営費
　・現物換算額
　・支出総額
　・借入金

II 家族の健康の維持
1　必要な栄養の確保
2　保健衛生
3　十分な睡眠のとれる寝具確保
4　機能的で清潔、安全な作業衣の着用
5　能率的な設備のある住居
6　住居の環境整備
7　部屋の設備器具の活用
8　家族員同士の意見

III 家庭生活の合理的な運営
10　家事労働と休養のバランス
(34)・1日労働時間
11　民主的な家族関係
12　計画的で見とおしのある家庭
13　主婦のごきげん
(37)・主婦の運営
(39)・家計簿の記帳
(40)・貯蓄について（生活設計）
14　家庭目時間の区分（再構成）
　＊専門分野区分
　1　食生活
　2　保健
　3　衣生活
　4　住生活
　5　家庭管理

V 生計の安定
　生計の安定
　1) 収入と日常生活費
　2) 各種保険の加入
　3) 貯蓄金高

VI 余暇
VII 教育・教養
第3分類 生活文化的要素
VIII 生活環境・生活の運営
IX 人間関係

・一般労働者入職率
・新規求人倍率
・県内就職率
・パートタイム就職率ほか
② 就業条件
・所定内労働時間
・雇用保険加入者率
・労働組合組織率ほか
4 所得・賃金
・1人当たり県民所得
・労働者平均給与額
・初任給
・女子平均給与額
・パートタイム収入
・世帯平均所得
・可処分所得及び租税対
所得
・要家計費支出
・家計費支出
② 家計支出
・食料費割合
・貯蓄現在高
・耐久消費財所有数量
③ 消費生活
・消費者物価地域差指数
・小売店舗数ほか
5 生活
6 居住環境
7 保健・医療
8 自己実現（生きがい）の
場
9 交通・通信
10 文化・娯楽

・農漁業相当生産額
・従業員1人当たり額
・製造業1人当たり額
・卸小売販売額
・小売商店地域差指数
・消費者物価指数
・消費者現金給与
2 生活のゆとり
・家計のゆとり
・月平均分可処分所得額
・可処分所得額
・教養娯楽費支出額
・貯蓄現在額
3 時間のゆとり
・所定内実労働時間
・超過勤務時間
・通勤通学時間
・遠距離通勤世帯率ほか
4 空間のゆとり
III 5 利便・快適性
　利便性
6 快適性

注：1) 東珠実・大藪千穂・尾島恭子・古寺浩・吉本敏子「生活指標の分析と家庭経済」『家庭経済学研究』No.13, 2000, pp.10～11の表1より抜粋し，記号項目等の整理修正した。
　　2) 構成項目の整理番号・記号等については，報告書にあるものを基本にしたが，構成項目のない場合は，適宜，番号等を付した。
　　3) 家庭経済に直接関わる関係があると思われる構成項目については指示のみ詳細に示し，網掛けをした。
　　4) 各構成項目がプラス指標かマイナス指標かを示す指標か記号は省略した。
　　5) 構成項目の表記については，適宜，省略したり，同じ意味の別の表現にするなどしている。

28　第2章　生活指標研究にみる生活経済指標

表2-1-1　各報告書にみられる生活指標の特徴（つづき）

番号	④	⑤	⑥
報告書名	沖縄振興開発実態把握調査報告書―沖縄経済社会の現状分析―	埼玉県生活指標	1998指標で知る千葉県―千葉県統計指標―
指標名	沖縄県社会指標	埼玉生活指標	千葉県統計指標
作成機関	沖縄開発庁沖縄総合事務局 (株)沖縄計画研究所	埼玉県総合政策部総合計画課	千葉県企画部統計課
作成年	1996（平成8）年	1997（平成9）年	1998（平成10）年
目的	・第3次沖縄振興開発計画の後期を迎えるにあたり沖縄県の経済社会の現状分析と社会指標の作成における県民生活水準の評価を行い、基礎資料を得る	・県民の生活の現況とその変化を的確に捉え、県民の生活実感に合った独自の豊かさの尺度となる指標を開発し、施策に反映させる	・統計指標からみた全国における千葉県の順位と県内における各市町村の順位を明らかにし、その背景や要因等について推察する
方法	・社会ニューズに基づき、9分野の社会指標領域を設定し、「県民選好度調査」によるウエイト付けにより段階的に総合化した指数を作成している	・行政施策の体系としながら7つの大分類を基本として、統計データに加工し、個別指標項目毎に総合得点を求めている	・各分野にわたる統計資料を都道府県編、市町村編、国際編にまとめ、一覧表にしている各順位を項目別に編集している
指標等の枠組み	総合評価（領域） 大分類 1個 中分類 9個 項目 24個 　　　133個	総合指数 1個 大分野総合指数 7個 中分野 26個 項目 159個	「都道府県編」 　分類 12個 　項目 150個 「市町村編」 　分類 9個 　項目 100個 「国際編」項目 10個 「千葉県の特産品」項目 2個
指標等の構成項目	I 住む II 安全 III 健康 IV 福祉 V 学ぶ VI 文化 VII 経済活力 　1 経済・財政力 　・県民所得の割合 　・1人当たり県民所得 　・経済成長率 　・財政力指数 　2 産業	I 居住環境 II 安全 III 保健・医療 IV 福祉 V 教育 VI 労働・家計 　1 就業者数外就職者比率 　・高齢求人倍率 　・有効求人倍率 　・中高年就職率 　・就業異動率 　・就職者にしめる身体障害者比率	「都道府県編」 I 目自然環境 II 人口・世帯 III 経済基盤 　31 県内総生産 　32 実質経済成長率 　33 1人当たり県民所得 　34 農家人口比率 　35 専業農家戸数比率 　36 耕地面積 　37 専業農家生産率 　38 生乳生産量 　39 米収穫量

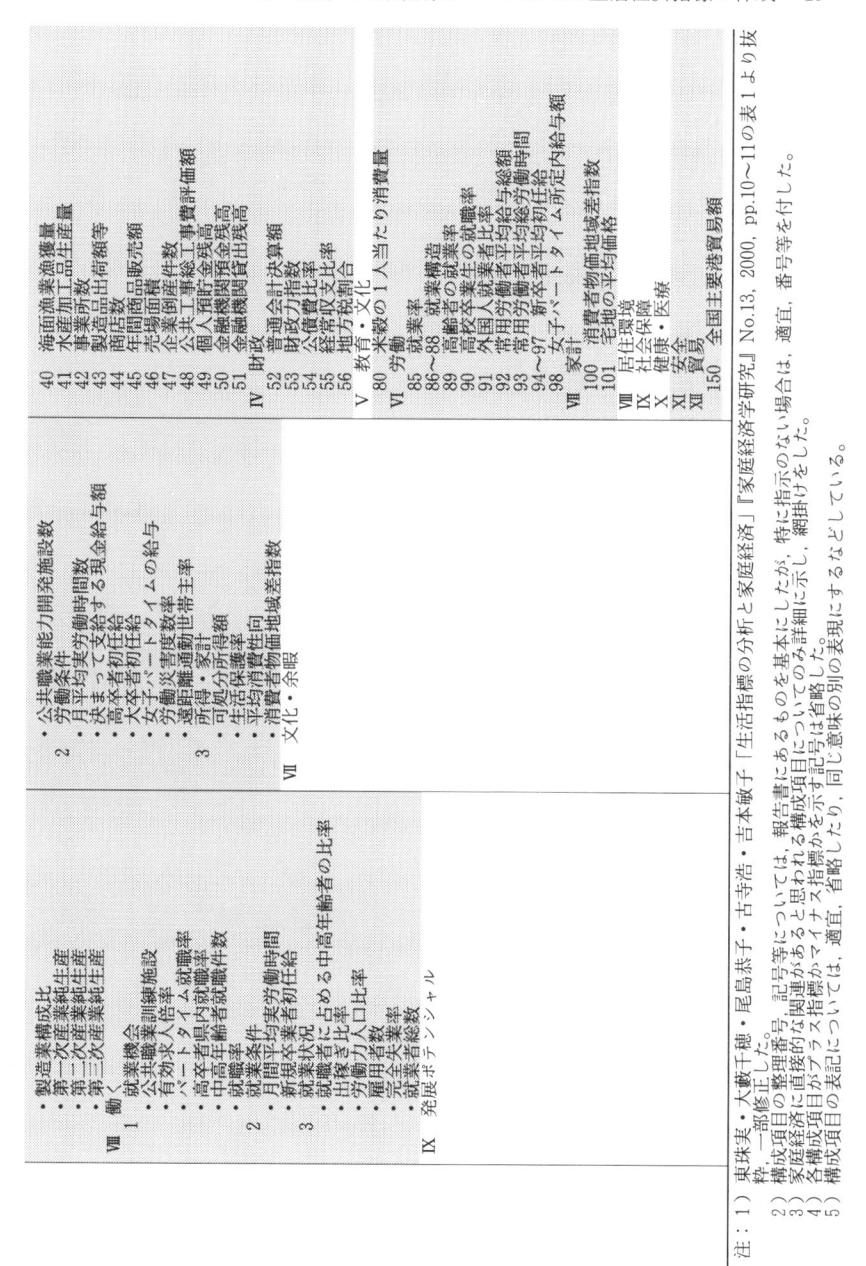

1. 既存の生活指標をベースにした生活経済指標の作成

VIII ・製造業構成比
  ・第二次産業純生産
  ・第三次産業純生産
1 就業機会
  ・公共職業訓練施設
  ・有効求人倍率
  ・パートタイム就職率
  ・高卒者県内就職率
  ・中高年齢者就職件数
  ・就職率
2 就業条件
  ・月間平均実労働時間
  ・新規高卒実業者初任給
3 就職状況
  ・就職者に占める中高年齢者の比率
  ・労働力人口比率
  ・雇用者総数
  ・完全失業率
IX 発展ポテンシャル

2 ・公共職業能力開発施設数
  労働条件
  ・月決まって支給する現金給与額
  ・大卒者初任給
  ・女子パートタイムの給与
  ・労働災害度数率
  ・遠距離通勤世帯率
3 所得・家計
  ・可処分所得額
  ・生活保護率
  ・消費者物価地域差指数
  ・平均消費性向
VII 文化・余暇

40 海面漁業漁獲量
41 水産加工品生産量
42 事業所実所得額
43 製造品出荷額等
44 商店数
45 年間商品販売額
46 売場面積
47 企業倒産件数
48 公共工事請負評価額
49 個人預貯金残高
50 金融機関預貯金残高
51 金融機関貸出残高
IV 財政
52 普通会計決算額
53 財政力指数
54 公債費比率
55 経常収支比率
56 地方税割合
V 教育・文化
  ・米穀の1人当たり消費量
VI 就業構造
80〜88 就業率
85 高齢者の就業率
86〜88 高校卒業者の就職率
89 外国人就業者比率
90 常用労働者給与総額
91 常用労働者平均労働時間
92 女子パート・新卒者初任給
93 女子パート・所定内給与額
94〜97 家計
98 消費者物価地域差指数
VII
100 居住環境
101 宅地の平均価格
VIII 居住環境
IX 社会保障
X 健康・医療
XI 安全
XII 貿易
150 全国主要港貿易額

注：1）東珠実・大藪千穂・尾島恭子・古寺浩・吉本敏子「生活指標の分析と家庭経済」『家庭経済学研究』No.13, 2000, pp.10〜11の表1より抜粋。一部修正した。
2）記号等については、報告書にあるものを基本にしたが、特に指示のない場合は、適宜、番号等を付した。
3）家庭経済に直接的な整理番号、関連項目と思われる構成項目についての詳細を示し、網掛けをした。
4）各構成項目がプラス指標かマイナス指標かを示す記号から省略した。
5）構成項目の表記については、適宜、省略したり、同じ意味の別の表現にするなどしている。

30　第2章　生活指標研究にみる生活経済指標

表2－1－1　各報告書にみられる生活指標の特徴（つづき）

番　号	⑦	⑧
報告書名	佐賀県豊かさ指標試算結果	名古屋市社会指標
指標名	佐賀県豊かさ指標	名古屋市社会指標
作成機関	佐賀県企画部調整課	名古屋市総務局企画部統計課
作成年	1998（平成10）年	1999（平成11）年
目　的	・佐賀の特徴をとらえ、施策の参考とする ・県民が佐賀を見直す契機として活用する	・市民の福祉水準および生活水準を測定する
方　法	統計データより指標を偏差値化し活動領域別・質的評価別に総合化を行い、県民選好度調査に基づきウエイト付けを施した。もので、活動領域別、主体別、時系列について豊かさを求めている	・生活領域指標と関心領域指標の2つの柱に基づき、トップダウン方式によるヒエラルヒーにより指標を総合化し、各指標の時系列変化の特徴を明らかにしている ・名古屋市の個別統計データについて作成されており、他市等の比較は行われていない
指標等の枠組み	活動領域　　　　6個 中分類　　　　9個 小分類　　　 34個 基本的豊かさ項目　124個 ＊発展的豊かさ項目　90個	「生活領域指標」 総合指標（SG）　　　1個 大分類　　　　　　　10個 中分類（FSC）　　　23個 小分類（SSC）　　　63個 細分類　　　　　　103個 個別指標　　　　　250個	「関心領域指標」 総合指標　　　1個 分野　　　　　6個 個別指標　　29個
指標等の構成項目	Ⅰ　安らぐ Ⅱ　住む 　①家計 　・世帯当たり実収入 　・生活保護世帯率 　＊年収1千万以上世帯の割合 　②消費環境 　・1人当たり飲食料小売店数 　・1人当たり金融機関店舗数 　・1人当たり郵便局数 　・1人当たり小売店数 　・1人当たり物価地域差指数 　・1人当たり百貨店数 　・1人当たりコンビニ数	A　健康 B　労働 1　勤労生活の向上 　・労働時間の短縮 　・年間総労働時間 　・月間出勤日数 (1)　良好な職場環境の確保 　・業務災害発生数 　・労働災害強度率 　・労働災害実働利費 (2)　賃金条件の向上 　・実質賃金格差 　・規模別賃金格差 (3)　労使関係の安定 　・労働組合組織率 　・労働争議損失日数	A　居住の状況 ・土地購入費・建築費対可処分所得ほか B　環境の状況 C　くらしやすさ ・求人・求職数 ・1人当たり市民所得 ・学際・企業規模・産業別賃金格差 ・財政生活関連支出 ・消費者物価指数地域差指数 D　文化などの余暇活動 ・教養娯楽経費支出ほか E　都市景観の美しさ F　都市保存事業補助金交付額ほか

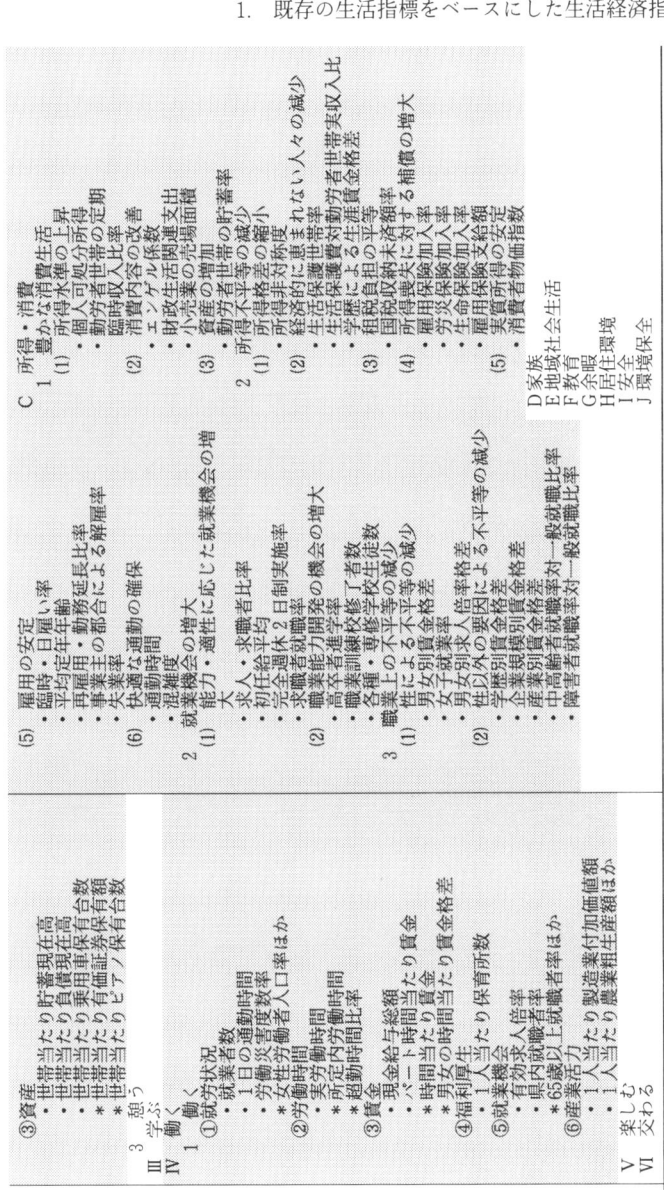

1. 既存の生活指標をベースにした生活経済指標の作成

III ③資産
- 世帯当たり貯蓄現在高
- 世帯当たり負債現在高
- 世帯当たり乗用車保有台数
- 世帯当たり有価証券保有額
- *世帯当たりピアノ保有台数

IV 学ぶ

3 憩う

1 ①就労状況
- 就業者比率
- 1日の通勤時間数
- 労働災害度数率
- *女性労働人口率ほか

②労働時間
- 実労働時間
- 所定内労働時間

③賃金
- 現金給与総額
- パート時間当たり賃金
- 時間当たり賃金
- *男女の時間当たり賃金格差

④福利厚生

⑤就業機会
- 求人倍率
- 有効求職者率
- *65歳以上就職者率ほか

⑥産業
- 1人当たり製造業付加価値額
- 1人当たり農業粗生産額ほか

V 楽しむ

VI 交わる

(5) 雇用の安定
- 臨時・日雇い率
- 平均定年年齢
- 再雇用・勤務延長比率
- 雇用主の都合による解雇率
- 事業主の都合による解雇率
- 失業率

(6) 快適な通勤の確保
- 通勤時間
- 混雑度

2 就業機会の増大
(1) 能力・適性に応じた就業機会の確保
- 求人・求職者比率
- 初任給平均
- 完全週休2日制実施率
- 就職者就職率
- 職業能力開発の機会の増大
- 職業訓練校修了者数
- 高等学校進学校学校卒業生徒数
- 各種・専修学校卒業生徒数

3 職業上の不平等の減少
(1) 性による不平等の減少
- 男女賃金格差
- 男女別賃金格差

(2) 性以外の要因による不平等の減少
- 企業規模別賃金格差
- 中高年齢者就職率対一般就職者比率
- 障害者就職率対一般就職者比率

C 所得・消費
1 豊かな消費生活
(1) 所得水準の上昇
- 個人可処分所得
- 勤労者収入の定期
- 臨時収入比率
- 消費内容の改善
- エンゲル係数
(2) 財政生活関連支出
- 小売業の売場面積
(3) 資産の増加
- 勤労者世帯の貯蓄率

2 所得不平等の縮小
(1) 所得格差の縮小
(2) 経済的に恵まれない人々の減少
- 生活保護費対勤労者世帯実収入比
- 生活保護世帯比率
- 租税負担の累進的
- 国税滞納額比率
(3) 所得保障加入率
- 所得保障加入率
- 労災保険加入率
- 生命保険加入率
- 雇用保険支給額
- 失業保険の安定
(5) 消費者物価指数

D 家族
E 地域社会生活
F 教育
G 余暇
H 居住環境
I 安全
J 環境保全

構成項目の整理番号、記号等に関連があると思われる構成項目についての番号を、適宜、適切に示し、網掛けを付した。

注: 1) 東茉実・大藪千穂・尾島恭子・古寺浩・吉本敏子「生活指標の分析と家庭経済」『家庭経済学研究』No.13, 2000, pp.10〜11の表1より抜枠、一部修正した。
2) 構成項目の整理番号、記号等に関連があると思われる構成項目についての番号を、適宜、適切に示し、網掛けを付した。
3) 家庭経済に直接関連的意味がある各構成項目についての詳細を省略した。
4) 各構成項目がプラス指標かマイナス指標かを示す記号を省略した。
5) 構成項目の表記については、適宜、適切、省略したり、同じ意味の別の表現にするなどしている。

32　第2章　生活指標研究にみる生活経済指標

(3点),やや良い(1点),やや悪い(-1点),悪い(-3点))が行われた[6]。評価点は換算式により-1点～(+)1点に置き換えられ,これが各指標に対する水準評価値とされている[7]。このようにして,県内の地域別に各指標に対する家庭(農家)と地域の水準評価値が算定・比較され,諸課題が提示された。

2) 他の都道府県との比較を意図とした生活指標—北海道生活指標(HIS),沖縄県社会指標,埼玉県生活指標,千葉県統計指標,佐賀県豊かさ指標

　1980年代後半以降,国民生活指標をはじめとする諸指標が公表されるなかで,各都道府県においては,独自の指標に基づいて当該都道府県の生活水準を他の都道府県と比較し,生活施策の参考資料を得ようとする試みが行われるようになる。表2－1－1の③(北海道生活指標),④(沖縄県社会指標),⑤(埼玉県生活指標),⑥(千葉県統計指標),⑦(佐賀県豊かさ指標)の各指標がそれにあたる。

　このうち,③,④,⑤,⑦においては,トップダウン方式の指標体系が整えられている。トップダウン方式の指標体系とは,図2－1－1に示したように,政策体系を考慮しながら生活分野(大分野・大分類)を設定し,さらにその中

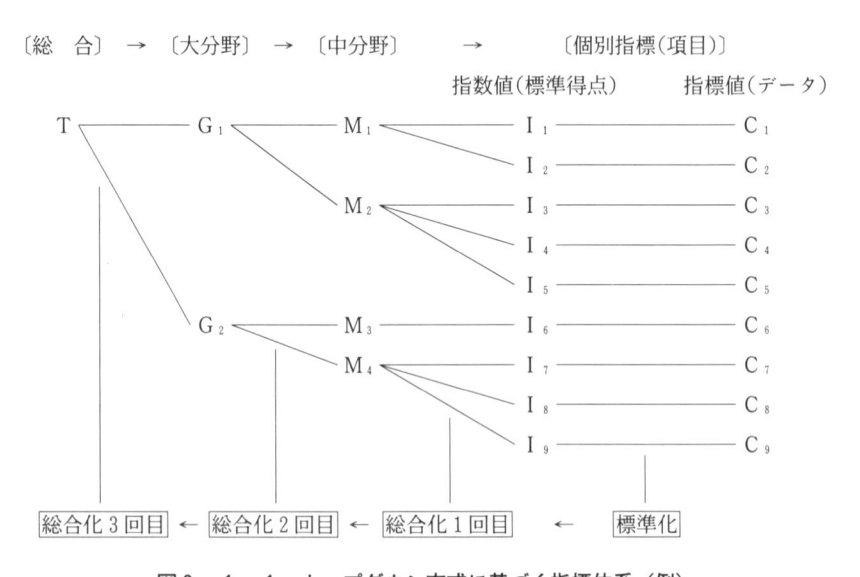

〔総　合〕　→　〔大分野〕　→　〔中分野〕　　　→　　　〔個別指標(項目)〕
　　　　　　　　　　　　　　　　　　　指数値(標準得点)　　指標値(データ)

T — G_1 — M_1 — I_1 — C_1
　　　　　　　　　　　　I_2 — C_2
　　　　　　　M_2 — I_3 — C_3
　　　　　　　　　　　　I_4 — C_4
　　　　　　　　　　　　I_5 — C_5
　　　G_2 — M_3 — I_6 — C_6
　　　　　　　M_4 — I_7 — C_7
　　　　　　　　　　　　I_8 — C_8
　　　　　　　　　　　　I_9 — C_9

|総合化3回目| ← |総合化2回目| ← |総合化1回目| ← |標準化|

図2－1－1　トップダウン方式に基づく指標体系(例)

に細分野（中分野・中分類）を設定し，それから具体的な指標項目（個別指標）の選択をして，水準を測定するという手法で，OECD および国民生活審議会により示された生活指標の作成方式にならうものである[8]。

北海道生活指標の「住みやすさ指標」を例にあげると，生命（いのち）のニーズ，生活（暮らし）のニーズ，自己実現（生きがい）のニーズの3類型のもとに健康，安全（以上，生命のニーズ），就労，所得・消費，家庭・福祉，学校教育，居住環境，交通・通信（以上，生活のニーズ），参加・連帯，文化・余暇（以上，自己実現のニーズ）の10の生活分野が設定され，その下に32の細分野，292の個別指標が位置付けられている。ここで，最も下位の項目（個別指標）には，各種統計データが採用されている。

これらの各項目（個別指標）のデータを指数化する際には，標準得点方式が用いられる。標準得点方式とは，各項目の単位にかかわらず項目間の相互比較が可能となるように，分散と平均をそろえて標準得点を求めるものである。計算式は，以下のようである。

〔Ⅰ〕 標準得点（指数）＝ $\dfrac{\pm 10(個別の指標値－平均値)}{標準偏差}$ ＋100

〔Ⅱ〕 標準得点（指数）＝ $\dfrac{\pm 10(個別の指標値－平均値)}{標準偏差}$ ＋50

（注） 上式「±」については，プラス指標（指標値が大きいほど生活水準が高いと評価される項目）では「＋」を，マイナス指標（指標値が小さいほど生活水準が高いと評価される項目）では「－」を採用する。

全国平均を100として指数を求める場合には〔Ⅰ〕式を，全国平均を50として指数を求める場合には〔Ⅱ〕式を用いる。上記の指標のうち，③と⑦では〔Ⅰ〕式が[9]，④と⑤および PLI においては〔Ⅱ〕式が[10]採用されている。

このようにして求められた各項目の標準得点を用いて，より上位の指標の指数値が算定される。これを総合化という。総合化には，例えば図2－1－1にみられるように1回目から3回目までのプロセスがあるが，上記指標の③と⑤

ではすべての総合化を単純平均（均等ウエイト方式）によっているのに対し，④と⑦では，2回目以降のプロセスにおいて県民選好度調査に基づくウエイト付けを行っている[11]。

③，④，⑤，⑦の指標では，以上のような方法によって各都道府県の各レベルの指数値を求め，全国における当該都道府県の順位などを明らかにしている。なお，④，⑤，⑦では，このようにして得られた結果がPLIによる評価と異なることを指摘し，PLIのあり方に疑問を呈している[12]。

上記の4指標に対し，⑥の「千葉県統計指標」は，その名称にみられるとおり，統計データを収集したものである。「都道府県編」では，自然環境，人口・世帯，経済基盤，財政，教育・文化，労働，家計，居住環境，社会保障，健康・医療，安全，貿易の12分類，150項目について，各都道府県のデータを全国順位に従って列挙している。併せて千葉県データに関しては，全データに基づく偏差値を算出し公表している[13]。

以上，「他の都道府県との比較を意図した生活指標」について述べたが，これらのうち，③，④，⑥では，同様の方法によって，当該都道府県内における地域間の生活水準の比較も行っている。すなわち，③では北海道内の6地域経済圏域および21広域市町村圏域（20広域市町村圏のうち札幌圏を札幌市圏と札幌周辺圏に分割），④では沖縄県内の6エリア（5圏域および那覇市），⑥では千葉県内80市町村について，生活指標に基づく生活水準の相対的な比較を実施している。

3）当該地域の生活水準の変化をとらえる生活指標—名古屋市社会指標

前項で掲げた生活指標が他の都道府県や地域との相対的な比較を主な目的とするものであるのに対し，当該地域における生活水準の時系列変化の分析に主眼を置くものとして，名古屋市社会指標をあげることができる。

名古屋市社会指標は，1974年に発表された国民生活審議会調査部会編「社会指標—よりよい暮らしへの物差し」を契機に1977年に初めてつくられ（当時の名称は名古屋市福祉指標），以後，毎年作成されている[14]。この指標の特徴は，トップダウン方式に基づく指標体系がきわめて重層的に整えられ，それに基づく長期時系列データが管理・公表されている点にみられる。指標の枠組み・構成項

目は，表2−1−1の⑧に示したとおりである。特に「生活領域指標」については，健康，労働，所得・消費，家族，地域社会生活，教育，余暇，居住環境，安全，環境保全の10の大分類（SG：ソーシャル　ゴール），23の中分類（FSC：ファンダメンタル　ソーシャル　コンサーン），63の小分類（サブ　コンサーン），103の細分類（サブ　サブ　コンサーン）が設定され，その下にある個別指標は250に及んでいる。すべての個別指標値は，各指標値の上昇が生活水準の上昇を表すように加工され，1985年度を100.0として指数化される。そして，細分類および小分類の指標値は単純平均によって，中分類，大分類，総合の指標値は，市民意識調査の結果に基づくウェイト付けを施して算定（総合化）される[15]。算定された長期時系列指標値によって，市民生活の諸側面の状態を，他の自治体との比較ではなく，当該自治体の時系列的発展（または後退）の姿としてとらえることができる。

　なお，これまでにみた他の諸指標においても，一部で時系列的な指標値の比較分析が実施されていることを付言しておく。

（2）　既存の生活指標を手がかりにした生活経済指標の考案

　ここでは，地方自治体が作成した上記の8つの生活指標を手がかりに，家庭を中心とした生活経済指標の構築を試みることにする。

1）生活経済指標の目的・枠組み・算定方法

a．生活経済指標作成の目的

　これまで地方自治体が作成した生活指標の目的は，総じて，地域の生活実態を把握し，生活水準を測定し，生活の変化をとらえ，そこにみられる問題点を明確化することによって生活施策における課題を見出すことにあった。また，その際，生活の善し悪しを絶対的に評価することはきわめて困難なため，他の自治体との比較や時系列的な比較によって，相対的な判断が下されてきた。

　これらをふまえ，家庭を中心とした生活経済指標を作成しようとする場合，その目的は，以下のような点に置かれるべきである。

　①家庭経済の実態を多面的に把握する。

②現在の当該地域・世帯の家庭経済の水準を時間的・空間的に評価する。
③家庭経済の向上・発展に資するデータを得る。

b．生活経済指標の枠組みと構成項目

次に，生活経済指標のフレームを明らかにするために，先の表2－1－1に掲げた生活指標の代表的なカテゴリーを整理する。それらは，概ね，経済（経済，財政，産業，貿易），労働（労働，就業，職業，通勤），家計（家計，所得，消費，資産），保健（保健，医療，健康，休養，栄養），福祉（福祉，社会保障），文化（文化，教育，教養，余暇，歴史），居住環境（居住，環境，住居，景観，安全，快適，利便），暮らし（家族，家庭，世帯，地域社会），交流（交流，交通，通信，参加・連帯，人間関係）などに類型化される。これらのうち，特に家庭を中心とした生活経済指標に関係の深いものとして，家計，経済，労働をあげることができる。そこで，家計，経済，労働に関する諸指標をベースにしながら，その他の必要なカテゴリーを取り込み，トップダウン方式に基づいて生活経済指標の体系化を試みると，図2－1－2のようなフレームを提示することができる。ここでは，家庭経済主体指

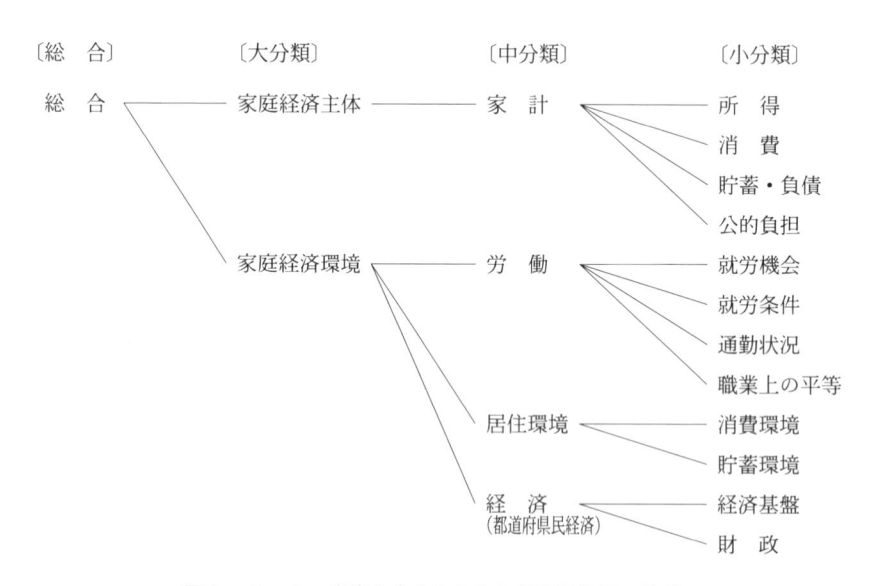

〔総合〕	〔大分類〕	〔中分類〕	〔小分類〕
総合	家庭経済主体	家計	所得
			消費
			貯蓄・負債
			公的負担
	家庭経済環境	労働	就労機会
			就労条件
			通勤状況
			職業上の平等
		居住環境	消費環境
			貯蓄環境
		経済（都道府県民経済）	経済基盤
			財政

図2－1－2　家庭を中心とした生活経済指標の体系

標としての家計と,家庭経済環境指標としての労働,居住環境,経済(都道府県民経済)が大きな柱となっている。

また,この指標体系によって実用可能な地域別の生活経済指標を作成するために,具体的な項目(個別指標)を精選すると,表2—1—2のとおりとなる。個別指標の原数値収集のための資料に制約があるため,家庭経済主体指標(家計)は主として都道府県庁所在都市別(一部地方別)データ,家庭経済環境指標(労働,居住環境,経済)は都道府県別データに依拠することになる。

c. 指数値の算定方法

上記の指標体系に基づいて,各項目(個別指標)のデータを指数化する。ここでは,当該地域の生活経済水準を時間的・空間的に評価し得る客観的な指標の作成を目指すことから,標準得点方式によって指数を求める。その算定方法は,次のようである。

① 項目(個別指標)の全データの平均値を求める。
② 項目(個別指標)の全データの標準偏差を求める。
③ 当該地域の各項目(個別指標)の標準得点(指数)を求める。

当該地域・当該項目(個別指標)の標準得点(指数)

$$= \frac{\pm 10(当該地域・当該項目のデータ - 平均値)}{標準偏差} + 50$$

(注) 上式「±」については,プラス指標では「+」を,マイナス指標では「−」を採用する(前掲の標準得点(指数)の計算式に準じる)。

④ 各項目(個別指標)の標準得点(指数)を単純平均(均等ウェイト方式)によって総合化し,小分類,中分類,大分類,総合の指数を求める。

$$小分類の指数 = \frac{当該小分類に含まれる項目の標準得点(指数)の合計}{当該小分類に含まれる項目(個別指標)数}$$

$$中分類の指数 = \frac{当該中分類に含まれる小分類の指数の合計}{当該中分類に含まれる小分類数}$$

38　第2章　生活指標研究にみる生活経済指標

表2−1−2　生活経済指標を構成する項目（個別指標）とそのデータ

中分類	小分類	個別指標	個別指標のデータ項目	データ種別	データ年次	データ出所
家計	所得	実収入	実収入(勤労者世帯，年平均1か月間)	都市別	2000年	a
		可処分所得	可処分所得(勤労者世帯，年平均1か月間)	都市別	2000年	a
	消費	消費支出	消費支出(勤労者世帯，年平均1か月間)	都市別	2000年	a
		エンゲル係数	エンゲル係数(勤労者世帯，年平均1か月間)(−)	都市別	2000年	a
	貯蓄・負債	貯蓄現在高	貯蓄現在高(勤労者世帯)	地方別	2000年	b
		負債現在高	負債現在高(勤労者世帯，年平均1か月間)(−)	地方別	2000年	b
		貯蓄率	黒字率(勤労者世帯，年平均1か月間)	都市別	2000年	a
	公的負担	税	直接税(勤労者世帯，年平均1か月間)(−)	都市別	2000年	a
		社会保障費	社会保険料(勤労者世帯，年平均1か月間)(−)	都市別	2000年	a
		公的負担比率	非消費支出/可処分所得(勤労者世帯，年平均1か月間)(−)	都市別	2000年	aより算出
労働	就業機会	失業率	失業率(−)	県別	1995年	c
		求人倍率	有効求人倍率	県別	1999年度	d
	労働条件	労働時間	月間総労働時間(−)	県別	1999年	e
		平均給与	所定内給与額(男性労働者，産業計，企業規模計)	県別	2000年	e
		初任給	初任給(大卒男性，産業計，企業規模計)(−)	県別	2000年	e
	通勤状況	通勤時間	通勤時間1時間以上世帯比率	県別	1993年	c
	職業上の平等	男女別賃金格差	男女別賃金格差(−)	県別	1997年	c
		女子就業率	女性就業率	県別	1995年	c
		中高齢者就職率	中高年者就職率	県別	1997年	c
居住環境	消費環境	小売店舗数	人口当たり小売業商店数	県別	1999年	d, fより算出
		消費者物価指数	平均消費者物価地域差指数(持ち家の帰属家賃を除く総合)(−)	県別	1999年	g
	貯蓄環境	金融機関店舗数	人口当たり金融機関事業所数	県別	1996年	d, fより算出
経済(都道府県民経済)	経済基盤	経済成長率	県内総支出(実質対前年増加率	県別	1997年度	d
		一人当たり所得	一人当たり県民所得	県別	1997年度	d
	財政	財政力指数	財政力指数(3か年度平均値)	県別	1994〜1996年度	d
		地方税割合	地方税/歳入(地方普通会計)(−)	県別	1998年度	hより算出

注：1）マイナス指標として扱ったデータ項目には(−)を付した．
2）データ種別の「都市別」は都道府県庁所在都市別，県別は「都道府県別」の略記である．
3）データ出所のa〜hは，以下の資料を表す．
　a．総務省統計局『家計調査年報　平成12年』．b．総務省統計局　貯蓄動向調査報告．c．経済企画庁国民生活局『平成11年版新国民生活指標』．d．総務省統計局『日本統計年鑑　平成13年』．e．厚生労働省統計情報部編『賃金構造基本統計調査』平成12年．f．厚生労働省大臣官房統計情報部『平成11年　人口動態統計』．g．総務省統計局『消費者物価指数年報　平成12年』．h．千葉県企画部統計課『1998　指標で知る千葉県—千葉県統計指標—』

1. 既存の生活指標をベースにした生活経済指標の作成　39

$$\text{大分類の指数} = \frac{\text{当該大分類に含まれる中分類の指数の合計}}{\text{当該大分類に含まれる中分類数}}$$

$$\text{総合の指数} = \frac{\text{総合に含まれる大分類の指数の合計}}{\text{総合に含まれる大分類数}}$$

2）生活経済指標の算定結果

　上記の方法によって，家庭を中心とした生活経済指標の各指数値を算定すると，表2－1－3～表2－1－5のような結果が得られる。

　これらの表より，各都市・都道府県の生活経済を形づくる諸側面が，他の都市・都道府県に比べてどの程度の水準にあるのかを数量的に把握することができる。また，指数値が50を上回る指標については当該地域の水準が全国の平均よりも高く，50を下回る指標については全国の平均に達していないことがわかる。さらに，当該地域のさまざまな指標の指数値を互いに比較することにより，その地域の生活経済について，相対的に充実している側面と不足している側面をとらえることができる。

　例えば，東京と大阪の生活経済指標には，どのような特徴の違いがあるかについてみてみよう。図2－1－3には両者の家庭経済主体指標を，図2－1－4には家庭経済環境指標をレーダーチャートで示した。

　家庭経済主体指標についてみると，東京都区部では所得，消費，貯蓄・負債，公的負担のいずれも全国の平均的な水準に近くバランスのとれた状態であるのに対し，大阪市では，公的負担の面は水準が高い（家計への負担が少ない）ものの，所得と消費の水準はかなり低いことがわかる。他方，家庭経済環境指標については，東京都，大阪府とも，大都市特有のパターンを呈している。すなわち，労働条件，経済基盤，貯蓄環境がかなり整備されている一方で，通勤状況，消費環境に問題がみられるということである。こういった傾向は，東京都でより顕著である。また，両地域の違いとして，東京都では職業上の平等が全国平均を上回っているのに対し，大阪府では全国平均以下である点をあげることができる。逆に，財政面においては，大阪府では全国の平均的水準に達している

のに対し，東京都はそれを下回っていることがわかる。

3）生活経済指標作成の意味と限界

以上のように，本節では，これまでに地方自治体が作成した生活指標を手がかりに，家庭を中心にした生活経済指標を構築し，その試算を行った。

ここで考案された生活経済指標は，当該地域の家庭経済をとりまく状況を多面的かつ客観的にとらえるうえで意味のあるものである。しかし，その評価は選択した個別指標によるところが大きく，1つの個別指標を他のものに置き換えるだけで，全体の結果がかなり変わるということも起こり得る。このことは，これまでに作成された多くの生活指標に共通する問題点でもある。したがって，指標作成の目的に応じた個別指標を適切に選択することがきわめて重要であると同時に，作成された生活（経済）指標の評価は，あくまでも，そこで用いた指標体系を前提にしたものであることを十分に認識しておく必要がある。

一方，地域の生活経済の善し悪しに関する評価は，そこで暮らす個人や家族のライフスタイルや価値観によって大きく異なるはずである。その意味で，全国一律の基準で，各地域の生活経済を評価することには自ずと限界があるといえよう。すなわち，地域の生活経済の水準を相対的に評価するだけでなく絶対的に評価するためには，当該地域の個人や家族の生き方をふまえた生活経済指標のあり方が検討されなければならない。この点について，次節で詳しく述べる。

1. 既存の生活指標をベースにした生活経済指標の作成　41

表2-1-3　算定結果(1)　家庭経済主体指標

番号	都道府県庁所在都市	都道府県	所得	消費	貯蓄・負債	公的負担	家計
1	札幌市	北海道	41.5	43.6	51.7	54.8	47.9(33)
2	青森市	青森県	41.8	39.4	45.5	56.6	45.8(42)
3	盛岡市	岩手県	43.9	49.7	40.7	51.3	46.4(37)
4	仙台市	宮城県	35.1	44.3	38.9	62.1	45.1(44)
5	秋田市	秋田県	55.5	53.5	46.6	62.2	54.5(6)
6	山形市	山形県	54.3	47.9	46.3	44.2	48.2(32)
7	福島市	福島県	74.3	66.3	47.3	35.2	55.8(4)
8	水戸市	茨城県	55.7	52.5	48.3	41.3	49.5(24)
9	宇都宮市	栃木県	46.1	53.7	43.0	55.7	49.6(23)
10	前橋市	群馬県	28.2	45.1	36.0	63.7	43.3(45)
11	浦和市*	埼玉県	52.6	56.4	42.6	42.6	48.6(28)
12	千葉市	千葉県	45.3	41.0	44.9	50.3	45.4(43)
13	東京都区部	東京都	53.1	50.0	45.2	46.0	48.6(28)
14	横浜市	神奈川県	64.6	51.2	48.2	31.1	48.8(26)
15	新潟市	新潟県	66.4	55.1	57.2	44.7	55.9(3)
16	富山市	富山県	75.1	66.0	57.3	41.9	60.1(1)
17	金沢市	石川県	66.5	54.6	56.0	39.3	54.1(8)
18	福井市	福井県	50.9	41.9	57.0	45.0	48.7(27)
19	甲府市	山梨県	52.5	49.3	47.1	44.4	48.3(30)
20	長野市	長野県	41.8	52.6	43.0	50.1	46.9(36)
21	岐阜市	岐阜県	60.0	49.8	58.7	46.6	53.8(10)
22	静岡市	静岡県	57.8	47.1	56.6	37.8	49.8(22)
23	名古屋市	愛知県	51.3	44.7	55.4	44.8	49.1(25)
24	津市	三重県	51.2	43.8	57.6	57.0	52.4(16)
25	大津市	滋賀県	56.3	44.6	50.3	36.6	47.0(35)
26	京都市	京都府	46.1	39.1	46.8	53.7	46.4(37)
27	大阪市	大阪府	37.7	35.1	47.0	65.8	46.4(37)
28	神戸市	兵庫県	33.5	36.3	40.3	63.0	43.3(45)
29	奈良市	奈良県	47.9	48.8	47.7	40.3	46.2(40)
30	和歌山市	和歌山県	47.3	29.2	54.4	41.4	43.1(47)
31	鳥取市	鳥取県	38.3	31.8	57.4	56.7	46.1(41)
32	松江市	島根県	44.0	39.3	56.7	53.0	48.3(30)
33	岡山市	岡山県	43.9	52.9	53.5	52.7	50.8(20)
34	広島市	広島県	59.9	56.9	57.5	42.8	54.3(7)
35	山口市	山口県	60.6	61.9	57.5	35.5	53.9(9)
36	徳島市	徳島県	49.9	55.2	54.9	50.3	52.6(15)
37	高松市	香川県	56.9	48.4	60.7	46.1	53.0(14)
38	松山市	愛媛県	46.0	49.2	56.1	53.0	51.1(18)
39	高知市	高知県	48.0	52.7	54.1	53.1	52.0(17)
40	福岡市	福岡県	43.2	61.1	46.7	53.3	51.1(18)
41	佐賀市	佐賀県	49.8	63.8	47.4	52.6	53.4(12)
42	長崎市	長崎県	44.1	52.2	50.3	54.9	50.4(21)
43	熊本市	熊本県	45.4	67.5	46.7	54.1	53.4(12)
44	大分市	大分県	53.8	60.9	52.2	46.9	53.5(11)
45	宮崎市	宮崎県	48.9	61.2	51.7	58.3	55.0(5)
46	鹿児島市	鹿児島県	52.2	65.9	50.8	55.8	56.2(2)
47	那覇市	沖縄県	30.9	43.5	37.6	77.3	47.3(34)

注：1）（　）内は順位を表している。
　　2）各指数を求めるための個別指標の原数値は，一部を除き，都道府県庁所在都市別データに基づいている（詳細は表2-1-2参照）。
＊…現在はさいたま市。

42　第2章　生活指標研究にみる生活経済指標

表2—1—4　算定結果(2)　家庭経済環境指標

番号	都道府県庁所在都市	都道府県	就業機会	労働条件	通勤状況	職業上の平等	労働
1	札幌市	北海道	44.7	48.6	56.4	46.3	49.0(28)
2	青森市	青森県	39.2	36.8	56.7	46.2	44.7(43)
3	盛岡市	岩手県	51.8	40.9	55.7	61.3	52.4(13)
4	仙台市	宮城県	50.1	51.1	52.5	48.1	50.5(20)
5	秋田市	秋田県	51.3	37.8	56.0	48.8	48.5(31)
6	山形市	山形県	59.2	36.0	57.1	55.0	51.8(15)
7	福島市	福島県	51.7	46.4	56.1	47.6	50.5(22)
8	水戸市	茨城県	50.6	58.7	44.9	43.7	49.5(25)
9	宇都宮市	栃木県	54.8	54.5	52.3	50.0	52.9(12)
10	前橋市	群馬県	55.6	50.9	54.1	51.8	53.1(11)
11	浦和市*	埼玉県	43.4	66.3	22.3	43.2	43.8(45)
12	千葉市	千葉県	43.9	67.3	22.9	47.2	45.3(42)
13	東京都区部	東京都	44.6	69.4	27.4	51.7	48.3(32)
14	横浜市	神奈川県	42.1	65.7	23.5	46.3	44.4(44)
15	新潟市	新潟県	54.3	45.5	56.3	63.7	55.0(7)
16	富山市	富山県	56.2	49.6	55.7	58.4	55.0(7)
17	金沢市	石川県	54.6	48.3	55.6	63.9	55.6(5)
18	福井市	福井県	68.3	49.7	56.7	59.6	58.6(1)
19	甲府市	山梨県	62.6	51.3	53.6	59.0	56.6(4)
20	長野市	長野県	66.6	51.9	56.1	59.4	58.5(2)
21	岐阜市	岐阜県	59.2	49.7	48.8	51.9	52.4(13)
22	静岡市	静岡県	56.4	54.6	54.5	55.2	55.2(6)
23	名古屋市	愛知県	51.8	58.2	49.5	43.1	50.7(18)
24	津市	三重県	52.3	51.0	47.5	45.1	49.0(28)
25	大津市	滋賀県	51.3	55.0	43.1	42.8	48.1(35)
26	京都市	京都府	44.5	63.2	42.9	48.6	49.8(24)
27	大阪市	大阪府	36.1	63.6	39.9	42.4	45.5(41)
28	神戸市	兵庫県	39.8	63.1	40.3	40.8	46.0(40)
29	奈良市	奈良県	44.7	60.2	24.4	42.3	42.9(46)
30	和歌山市	和歌山県	45.9	47.5	48.7	43.6	46.4(39)
31	鳥取市	鳥取県	63.4	44.6	56.8	66.0	57.7(3)
32	松江市	島根県	63.4	35.7	56.5	57.3	53.2(10)
33	岡山市	岡山県	55.2	47.7	54.6	48.8	51.6(17)
34	広島市	広島県	50.8	52.8	52.3	51.1	51.8(15)
35	山口市	山口県	55.0	46.1	55.3	43.0	49.9(23)
36	徳島市	徳島県	49.5	49.6	55.3	48.0	50.6(19)
37	高松市	香川県	56.7	51.1	55.4	51.0	53.6(9)
38	松山市	愛媛県	51.1	49.5	57.0	44.2	50.5(20)
39	高知市	高知県	40.4	45.1	55.2	53.7	48.6(30)
40	福岡市	福岡県	39.0	54.3	50.8	44.3	47.1(37)
41	佐賀市	佐賀県	47.9	39.4	54.4	51.1	48.2(33)
42	長崎市	長崎県	43.8	42.4	54.9	45.2	46.6(38)
43	熊本市	熊本県	44.0	47.0	55.8	49.9	49.2(26)
44	大分市	大分県	50.5	37.7	55.4	49.0	48.2(33)
45	宮崎市	宮崎県	44.6	41.8	56.7	53.4	49.1(27)
46	鹿児島市	鹿児島県	47.6	39.8	55.7	46.7	47.5(36)
47	那覇市	沖縄県	14.6	31.6	56.5	44.3	36.8(47)

注：1)（　）内は順位を表している。
　　2) 各指数を求めるための個別指標の原数値は，都道府県別データに基づいている
　　　（詳細は表2—1—2参照）。
＊…現在はさいたま市。

1. 既存の生活指標をベースにした生活経済指標の作成   43

消費環境	貯蓄環境	居住環境	経済基盤	財　政	経済(都道府県民経済)
38.9	60.0	49.5(30)	48.5	51.0	49.8(27)
49.2	54.0	51.6(21)	36.6	49.6	43.1(46)
54.5	52.0	53.3(19)	49.9	49.9	49.9(24)
44.9	44.7	44.8(37)	51.7	50.0	50.9(17)
58.2	58.0	58.1(9)	40.3	50.0	45.2(43)
52.6	60.0	56.3(12)	49.7	49.6	49.7(29)
50.9	50.0	50.5(25)	49.3	49.8	49.6(30)
47.2	33.3	40.3(43)	58.5	50.4	54.5(6)
48.7	40.7	44.7(38)	52.4	50.4	51.4(14)
53.6	47.3	50.5(26)	57.7	50.1	53.9(7)
31.6	27.3	29.5(46)	61.8	51.6	56.7(2)
36.9	29.3	33.1(44)	53.2	49.9	51.6(13)
29.5	70.0	49.8(28)	73.2	46.8	60.0(1)
26.2	28.7	27.5(47)	49.9	48.0	49.0(36)
51.2	50.0	50.6(23)	48.8	50.9	49.9(25)
59.4	56.0	57.7(10)	49.3	50.8	50.1(21)
54.3	64.0	59.2(6)	48.8	51.3	50.1(21)
56.7	64.0	60.4(2)	59.1	50.8	55.0(4)
52.1	43.3	47.7(33)	51.9	49.8	50.9(18)
52.2	45.3	48.8(32)	56.1	49.3	52.7(8)
49.8	44.7	47.3(34)	49.6	50.2	49.9(23)
42.6	51.3	47.0(35)	52.2	52.5	52.4(10)
41.4	44.7	43.1(40)	50.3	51.4	50.9(19)
52.3	48.7	50.5(24)	54.5	49.5	52.0(11)
46.9	36.0	41.5(41)	51.8	50.3	51.1(15)
44.5	44.7	44.6(39)	45.6	48.3	47.0(38)
36.5	53.3	44.9(36)	57.5	52.3	54.9(5)
41.3	40.0	40.7(42)	47.5	51.1	49.3(32)
42.8	23.3	33.1(45)	45.7	49.5	47.6(37)
56.9	52.7	54.8(15)	48.9	50.1	49.5(31)
54.8	66.7	60.8(1)	41.7	49.4	45.6(42)
57.2	60.7	59.0(8)	48.8	49.8	49.3(33)
48.9	48.7	48.8(31)	43.5	49.2	46.4(40)
52.5	51.3	51.9(20)	50.4	50.5	50.5(20)
58.4	60.7	59.6(3)	49.0	50.6	49.8(26)
63.4	47.3	55.4(14)	51.9	50.0	51.0(16)
55.8	56.0	55.9(13)	54.5	50.4	52.5(9)
61.1	53.3	57.2(11)	33.4	49.4	41.4(47)
61.3	56.7	59.0(7)	40.1	49.6	44.9(44)
42.7	56.7	49.7(29)	54.4	48.9	51.7(12)
56.3	51.3	53.8(17)	42.3	49.1	45.7(41)
51.2	52.0	51.6(22)	38.5	50.1	44.3(45)
51.9	48.0	50.0(27)	50.2	49.3	49.8(28)
57.1	61.3	59.2(5)	60.4	49.9	55.2(3)
59.8	58.7	59.3(4)	48.8	49.2	49.0(35)
53.4	54.0	53.7(18)	48.5	49.8	49.2(34)
62.0	46.7	54.4(16)	44.4	49.0	46.7(39)

44 第2章 生活指標研究にみる生活経済指標

表2―1―5 算定結果(3) 総合指標

番号	都道府県庁所在都市	都道府県	家庭経済主体(家計)	家庭経済環境(労働,居住環境,経済)	総合
1	札幌市	北海道	47.9(33)	49.4(31)	48.7(33)
2	青森市	青森県	45.8(42)	46.5(41)	46.1(42)
3	盛岡市	岩手県	46.4(37)	51.9(15)	49.1(30)
4	仙台市	宮城県	45.1(44)	48.7(34)	46.9(37)
5	秋田市	秋田県	54.5(6)	50.6(21)	52.5(12)
6	山形市	山形県	48.2(32)	52.6(11)	50.4(22)
7	福島市	福島県	55.8(4)	50.2(24)	53.0(10)
8	水戸市	茨城県	49.5(24)	48.1(37)	48.8(32)
9	宇都宮市	栃木県	49.6(23)	49.7(27)	49.6(29)
10	前橋市	群馬県	43.3(45)	52.5(12)	47.9(35)
11	浦和市*	埼玉県	48.6(28)	43.3(44)	46.0(43)
12	千葉市	千葉県	45.4(43)	43.3(44)	44.4(45)
13	東京都区部	東京都	48.6(28)	52.7(10)	50.6(20)
14	横浜市	神奈川県	48.8(26)	40.3(47)	44.5(44)
15	新潟市	新潟県	55.9(3)	51.8(16)	53.9(3)
16	富山市	富山県	60.1(1)	54.2(4)	57.2(1)
17	金沢市	石川県	54.1(8)	54.9(2)	54.5(2)
18	福井市	福井県	48.7(27)	58.0(1)	53.3(8)
19	甲府市	山梨県	48.3(30)	51.7(17)	50.0(27)
20	長野市	長野県	46.9(36)	53.3(8)	50.1(26)
21	岐阜市	岐阜県	53.8(10)	49.9(26)	51.8(14)
22	静岡市	静岡県	49.8(22)	51.5(18)	50.6(20)
23	名古屋市	愛知県	49.1(25)	48.2(36)	48.6(34)
24	津市	三重県	52.4(16)	50.5(22)	51.4(16)
25	大津市	滋賀県	47.0(35)	46.9(40)	46.9(37)
26	京都市	京都府	46.4(37)	47.1(39)	46.8(39)
27	大阪市	大阪府	46.4(37)	48.4(35)	47.4(36)
28	神戸市	兵庫県	43.3(45)	45.3(43)	44.3(46)
29	奈良市	奈良県	46.2(40)	41.2(46)	43.7(47)
30	和歌山市	和歌山県	43.1(47)	50.2(23)	46.7(40)
31	鳥取市	鳥取県	46.1(41)	54.7(3)	50.4(22)
32	松江市	島根県	48.3(30)	53.8(7)	51.1(19)
33	岡山市	岡山県	50.8(20)	48.9(33)	49.9(28)
34	広島市	広島県	54.3(7)	51.4(19)	52.8(11)
35	山口市	山口県	53.9(9)	53.1(9)	53.5(6)
36	徳島市	徳島県	52.6(15)	52.3(14)	52.5(12)
37	高松市	香川県	53.0(14)	54.0(6)	53.5(6)
38	松山市	愛媛県	51.1(18)	49.7(27)	50.4(22)
39	高知市	高知県	52.0(17)	50.8(20)	51.4(16)
40	福岡市	福岡県	51.1(18)	49.5(30)	50.3(25)
41	佐賀市	佐賀県	53.4(12)	49.2(32)	51.3(18)
42	長崎市	長崎県	50.4(21)	47.5(38)	48.9(31)
43	熊本市	熊本県	53.4(12)	49.6(29)	51.5(15)
44	大分市	大分県	53.5(11)	54.2(4)	53.8(4)
45	宮崎市	宮崎県	55.0(5)	52.5(12)	53.7(5)
46	鹿児島市	鹿児島県	56.2(2)	50.1(25)	53.2(9)
47	那覇市	沖縄県	47.3(34)	45.9(42)	46.6(41)

注: 1) ( )内は順位を表している。
　　2) 家庭経済主体の指数を求めるための個別指標の原数値は,一部を除き都道府県庁所在都市データ,家庭経済環境指標の指数を求めるための個別指標の原数値は,都道府県データに基づいている(詳しくは表2―1―2参照)。
* …現在はさいたま市。

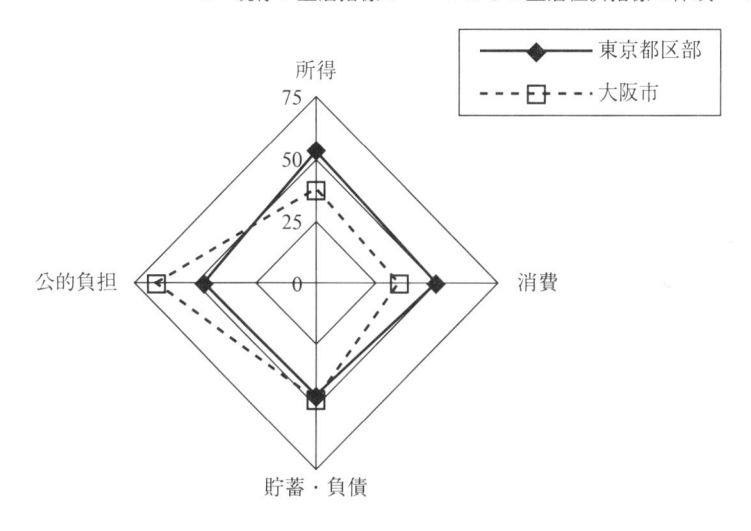

1. 既存の生活指標をベースにした生活経済指標の作成　45

図2—1—3　東京と大阪の生活指標の比較(1)　家庭経済主体指標

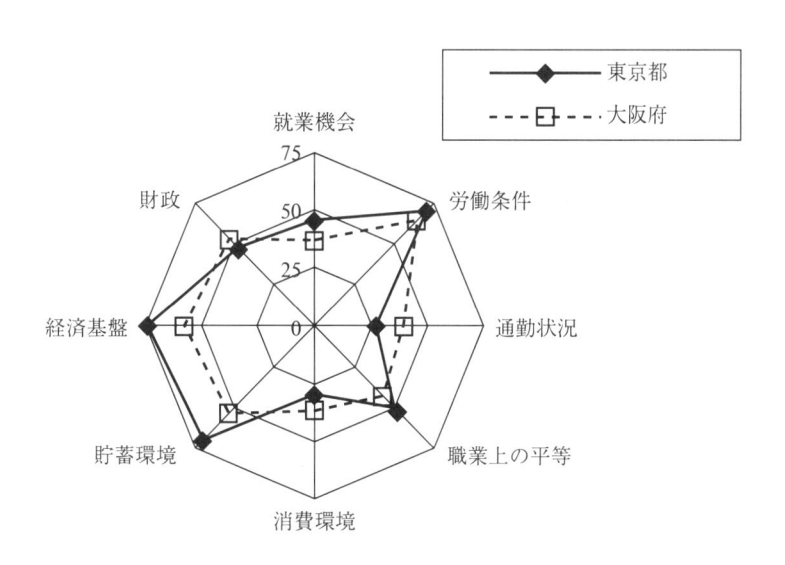

図2—1—4　東京と大阪の生活指標の比較(2)　家庭経済環境指標

2. 地域を対象とした意味ある生活経済指標の提案[注1]

(1) 住民参加型の生活指標の提案

　生活指標研究の歴史的系譜をみると，特に1991年に報告された経済企画庁の都道府県別国民生活指標（NSI）を契機に，生活の質に対する計量的な評価がさまざまな団体・組織によって試みられるようになったことがわかる。しかしながら，前述のように既存の指標に対して「何をもって望ましいとするかは個人により異なる」「豊かさは採択する統計データにより結果が異なる」「万人が納得する豊かさ指標はない」等の指摘も少なくない。

　その背景に，評価結果が地域の生活実態と乖離していることに対する批判が存在していると推測できる。換言すれば，生活者の視点に立っているとはいうものの，同一指標・同一基準で地域の住みやすさを測るという方法に限界があると考えられよう。このことは，指標によって低位にランクされた場合，どのような手立てを講ずれば豊かさを実感できるのか，具体的に解決すべき問題の所在や，その解決方法に関する示唆が乏しいことからも理解できる。そこで，本節では，行政評価の手法をヒントにして，指標を開発する際の基軸になる考え方について検討し，住民参加型の生活指標を提唱する。ここでは，次の2つの仮説に基づいて述べる。

○仮説その1
　「豊かさ」や「住みやすさ」の指標は，地域によって異なる。さらに，その評価基準は，地域住民のライフスタイルや価値観によって比重が異なる。
○仮説その2
　指標に基づいて評価した結果は，「豊か」で「住みやすい」地域づくりのための問題解決に寄与する。

　なお，ここで提唱する指標に関するアイディアの多くは，昨今，行政改革で注目を集めている上山（1998）に負うものである。

本節では次のような構成で論を進める。まず，先行研究，すなわち，すでに公表されている15の「豊かさ指標」に関する調査研究を分析し，特徴について整理する。特に東京都（1997），連合総研（1993）並びに郵政省（1997）の3調査をピックアップして概要を説明する。これらの指標が注目に値すると判断したのは，指標づくりそのものが目的となっていないという共通点があるためである。次に，上山（1998）に基づいてアメリカ・オレゴン州で採用されている行政改革のためのツール（政策評価）を紹介する。そのうえで，家庭経済学の視点から考案・開発すべき「plan→do→see」をベースにした生活指標について，上記の仮説をふまえてわれわれの試案を提唱する。

（2） 先行研究のサーベイ
1）「従来型」vs.「創意工夫型」

ここでは，地域を対象とした意味ある生活経済指標のあり方について検討するために，以下の15の生活指標に関する調査研究の内容を分析する。

①日経地域経済産業消費研究所「都道府県別「暮らしやすさ」指標・上」『日経地域情報』No.114, 1990

②日経地域経済産業消費研究所「都道府県別「暮らしやすさ」度」『日経地域情報』No.147, 1990

③日経地域経済産業消費研究所「都道府県別「暮らしやすさ」指標・上」『日経地域情報』No.163, 1993

④日経地域経済産業消費研究所「都道府県別「暮らしやすさ」指標・下」『日経地域情報』No.164, 1993

⑤日経地域経済産業消費研究所「全国の暮らしやすさ実態調査・特別企画」『日経地域情報』No.200, 1994

⑥北陸銀行「新潟県内市町村の「住みよさ」比較」『北銀コータリー』6月, 1992

⑦北陸銀行「市町村別住みよさ比較」『ホクギンクォータリー』104号, 夏季号, 1995

⑧㈶徳島経済研究所「四国の都市比較」『季刊　徳島経済』第30号, 9月号, 1992
⑨ PHP研究所「環境にやさしい都市ランキング」『The21』1993
⑩ PHP研究所「老人にやさしい都市, つめたい都市ランキング」『The21』3月号, 1994
⑪ PHP研究所「サラリーマンにやさしい都市番付」『The21』3月号, 1994
⑫ PHP研究所「女性にやさしい都市番付」『The21』9月号, 1994
⑬東京都政策報道室調査部編「「ゆとりと豊かさ」に関する意識調査」1997
⑭㈶連合総合生活開発研究所「生活の豊かさ指標」1993
⑮郵政省郵政研究所「「地域の豊かさ指標」に関する調査研究」1997

　これら先行研究は大別すると, 作成すること自体が目的化し, 何を明らかに, 誰のために豊かさを分析するのかという視点, 枠組み, 指標の選択・加工方法などが十分吟味・思案された跡はあまりみられない「従来・機械型」(上記①~⑫) と「創意工夫型」(同⑬~⑮) になる。「従来・機械型」は, 必ずしも生活実感にマッチしていない結果となっているものが多い。それは個人の意識面が勘案されず, マクロ統計に過度に依存し, 単なる記述に留まり, 一度結果を算出したら使命終了という指標作成後の現実的な効果やフィードバックが期待できないからである。他方,「創意工夫型」は, 分析の目的がきわめて明確である。例えば「社会の豊かさではなく個人の豊かさを調べる」,「豊かさの客観的条件ではなく豊かさについての意識や感覚を調べる」,「規範的にみた豊かさではなく生活者が現にとらえている豊かさについて調べる」(以上, 東京都),「(従来型の) 地域社会の状態を記述する変数は, 少なくとも, 直接的に任意の個人の状態を記述しているのではなく, 当該地域社会に住むすべての個人に等しい状態を帰属させてしまう。この意味において, われわれが考える「個人レベルの指標」とは異なる」,「焦点を「雇用されている勤労者」に置く」(以上, 連合総研),「豊かさとは暮らしやすさである」,「主観的な豊かさを客観的に評価するために生活主体別の豊かさと地域全体の活力の2つの切り口を設ける」(以上, 郵政省) などである。

2）「創意工夫型」のアイディア

「創意工夫型」の3調査の概要は，表2－2－1に示したとおりである。これらのアイディアについて簡単に述べる。

東京都調査は43項目からなるアンケート調査を都民を対象に実施している（1997年，有効回収3809，男女比1：1）。具体的には，43項目について「満足度」と「重要度」を4段階で評価し，併せて「最も重要と思われる項目」の上位3つも回答するようになっている。「満足度」と「重要度」についてクロス集計を行ったのち，両者を併せた分析にはいる。そのときの仮説は，例えば「「重要度」の高い項目について「満足度」の高い生活ほど，都民にとってゆとりと豊かさの実感度が高い生活である」などである[16]。主成分分析を行い因子を抽出したり，統計的処理により標準化した「都民満足度指数」（TSI）なども計測したり，生活の豊かさとは何によって規定されるのか，の分析を深めている。

連合総研調査は，既存の独自アンケート調査をベースとし，それに基づいて指標の領域・項目を考案している。連合総研調査の特徴はデータのスコア化とウェイト付けにある。異なる単位からなる諸項目に共通の尺度を与えるために，偏差値方式ではなく原数値を1～10に変換する。変換は「主観的に感じる豊かさの程度が，必ずしも直線的ではない」[17]との判断により線形関数ではなく

表2－2－1　先行研究のサーベイ（アイディアの概要）

実施主体	方式	特徴／大項目
東京都	アンケート （43項目）	・「満足度」と「重要度」→ TSI の開発・導出 ・地球環境，家計，時間，社会公正，居住，人間関係，利便性，生活負担感＜8＞
連合総研	アンケート （31項目）	・全国，首都圏と北陸の比較 ・スコア化(満足度)＋ウェイト付け(重要度) ・包括的，基礎的，選択的，地域的，精神的生活領域＜5＞
郵政省	マクロ指標	・豊かさ＝住みやすさ ・生活者活力指標＋地域活力指標 　「子」，「若者」，「大人(男)」，「大人(女)」と「高齢者」 ・「住む・暮らす」，「働く」，「学ぶ」，「安らぐ」と「交わる」＜5＞ ・(appendix) アクセシビリティを考慮した計測

ステップ関数を採用している。また，ウエイト付けの根拠は独自アンケート調査での自由回答の分布やヴィネット調査から得られた偏回帰係数などから与えている。

郵政省調査は，豊かさを「暮らしやすさ」ととらえている。先行研究から，サラリーマンにとって住みやすい地域と女性にとって住みやすい地域は特徴が異なることが明らかになっているので，生活者の主体を子ども，大人，高齢者と明示的に分けて分析している。ただし，指標はマクロ統計，加工の仕方はper capita である。

しかしながら，これら「創意工夫型」の3調査も，作成後の指標が行政に活かされ，長期的に見直しながらよりよい生活領域を構築していくといった現実的な効果面は薄い。

(3) 行政改革の手法に学ぶ—オレゴン・モデルを例として—

本項では近年，行政改革の手法として紹介される「行政評価」という概念について述べる。これは適切な指標選択，指標作成後の有効な活用，フィードバックの可能性といった現実的な手法を併せもっており，意味ある生活経済指標を作成するうえで大いに参考になる。以下は主に上山（1998）に負っている。ここでは「オレゴン・モデル」（アメリカ・オレゴン州における事例）について論じる。

1）概要

上山（1998）によれば，オレゴン州では1987年以来，行政と市民が共同して政策ビジョンや政策目標を立案し，政策的実践を定期的にチェック・評価している。達成度にしたがって目標を変更し，同時に指標とする項目も変えていくという共同作業を継続しており，ベスト・プラクティスと称される。地域住民が，自分たちの街づくり作業に積極的に関わることで，単なる指標から，生きた指標に変えているのである。

「オレゴン・モデル」の最大の特徴は，住民と行政が一体となって作成する「住民参加型」に加え，「アウトカム指標」を重視する点にある。「アウトカム

指標」は,「アウトプット指標」ではない。例えば,ボランティア活動の促進という目標に対して,ボランティア活動予算の増額がインプット指標,ボランティア講座の開設頻度は「アウトプット指標」にすぎず,より重要な「アウトカム指標」は,受講後,実際にボランティア活動に参加した人の人数や割合である。両者の概念の違いを明確に理解することが重要である。

> アウトカム
>   サービスやプログラムがその目的,達成目標をどの程度達成したか,顧客または社会に望ましい影響をどの程度与えたかを測る測定方法のこと
>
> アウトプット
>   行政機関またはそのプログラムがどれだけの単位の財やサービスを生産したかを測る測定方法のこと
>
> (出典:上山信一『行政評価の世界標準モデル』東京法令出版,2001, p.26)

このモデルの特徴はその他に,
- 自分たちが生活する町を「どのようにしたいか」を検討することがまず先にある。
- 変革したいと思うテーマを優先する。
- 目指す地域づくりのための指標作成作業であるから,結果は定期的にチェックし,満足がいかない場合は見直しをし,情報の公開・フィードバックを行う。
- その指標は地方政策や予算額に反映される。つまり,住民がより重要と思う指標のための施策にはより重点的に予算配分されるのである。

以下,簡単にその概要と内容について説明する。

2）内容

1987年，スタート時点に252あった項目も，見直し，収斂を経て10年後の1997年には7領域・92項目にまで減少している。

- 政策目標を設定→細分化→指標に落とし込む＝施策哲学の織り込み

  「ビジョン」：（例）すべてのオレゴン住民があらゆる生活の局面で卓越した状態

  「ゴール（政策目標）」：すべてのオレゴン州民に価値ある職を提供／安全で思いやりと責任感のある地域の創造／健全で信頼できる環境づくり

  「指標」：現92

- ベンチマーキング（指標の比較分析）方式：業界で優位に立っている企業の一人当たりの売上高や労務費など具体的な経営指標を割り出し，その数値に追いつくように業務改善を進める。

- 政策評価の作業プロセス

  実態把握：アンケート，ヒアリング。住民にとって重要項目の選定＋指標選択

  情報分析：1年後検討

  政策形成：政策の再検討＋予算配分

- 二重クロス→三重クロス（大領域・項目＋評価＜絶対評価＋相対評価＋満足度評価＞）

- 「行政評価」＝「政策評価」（インプット＋アウトプット＋「アウトカム指標」）＋「執行評価」（民間型）

- 行政評価の6つの大原則[18]

  ①顧客志向に徹すること，②成果を測定する評価である，③首長主導型，④連携作用，⑤評価を予算と政策につなぐための実効性の担保，⑥情報公開の徹底

- 「ベスト・プラクティス」；オレゴン州（97年92指標←87年252），オレゴン州ポートランド市（「電話市民110番」），オレゴン州ムルトマ郡，カリフォルニア州サニーベール市，フロリダ・モデル

- 最も重要なことは「どのような指標を選択するか」＋「定期的な見直し・指標のバージョンアップ」
- 品質の高い指標体系；シンプル・共通語である(performance & perception)，目的に応じた指標の使い分け
- 住民の望むメニューリストの提示（Public Will の尊重），指標＝住民にとって意味があるもの
- 行政評価は，住民と行政とのコミュニケーションのツール
- 指標を作成した後の「明るいビジョン」があるか？
- 期待成果のリストアップ→現状分析→数値目標の設定→達成度のチェック・公開→進捗状況の監視
- 住民の関心事の感知，市民にとって身近でわかりやすい分野から，行政への信頼感

（4） 生活経済指標の提唱
1）生活経済指標作成の基本的スタンス
本項では，生活指標作成時に望まれる基本的スタンスについて述べる。
a．生活経済指標の対象
まず，どこを対象にした指標なのかを明確に意識する必要がある。これまでに報告されてきた「豊かさ指標」の多くは，都道府県を対象としていた。市町村を対象とするものも報告されてはいるが，特定の都市に限定されていたり，ある都道府県内における市町村を対象にしていたりと，全国的な規模で実施されているわけではない。

こうした現状の見直しから，全国すべての地方自治体（市町村）を対象にする，というのでは説得力に欠けるといわざるを得ない。しかし，日常生活を営む場を，住民である生活者が主体となって積極的に見直していくための1つの手段，という視点で地方自治体を対象とした生活経済指標を作成するならば，この試みは多いに意義がある。われわれは，地方自治体を対象にする生活経済指標作成の積極的な理由をここに求めた。

しかし先に述べたような，指標作成自体が目的となっていた「従来・機械型」の静態的な指標，すなわち既存のマクロ統計数値を加工しただけの「現状の記述」にとどまるような指標では意味がない。算出された指標を通して，その地方が抱える問題点（住民ニーズとのギャップなど）を抽出・明確化し，より住民ニーズを反映するための具体的なヒントがみえ，さらに「フィードバック」機能を具備した，操作可能な，換言すれば動態的な指標であることが求められる。

なお，ここで想定している理想的な指標は，plan→do→see（経営用語ではPDCAサイクル＝Plan, Do, Check, Action）を兼ね備えたものであり，きわめて経営的性格をもった指標であるといえる。

b．住民ニーズの把握

多くの場合，日常生活の場を常に主体的に選択できるとは限らない。さまざまな理由，例えば「仕事の都合」や「転勤」，「結婚」，「進学」など非主体的理由に基づいて，ある地域で生活しているケースも少なくない。

いうまでもなく，われわれが居住する地域は「環境」，「安全」や「住まう」をはじめとし，「食べる」，「学習する」，「近所付き合いをする」など，日々の生活の拠点となっている。「食べる」は隣町，「学習する」は隣県といったように，日常的な生活行為を目的として，居住地域（地方自治体）以外の場所に移動することは，境界領域に住んでいるといった物理的条件が整わない限り，現実的とは言い難い。

したがって，地域単位で生活指標を作成するにあたっての大前提は，住民ニーズの把握にある。すなわち，その地域に居住している住民が，日常のさまざまな関心事のうち何に一番重きを置いているのか，具体的にどのような点に優れた地域であってほしいと願っているのかなど，地域住民のニーズを行政が勝手に判断するのではなく，きちんと住民のニーズを抽出できることが，求められる指標作成の姿勢である。指標を構成する項目は，こうした住民ニーズを反映したものであることが望まれる。

c．生活経済指標の主体

そもそも生活経済指標は，誰が何の目的でどのように使うことを想定したら

よいのだろうか。先行研究が示すように，必ずしも固定的にとらえる必要はないかもしれない。しかし，われわれは先に述べた2つの仮説に基づき，次のような前提条件によって生活経済指標の使い方を構想する。

まず，生活経済指標を使う主体は「住民」とする。自治体における行政担当官ではなく，あくまでも，生活経済指標を使うのはその地域で生活している住民自身である。

では，どのような目的で使うのか。それは，日常的に生活している地域を住民が主体的に評価し，より望ましい地域づくりのために使用し，見直していくためである。すなわち，居住地域のデータを理解したうえで現状で満足か否か，仮に不満足であるのなら，どのような形で改良することが可能か，どのようなレベルまで改善したら満足点に到達することができるのかなどについて主体的にとらえるためである。さらに，その結果を提供することによって，行政評価として位置付けることも期待できよう。

d.「豊かさ」の定義

では，「豊かさ」はどう定義するのか。われわれは，以上の考察に基づいて「住民のニーズが反映され，かつ満たされていること」と定義したい。

以下に，われわれが提唱する具体的な生活指標の案を示す。

2）具体的な提案

これまで述べてきたように，われわれがイメージする生活経済指標には以下のような特徴がある。

- 地域住民のニーズを反映した，住民参加型自治体を実現するための指標である
- plan→do→see（PDCAサイクル＝ Plan, Do, Check, Action）機能をもった指標である
- 事実を描写した静態的指標ではなく，問題解決の方策に寄与する動態的指標である

こうした特徴を備えた生活経済指標作成の先駆的ケースとして，先に紹介し

たアメリカ・オレゴン州の事例がある。これに近い指標を作成するためには，何が充実していれば地域住民が「豊か」と感じるかなど，具体的なニーズを「顕在化」していくことが不可欠である。この点については，地域住民を対象にしたライフスタイルや生活価値観に関する定点的なアンケート調査やヒアリング調査を実施してニーズを正確に把握・抽出する地道な作業が必要である。そうすることによって，オレゴン州のように住民参加型による評価作業を繰り返していくことが可能となる。

ただし，事前にこうした調査を実施できない状況において，地域住民にとって意味のある指標項目を設定できるかどうか疑問である。このような「事前調査によって把握した住民ニーズに基づいた形で，指標を作成する」という条件を満たすことができない場合，地方自治体単位で生活指標を作成する際に最も重要かつ基礎的な作業には何が求められるのだろうか。

その候補の1つは，指標項目の選択もしくはウエイト付けができるような仕掛けを，あらかじめ織り込んでおくことであろう。具体的には次のようになる。

a．候補となる指標項目の一覧表作成

① 各政策テーマ（＝大項目）ごとに，考えられる最大限の指標を列挙した一覧表を作成する（表2－2－2参照。指標の候補として，どのような項目を列挙するかも重要な問題であるが，本節においては，この検討は割愛する）。

② 地方自治体別のデータを掲載する（数字をどう評価するか。偏差値方式でいいのかどうかは検討の余地がある。ちなみにオレゴン・モデルの特徴は，統計数値ばかりではなく意識調査などによる満足度という数字も含まれることである）。

※本来であれば，この段階で各自治体ごとに住民ニーズを反映した独自の指標項目の候補を追加できる形態が最も理想である。

b．指標項目の選定（主体は地域住民）

① それぞれの地域住民が「重要」だと考える政策テーマ・項目を選定する。性別や職業の有無，ライフスタイルなど個人の属性により，また，同一人物であっても年齢や家族関係の変化，ライフステージなどによって割愛する項目が出る可能性がある。

2. 地域を対象とした意味ある生活経済指標の提案　57

表2-2-2　オリジナルの表

政策テーマ		指標・項目
経済実績	1	ビジネスの活力
	2	経済能力
	3	事業コスト
	4	所得
	5	国際化
教育	6	幼稚園から12歳まで
	7	中等教育以降
	8	能力開発
市民と行政	9	市民参加
	10	税金
	11	公共セクターの実績
	12	文化
‥	‥	‥

② 選定した指標項目についてウエイト付けを行う。①で述べたような条件の違いによって，項目の優先順位も評価基準も異なるはずである。このような手順を踏むことで初めて，地域住民の地方自治体に対する志向・ニーズが織り込まれた評価がなされる（表2-2-3参照）。

表2-2-3　ウエイト付け・項目の取捨選択後

政策テーマ	ウエイト		指標・項目
経済実績	4/10	1	ビジネスの活力
		2	経済能力
		~~3~~	~~事業コスト~~
		4	所得
		5	国際化
教育	3/10	~~6~~	~~幼稚園から12歳まで~~
		7	中等教育以降
		8	能力開発
市民と行政	1/10	9	市民参加
		10	税金
		11	公共セクターの実績
		12	文化
‥	‥	‥	‥

c．設定したウエイトに基づく試算

① 上記 b．②で設定したウエイトに基づいて，実際に計算してみる。ここが一番わくわくする瞬間である。

② ①で設定した同じ項目のウエイト付けや同じ項目の取捨選択により，他自治体についても計算してみる。

③ ①と②の数字を比較することで，その個人のニーズのもとでは，どの自治体がどの程度比較優位（比較劣位）であるかが一目瞭然となる。

こうして評価された結果を集約することが，地方自治体にとって重要な意味をもつことは想像に難くない。行政は，どのような状況にある住民が，どのような「豊かさ」を求めているのか，その属性ごとに解決すべき課題を把握することができるのである。ただし，具体的な施策の立案や改革の方向性を決定する際に住民の参画が不可欠であることはいうまでもない。

3）まとめ

以上のように，地域（地方自治体）を対象とした有意義な生活経済指標を作成するためには，誰のための，何のための指標作成であるかを明確にすることに加え，行政主導型ではなく，地域住民の参加を積極的に求めた体制づくりが重要と考える。その点，昨今の行政評価の考え方に学ぶべき点も多い。生活経済指標の作成には，作成の視座という基本から再検討していくことが必要不可欠な課題である。

◇注◇

1) 本節は，高橋桂子・鈴木真由子「意味ある「生活指標」の作成―視座ならびに我々の提案―」『家庭経済学研究』No.13, 2000, pp.2～7をもとに大幅に加筆・修正したものである。

◇引用文献◇

1) 経済企画庁国民生活局編「平成8年版 新国民生活指標」大蔵省印刷局, 1996, pp.64～65

2) 愛知県農林部農業技術課「農山漁家生活実態調査（生活ありのままぶらべ）」1971,

2. 地域を対象とした意味ある生活経済指標の提案　59

p. 1
3 ）愛知県農業技術課「農山漁村地域生活水準診断調査並びに向上対策事業報告書　農山漁村の生活水準」1975，はじめに
4 ）愛知県農林部農業技術課，前掲書，p.142
5 ）愛知県農業技術課，前掲書，p. 5
6 ）同前書，pp. 8 〜 21
7 ）同前書，p. 7
8 ）北海道生活福祉部「北海道生活指標（HIS）」1990, p. 6
9 ）同前書，p. 5，佐賀県企画調整課「「佐賀県豊かさ指標（平成 9 年度版）」試算結果概要」1998, p.10
10）沖縄計画研究所「平成 7 年度　沖縄総合事務局委託調査　沖縄振興開発実態把握調査報告書―沖縄経済社会の現状分析」1996, p.54，埼玉県総合政策部総合計画課「平成 8 年度　埼玉県生活指標」1997, p. 3
11）沖縄計画研究所，前掲書，p.56，佐賀県企画調整課，前掲書，p.10
12）同前書，p.93，埼玉県総合政策部総合計画課「平成 8 年度　埼玉県生活指標」1997, p.19，佐賀県企画調整課，前掲書，p. 1
13）千葉県企画部統計課「1998　指標で知る千葉県―千葉県統計指標―」1998，利用上の注意，目次
14）名古屋市「社会指標」1999, p. 2
15）同前書，pp.56〜67
16）東京都政策報道室調査部編「「ゆとりと豊かさ」に関する意識調査」1997, p.50
17）㈶連合総合生活開発研究所「生活の豊かさ指標」1993, p.16
18）上山信一『行政評価の世界標準モデル』東京法令出版，2001, p.82

◇参考文献◇

- 東　珠実・大藪千穂・尾島恭子・古寺浩・吉本敏子「生活指標の分析と家庭経済」『家庭経済学研究』No.13, 2000
- 上山信一『「行政評価」の時代』NTT 出版，1998
- 上山信一『「行政経営」の時代』NTT 出版，1999
- 上山信一『行政評価の世界標準モデル』東京法令出版，2001
- 行政経営 Internet フォーラム，http://pmf.vcom.or.jp/
- 経済企画庁国民生活局編「平成11年版　新国民生活指標」大蔵省印刷局，1999
- 高橋桂子・鈴木真由子「意味ある「生活指標」の作成」『家庭経済学研究』No.13,

2000
- デビッド・オズボーン他（高地高司訳）『行政革命』日本能率協会マネジメントセンター, 1995
- 東京都政策報道室調査部編「「ゆとりと豊かさ」に関する意識調査」1997
- 御船美智子「生活の地域性と生活経済指標」『生活経済学研究』第15巻, 2000
- 郵政省郵政研究所「「地域の豊かさ指標」に関する調査研究」1997
- ㈶連合総合生活開発研究所「生活の豊かさ指標」1993

第II部

生活経済構造と生活経済指標

第3章　生活経済の定義と生活経済構造

　これまでの経済単位は，家庭経済，企業経済，公経済を基本的な単位とし，国民経済は，それらの経済単位によって構成されているとされてきた。この基本単位としての家庭経済について，それを生活経済としてとらえることの重要性が問題として提起されるようになってきた。

1.　家庭経済学について

　国民経済計算における家庭経済に関連した収入と支出は，総務省による家計調査をベースとして算定されており，そうした視点からの家庭経済研究も行われている。また，家政学における家庭経済研究として昭和30年代にまとめられた大河内一男・籠山京による著書は[1]，生産過程における労働力の再生産を家庭経済学の基礎概念としたものである。現在においても，その系列に属する研究を一部にみることができる。

　家庭経済研究については，今井光映・堀田剛吉の『家庭経済学』[2]において，これまでの研究内容からの分類が行われている。すなわち，①消費理論的な方法，②家計分析的な方法，③家計簿記――会計論的な方法，④パーソナルファイナンス論的な方法，⑤消費経済学的な方法，の5つが，それである。彼らは，そのような分類をした後に，家政学における家政経済学を，「パーソナルファイナンス論的方法」（生活環境適応的）と「消費者経済学的方法」（生活環境醸成的）を統一したものとしてとらえようとしている。前者は，「家政経済の単なる経験的な知識と技術の集大成ではもはやなく，例えば家計資産プランに関してはポートフォリオ（投資配分）理論など科学的な方法で武装」されたものとし，後者は，「消費者運動を中心に生活環境醸成の機能面から家政経済の目的を達成しようとするもの」としている。その定義については，「家政は家族が

唯一絶対の価値である生命を維持発展させ，人間として大切にされ，人間らしくいきいきと生きていく——人間発達と自己実現——のために営まれるのであり，そのためにこそ家政の経済活動が行われると考えるのが，家政学の立場からみた家政と家政経済の本質機能のとらえ方である」と述べられており，そこには家政への鮮烈な問題意識をみることができる。

これまでの家庭経済学研究は，多くこれらの分類の中に位置付けることができるはずである。

2. 生活経済学について―生活経済学会にみる所見―

1985年には生活経済学会が発足している。同学会の目的は，個人の経済活動全般の領域を総合的，学際的に研究するものとされている。その後，10年の節目を迎えた大会において，学会長の原司郎による「生活経済学の課題」[3]と題する特別記念講演が行われ，そのなかで，次のような見解が披露されている。そこでは，「生活経済学という1つの学問分野が定着」したわけでもなく，「日本経済学において市民権を得ているというわけでもない」ことが述べられている。さらに，「あえて私どもが新しい経済理論において，生活者という経済主体を取り上げて，その生活者の経済行動というものを分析する，生活経済学というものの必要性を提起する理由はなんであるか」を問い，以下の5つの問題をあげてその必要性について述べている。第1の問題として「豊かさとはなにか……すぐれて地域性をもっている問題」，第2に生活環境「家計所得以外に資産とか余暇等経済諸条件」，第3に家計の個計化（「家庭というカテゴリーではくくれないような家計の個計化が進められているのではないかということが，あえて生活者という経済主体を新たに提起した理由の1つである」），第4に，「従来の家計，家庭という単位では出てこなかった生活者の生活行動の明確化」「ライフサイクルの多様化，個性化」「生涯生活設計の多様化が進むにつれて，家庭ではなく，生活者という概念でくくったほうが，より正しく，正確にとらえることができるのではないか」，第5として「長寿社会における高齢者の生活問題……

こういったことも生活者としての経済行動というものをあえて中心的なテーマに取り上げる経済学というものの登場が望まれてきたところではないか」として5つの問題が指摘されている。そして，最後に「そういうことで，今後は家計とは異なった経済スタイルである生活者の経済行動が，経済理論において市民権を得るべきではないかということが，今日私が提出した問題提起の基本であります」と述べて，生活経済の課題がまとめられている。

さらに，原は生活経済学の体系化について，今日の段階では体系化されていないので，生活者の経済行動を羅列するとして，次のような項目をあげている。すなわち，第1「生活者の経済行動の長期的分析」，第2「生活者の所得を得るための行動」，第3「生活者の消費行動」，第4「生活者のための食料問題」，第5「金融行動」，第6「生活者の生活保障」，第7「高齢者の生活問題」，第8「生活者の生活問題」，第9「生活者の教育問題」，第10「生活者の健康問題」が，その内容である。

3. 生活学における生活経済

川添登・一番ケ瀬康子編による『講座生活学』の4巻が，『生活経済論』[4]である。その講座「刊行の言葉」の中で「生活学は，よりよい生活のための，私たち自身，人間自身の学である」と述べられている。本書の「序論　生活への経済的視点」で編者の1人である中川清は，「家計を軸に，生活という窓口から経済の流れを明示的に説明するのが，これまでの生活経済論の通例だった」が，そのように「見えている部分の背後に隠れているものの特徴を……描きだそうとするのが，本書の試みである」としている。そのように本書を特徴付けているが，そうしたところに生活学における生活経済論の有り様を示そうとしているように思われる。

本書の構成をみよう。第Ⅰ部では，実態と理論の2つの側面から生活経済の現状が概観され，「Ⅰ─1　生活経済の現地点─日本の経験と国際比較─」「Ⅰ─2　生活者の経済論」の2章で構成されている。「第Ⅱ部　生活単位と内部関

係」は,「Ⅱ—1　家事労働の経済学—その社会化の行方—」「Ⅱ—2　生活単位の経済論—世帯の規模と家計—」「Ⅱ—3　生活経済の個計化」,「第Ⅲ部　ライフサイクル」は,「Ⅲ—1　ライフサイクルの経済論」「Ⅲ—2　ある家計の生活史」,「第Ⅳ部　基層と拡がり」は,「Ⅳ—1　贈答の経済学」「Ⅳ—2　不経済の経済学—無駄と遊びの生活世界—」「Ⅳ—3　エコロジーと生活経済」「Ⅳ—4　生活の経済人類学」となっている。特に,第Ⅳ部の内容は,これまでの生活経済学にはみられないもので,こうしたところに生活学としての試みが活かされているように思われる。

4. 家庭経済部会の取り組みと生活経済

　1986年部会発足時の趣意書には「家計の内部からみた家計管理だけに主な対象を限定するのではなく,もっと広く,たとえば税制や社会保障制度,家計の貯蓄行動,家計の労働供給,消費者問題や消費者教育,最近の円高に象徴されるような国際経済の影響,さらには国際比較や生活史に至るまでを含めて,研究の対象を拡大し,その分析を深めていくべきではないかと考えます」と述べられている。

　1987年を第1回として,部会では,毎年テーマを設定して夏期セミナーを開催している。「家庭経済学」「家庭経済」「家計」を付したテーマ設定は,1991年まで5年程続いたのであるが,1992(平成4)年のテーマは,「生活大国—生活経済を視点として—」となっている。この年のシンポジウムは,「生活大国論を考える」と題して行われ,ここに家庭経済部会における初めての「生活経済」という概念を用いた研究が始まることになったのである。それ以後,部会では,「生活経済」という言葉を冠した研究が進められるようになった。部会の5年を経るごとに刊行された研究成果も『生活の経済学と福祉』[5],次が『21世紀の生活経済と生活保障』[6],そして今回は『多様化するライフスタイルと家計—生活指標研究—』となっている。

　こうした研究のスタンスについては,10周年記念刊行物のはじめの「10周年

記念の出版にあたって」の中で当時の堀田剛吉部会長は,「わが国を生活大国にしていくために,特に家庭経済学的視点から検討し,改善方向を出そうとしたものである。この中では,生活者主権の観点から考え,生活問題を個別の家庭経済と,それをとりまく社会環境の両面から把握し,特に生活保障を重視した」と述べており,ここにほぼ部会における「生活経済」についての考え方は尽くされているように思われる。さらに,補完することがあるとすれば,この生活者は「個人と家族」によって構成されるものだということであろう。

　さらに,いくつかのこれまでの家庭経済研究についての重要な指摘があり,これらの点についても今後とも研究上の配慮が必要であろう。それは,家庭経済部会の初代の部会長である中村隆英の見解である。彼は,部会報2号の巻頭言で「長期にわたって一つの家計がつけられた家計簿を拝借して分析」「この仕事が進むにつれ,あらためて家計調査の分析から得られるライフ・サイクルとは違う,いわばナマの生活が息づいているのに感銘した」「私は家庭経済学の研究者の一部が,こうした分野に目を向けてみるなら,これまで気が付かなかった有力な手がかりを,ごく身近にたくさん見つけられるに違いないと思う」と述べている。

　続く3号の巻頭言で中村は,「この十年ぐらい前から,家計調査をみるうえで,見方を少し変えなくてはいけないのではないかと考えるようになった。消費の多様化,ないし家計ごとの消費様式の相違とでもいうべきものを,いまの家計調査は十分に反映できない面がありはしないかと,気にかかるようになったのである」と述べ,例えば「家計調査の自動車関係費は,クルマを持つ世帯と持たない世帯を単純に平均した数字なのである」というところに目を向けている。そして「食費,住居費,光熱費など,すべての家計に共通の費目の比重が高かった時代には,それほど気にされないですんできた。しかし,現代のように共通の費目の比重が下がってくると,家計の支出パターンの相違を無視して,単に平均した数字しか得られないものはもの足りないように思う。家計調査の集計の仕方について,そろそろ新しい工夫がなされてもよいのではなかろうか」という問題提起で,この文は結ばれている。

中村の指摘は, 家政学における家庭経済研究について, 平均化された家計分析ではなく個別的な家計分析によって得られたデータから多様なライフスタイルにみる問題の解決を図ることの必要を示唆している。

これまでに述べた家庭経済学部会としての考え方をみると, 生活者主権の立場から生活問題を個別経済とそれをとりまく生活環境を研究する対象を生活経済としてとらえていることがわかる。この場合, 生活者は, 個人で構成される家族であり, そこにみる個別経済は, 平均的な家計でなく多様なライフスタイルをもつ個別的な家計を単位とするものであるとされているのである。

5. 家政学における家庭経済学・生活経済学

これまでみたように, 生活経済学が, 関連の学会でどのようにとらえられているかについて述べてきたのであるが, 生活, 生活者のとらえ方に共通するものがあるとすれば, 基礎概念が家庭・家族だけでなく個人を含むものであるということである。

いまひとつの問題は, 生活学における生活経済学が問われるように, 家庭経済学・生活経済学を, 家政学という学問体系の中でどのように位置付け, どのような意味においてその領域研究が必要なものとして研究されてきたかである。

これまで日本家政学会において, 特に1996年の「家政学における大学設置基準に関する特別委員会報告書」[7] においての取り組みも「領域別学科および講座または学科目」について羅列的分類が行われているだけである。したがって, こうした分類をしたとしても, それぞれの領域が体系的にどのように関連し合っており, 当該領域が上位概念の目的にどのような役割を果たすかについては, 明確にすることができないといえよう。

家庭経済学を家政学体系の中でどのように位置付けるかについて, 家政学原論研究者の見解も, 先に述べた学会見解とほぼ同様である。この点についての筆者の見解は, 前回10周年を記念して本部会が刊行した『21世紀の生活経済と生活保障』[8] で詳しく述べているので, ここでは, その基本的な考え方について

示しておきたい。

　家庭経済学は，家族が家庭生活をよりよく過ごすためにその1つとして経済のあり方が重要とされ，そのために家計を中心とする研究は欠くことのできない領域として早くから行われてきたわけである。しかし，家庭の社会化が進み，家計について，与えられた条件でいかにやり繰りを上手にするかという環境適応型の研究から，消費者として（物価を含めた）流通機構との相互作用，可処分所得を決める非消費支出に関連する税制，社会保障制度，さらには貯蓄や負債の増加による金融システムのあり方，女性の就労参加に伴う雇用制度と家庭内労働，そして育児・老親介護といった問題が，家計に大きく関わるようになってきた。生活環境を家庭を豊かにするために醸成することが求められるようになってきたのである。

　こうした研究が進められていくなかで，これらの問題は家庭経営における問題と家庭経済に関わる問題として，次第に分かれて研究が行われるようになってきたといえよう。その区分は，理論的には伝統的な経済と経営概念に基づいて行われることになる。

　経営の目的は，いかに人的・物的経営資源を用いて，目的をよりよく達成するかにある。家庭経営学でいえば，家族がよりよい生命をつくり出すために，金銭，衣食住のもの，生命力，時間，情報，人との協働関係等を資源として用いて生涯をよりよく生きることができるかというところに課題があるといえよう。

　それに対して，家庭経済学は，全体として家族はどのようにして生命をつくり出すための生活手段を獲得・消費しているのかを基軸として，そのことに関わる経済要因を実態としてとらえ，理論化していくところに課題があると考えられよう。

　このような考えを，体系図として示したものが，図3—5—1である。筆者は，これまで家政学について家庭を中心とした生命再生産現象を研究する学問として定義してきた。そうした家政学の目的を達成するために，生涯にわたる人間の心身の発達を前提に生命をつくり出すために，まず生活手段としての衣食住生活に求められる生活材料の質量，その材料を心身の生理に合わせて加工

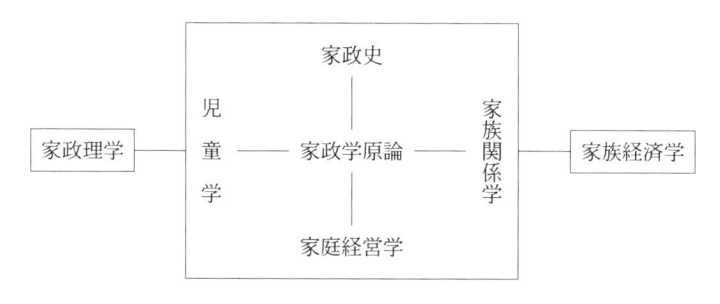

図3−5−1　家政学の体系

(村尾勇之「家政現象とその知識体系」『日本家政学会家政学原論部会会報』No.17, 1983, p.29)

し，さらに加工された材料を維持管理するための技術が，理論的に明らかにされなくてはならない。

　しかし，実際に理論的に措定された条件に基づいて生命をつくり出すためには，経済的な条件を整えなくてはならないのであり，この条件をどう整えるかというところに先にも述べた家庭経済学の研究課題が置かれているわけである。

　したがって，家庭経営という場合，金銭に直接関わる部分は企業会計に対応する家庭会計（家計），それをベースにした経営計画に対応した生涯生活設計についての研究が，家庭経営学ということになる。それぞれの多様な家庭・家族のライフスタイルに基づくライフステージの家計と生活設計，そのあり方を条件付けるのが理論的条件（家理学）と経済的条件（家庭経済学）なのである。

6. 生活経済の構造

　家政学の体系を上記のように考えることによって家庭経済学と家庭経営学とが，それぞれ家政学の目的を達成するために，どのような役割上の違いがあるかについて体系的に示すことができたように思う。また，それは，他の学問体系をもつ家庭経済学・生活経済学との違いを明らかにすることでもある。

　家庭経済学と生活経済学との定義をめぐる区別は，これまでみてきたように個人を基礎的単位とするか，家族を基礎的単位にするかが，最も本質的なこと

である。家族を基礎的単位とすれば，家族と環境との相互作用が研究対象となるが，個人を基礎的単位とした場合には，個人と家族と環境との相互作用が研究対象になってくるわけである。すなわち，後者にあっては，個人が生きるためにどのような家族・家庭をもつべきなのかが，最初の研究命題になる。そのうえで，個人が必要とする家庭・家族と環境との関係はどうあるべきかが，論じられることになるのである。

　こうした意味で，生活とは，個人と家族の生活であり，生活者は，個人と家族ということになるわけである。家庭・生活経済については，先に述べたように，生命をつくり出すために生活手段を獲得・消費することを基軸として，それに関わる経済要因から構成される現象と定義できよう。こうした生活経済を営むなかでの個人と家族の関係は，個人が生命をつくり出すために他の個人と家庭を中心にどのように協力して働き合うかというところに成立する関係である。

　個人が生きるということは，いうまでもなく一人ひとりの人間は肉体的・精神的な個性をもって生まれているのであり，生きるということは，自分のもって生まれた個性を見つけ，その個性を能力として育て，その能力を活用して生きるということであり，それによって経済的な自立が可能となることが，基本である。そのように生きることが他の個人と協力して働き合うことによってよりよく達成できるとすれば，そこに家族が生まれるということになろう。

　今述べたように，個人と家族が生活していくところに，どのような経済現象が成立するのか，それを構造として示したものが，図3－6－1である。

　生活経済現象は，実態として，どのように生成されるかについて，図3－6－1に従って段階的に示してみよう。①1人の人間が，1日24時間を生きる生命力のうちのどれだけを労働力（労働時間）として売ることによって，どれだけの賃金を得ることができるのか。また，賃金は，基本的に資本との労働分配率によっており，この点も賃金を考えるにあたって重要な視点といえよう。②賃金収入は，1人で生活するか，協力して生活するかによって分かれる。協働して家族を単位として生活する場合，家計は個計と共計に分類される。③家計は，

6. 生活経済の構造

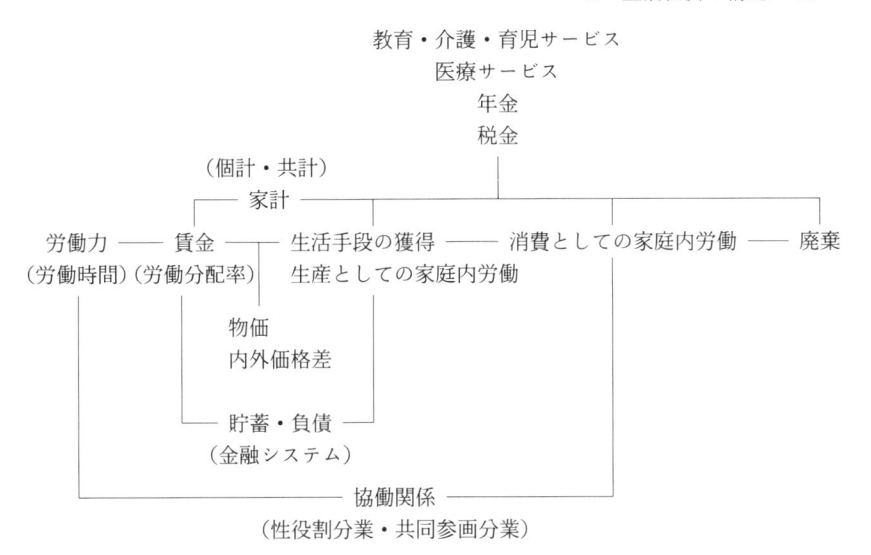

```
                    教育・介護・育児サービス
                        医療サービス
                          年金
                          税金
       (個計・共計)           │
            ┌──── 家計 ────┤
労働力 ── 賃金 ── 生活手段の獲得 ── 消費としての家庭内労働 ── 廃棄
(労働時間)(労働分配率)  生産としての家庭内労働
            │    物価
            │    内外価格差
            │
            └── 貯蓄・負債
                (金融システム)
       └──────── 協働関係 ────────┘
              (性役割分業・共同参画分業)
```

図3－6－1　生活経済構造

税金や公的サービスのあり方によって制約される。④生活手段の獲得にあたって，購入する生活手段の質量は物価の水準によって決定される。また，同一収入による生活水準は，為替レートによって決められる内外価格差に左右される。⑤生活手段獲得の質量については，金融システムの活用の仕方，特に貯蓄・負債の利子率に影響される。⑥生活手段の獲得を家庭内労働によって自給する場合，その質量は，協働関係のあり方によるところが大きい。また，その場合，購入するか自給するかについては，家庭内労働の金銭的評価との比較考量が必要となる。⑦生活手段の消費労働は，生活手段の加工度と技能・技術および協働関係によって左右される。⑧生活手段の廃棄は，何時，どういう状態のときに行うか，また，その費用についての考慮が必要となる。

　以上のように，生活経済学の内容とその構成要素について述べ，生活経営学との目的および役割について明らかにしてきたのであるが，実際に，これらの領域の研究を進めるにあたって，定義のとおりに区分をすることはむずかしい。

生活経済学での事実分析を進めるなかで，明らかになった事実に基づいて，個人・家族がどのようによりよい生命をつくり出すために生涯の生活設計をするかは，生活研究としては一貫した課題である。

　生活経済とは，個人が生命をつくり出すために家庭を中心に協働して生活手段を獲得し消費する現象であり，生活経済学は，そうした現象を研究対象とする学問であると定義してきた。しかし，その成果は，家政理学を前提としながら，生活経営学においてよりよい生命をつくり出すために活用されることによって完結するといえるのである。

◇引用文献◇

1）大河内一男・籠山　京『新版家庭経済学』光生館，1970
2）今井光映・堀田剛吉『家庭経済学』朝倉書店，1973
3）原　司郎「生活経済学の課題」『生活経済学研究』10巻，1994，pp.247〜255
4）中川　清・松村祥子『生活経済論』光生館，1993
5）日本家政学会家庭経済学部会編『生活の経済学と福祉』建帛社，1993
6）日本家政学会家庭経済学部会編『21世紀の生活経済と生活保障』建帛社，1997
7）『日本家政学会誌』42巻，4号，1996，p.99
8）6）『同上書』pp.7〜10

第4章　生活経済指標と地域性

1. 生活の豊かさ指標に対する取り組み

　戦後，焼け跡の復興から始まったわが国の経済発展はめざましく，今日では世界最大級の経済大国となるまでに成長した。国民の生活も，戦中，戦後に比べると物質的にも恵まれ，豊かになってきたといえる。ところが，そうした物質的な豊かさにもかかわらず，国民が「豊かさを実感できない」といわれるようになって久しい。このような経済水準と人々の意識とのずれはいったいどこから生じてきているのであろうか。「実感のない豊かさ」の時代をいかに克服し，国民が「実感できる豊かさ」をつくり上げていくことが，次の時代へ向けての大きな課題となっている。

　こうした流れのなかで，1992年6月の経済審議会の答申を受けて閣議決定されたのが「生活大国5か年計画」である。この経済計画は，「地球社会と共存する生活大国の実現」を主な目的に掲げたが，こうした政策背景を受けて現在もなお「豊かさ論」が静かなブームを呼んでいる。

　しかし，この豊かさ論が今日，十分に論議し尽くされたとは言い難く，人類の福祉に貢献することを目標とする生活経営や家庭経済学の立場からも，生活者の視点から検討を行う必要が迫られている研究テーマの1つである。

　筆者らは，日本家政学会家庭経済学部会における「生活大国研究」の一環として，豊かさ指標に関する研究に着手した。研究を進めるにあたって，研究の成果を，現在の生活を向上させ「豊かさ」が実感できる生活の実現に活かせるものにしたいという希望をもっている。そこで，生活の実態を総合的に把握し，生活改善への指針となるような「指標づくり」に研究の主眼を置くことにした。

　そして，この共同研究の成果を通じて現在の生活を向上させる「豊かさ」が

74　第4章　生活経済指標と地域性

実感できる生活の実現に活かせるものにしたい、と考えている。

そこで、まずここでは2つの調査事例を取り上げた。それらがどのように生活を総合化し、指標を構成しているのか、いかなる生活分野を選択し、どのような指標に組み立てているのか、を検証した。

2. 指標調査の設計・分析の概要

(1) 生活の豊かさ指標に関する調査
1) 研究目的

筆者らは、「生活」に関する指標立案上、あるいは実施の際の展開材料とするための基本的資料を把握しておく必要があったので、意識調査を実施した。調査目的は、まず短期大学、4年制大学の教育期にある若年層の豊かさ観の実態を把握すること（1994年10月実施）、次に若年層から親世代および高齢層にわたるライフステージにおいて、豊かさの内容とその継承の関係を具体的な事項について検証することにある（1995年11月実施）。

2) 研究方法

調査項目は、主に経済企画庁「国民の意識とニーズ」平成5年度・国民生活選好度調査でふまえた60項目を利用した。併せて、事項別重要度、充足度およびニーズ得点を算出したが、その方法論もこの調査に拠った。例えば重要度に関しては、「きわめて重要」から「まったく重要でない」まで5段階で回答を求め、各々に5点から1点までの得点を与え、各項目ごとに回答者数で加重した平均得点を求めて、人々の評価の指標（重要度得点）とした。

ニーズ得点とは、〔（重要度得点）×（6－充足度得点）〕の数式で設定した。ここで（6－充足度得点）は、未充足度を意味する。ニーズ得点は、重要度、充足度によって変化し、重要度が高くなるほど、充足度が低くなるほど高くなる。しかし、重要度と充足度に変化があっても、重要度の上昇を相殺するよう充足度が変化する場合には、ニーズ得点に変化がない場合もある。

次に、前記の60項目だけでは総合的、全体的把握や新しい豊かさ観をどうみ

ているのかなどがわかりにくいので，自由記述の欄も加えて調査票を作成した。総合的，全体的把捉では，60項目のすべてを，新国民生活指標（PLI）のいう8領域にふり分けて集計を試みる方法をとった。また，新しい豊かさ観では，現在支持の多いところの自己の生き方に合った生活に「豊かさ」を見出し，幅の広い自己実現と生きがいを選択できるような暮らしを想定したうえで，家庭・家族関係や友人・知人関係など身近な要素を導入して，『新しい』と考えた。とかく日常のこうした諸点は，わかりきったこととして見過ごされやすく，こういったところに目を向けた試みである。

3）研究結果

F1. 性別

	大学生 人（％）	親世代 人（％）	高齢者 人（％）
1. 男性	235（26.1）	33（22.6）	3（21.4）
2. 女性	667（73.9）	113（77.4）	11（78.6）
合　計	902（100.0）	146（100.0）	14（100.0）

F2. あなたの満年齢をご記入ください。

（大学生）　　　　平均年齢20.3歳

年齢	度数（％）	年齢	度数（％）	年齢	度数（％）
18	26（2.9）	22	79（8.9）	27	3（0.3）
19	160（18.0）	23	22（2.5）	32	1（0.1）
20	381（42.8）	24	9（1.0）	合計	890（100.0）
21	204（22.9）	25	5（0.6）	不明	12

（親世代）　　　　平均年齢47.7歳

年齢	度数（％）	年齢	度数（％）	年齢	度数（％）
39	1（0.7）	46	18（12.3）	53	6（4.1）
40	2（1.4）	47	16（11.0）	55	1（0.7）
41	1（0.7）	48	27（18.5）	56	3（2.1）
42	4（2.7）	49	9（6.2）	57	1（0.7）
43	7（4.8）	50	13（8.9）	59	1（0.7）
44	7（4.8）	51	7（4.8）	合計	146（100.0）
45	15（10.3）	52	7（4.8）	不明	0

（高齢者）　　　　平均年齢72.9歳

年齢	度数（％）	年齢	度数（％）	年齢	度数（％）
66	1（7.1）	71	2（14.3）	77	1（7.1）
67	2（14.3）	72	1（7.1）	78	1（7.1）
68	1（7.1）	74	1（7.1）	80	1（7.1）
69	1（7.1）	75	1（7.1）	85	1（7.1）
				合計	14（100.0）

76　第4章　生活経済指標と地域性

F3.　あなたが現在住んでいる市町村名をお答えください。

```
（大学生）              合計884　不明18    （親世代）              合計144　不明 2
    福岡市              190(21.5)           福岡市                 37(25.7)
    北九州市              97(11.0)           上記以外の福岡県      74(51.4)
    宗像市                35( 4.0)           熊本市                 18(12.5)
    上記以外の福岡県    237(26.8)           熊本市以外の熊本県     8( 5.6)
    熊本市              127(14.4)           その他                  2( 1.4)
    熊本市以外の熊本県   81( 9.2)
    佐賀市                60( 6.8)        （高齢者）              合計 14
    佐賀市以外の佐賀県   56( 6.3)        （全員　筑紫野市）
    山口県                 1( 0.1)
```

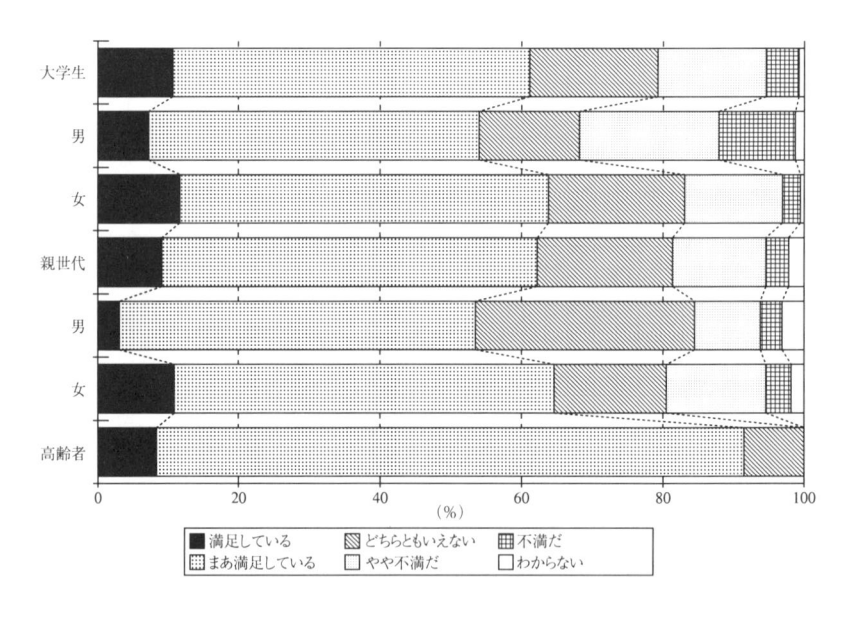

図4－2－1　全体的充足度

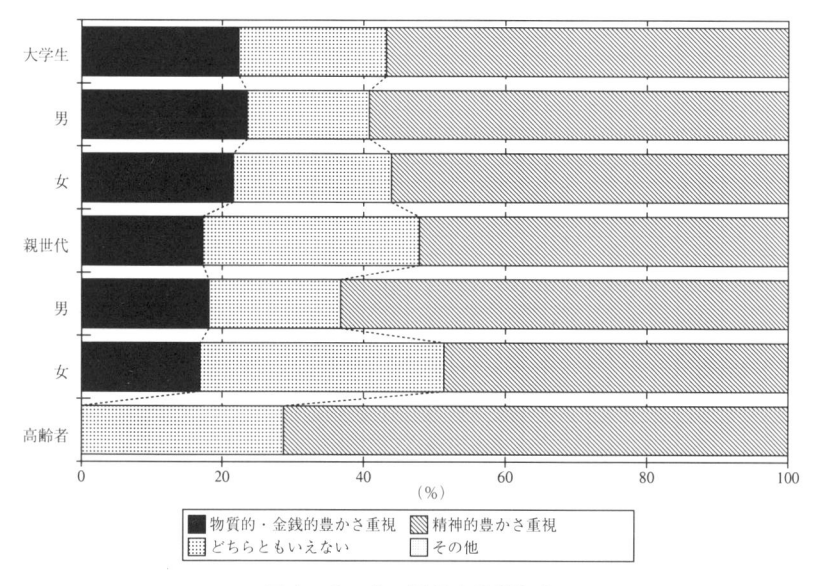

2. 指標調査の設計・分析の概要   77

図4－2－2　重視する豊かさ

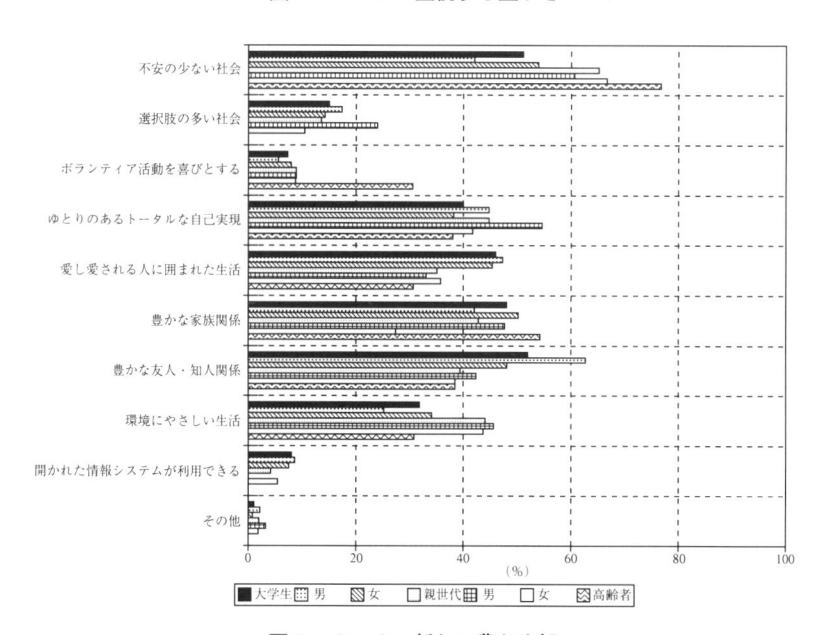

図4－2－3　新しい豊かさ観

第4章 生活経済指標と地域性

表4−2−1 大学生の重要度・充足度・ニーズの得点および順位

	重要度得点	重要度順位	充足度得点	充足度順位	ニーズ得点	ニーズ順位	重要−充足	差順位
1．体力の維持や増強に努めること	3.726	50	2.956	18	11.339	46	0.769	47
2．イライラやストレスなど精神的緊張が少ないこと	4.156	27	2.954	19	12.660	35	1.202	33
3．適切な（良質な）診断や治療が受けられること	3.985	36	3.414	3	10.307	56	0.572	53
4．費用の心配をせずに診療が受けられる	3.980	37	3.226	7	11.040	49	0.754	48
5．病気予防、健康相談・指導が容易に受けられること	3.860	45	2.925	23	11.870	42	0.935	42
6．保育所が充実していること	3.594	53	2.935	20	11.015	50	0.659	51
7．子供の能力を伸ばす教育が受けられる（小・中学校）	3.940	41	2.934	22	12.078	40	1.005	41
8．高校で各人に適した教育が受けられる	3.935	42	2.743	32	12.818	33	1.192	34
9．大学教育が意欲のある人に開かれている	3.942	40	2.529	44	13.681	25	1.413	27
10．技術や資格が得られる学校が近くにある	3.480	56	2.618	39	11.769	43	0.862	44
11．図書館等勉強できる施設が近くにある	3.605	52	2.861	28	11.316	47	0.744	49
12．生涯、教育を高め、趣味を広げられる	4.123	29	2.962	17	12.528	36	1.162	35
13．文化遺産や史跡が大事にされること	3.574	54	3.275	5	9.742	59	0.300	58
14．希望する職業への転職が容易なこと	3.993	35	1.936	60	16.227	4	2.057	4
15．自分に適したやりがいある仕事ができる	4.572	1	2.220	55	17.282	1	2.352	1
16．職業紹介・訓練の施設や内容の充実	3.993	34	2.404	51	14.359	18	1.589	19
17．職業環境が快適に保たれること	4.420	6	2.627	38	14.910	14	1.793	11
18．失業の不安がなく働けること	4.400	9	2.212	56	16.666	3	2.188	3
19．労使間での問題が円滑に解決されること	3.966	38	2.520	45	13.800	23	1.446	25
20．年間を通じて休みを多く取れること	4.019	33	2.628	37	13.552	27	1.391	29
21．公園や運動施設・グランド等が利用しやすいこと	3.779	48	2.982	14	11.407	45	0.798	45
22．国民宿舎等公共の宿泊施設の整備	3.487	55	2.969	16	10.569	52	0.518	54
23．スポーツクラブ等で適切な指導が受けられる	3.451	57	2.992	13	10.381	55	0.459	57
24．収入が年々確実に増えること	4.140	28	2.685	35	13.726	24	1.456	24
25．目標を満たすのに十分な貯蓄ができる	4.215	22	2.532	43	14.619	16	1.683	17
26．収入や財産の不平等が少ないこと	3.834	46	2.368	52	13.922	22	1.465	23
27．税負担が公平なこと	4.122	30	2.364	53	14.989	11	1.758	14
28．老後に十分な年金が得られること	4.394	11	2.444	50	15.624	7	1.950	7
29．物価の上昇で収入や財産が目減りしない	4.049	31	2.506	46	14.148	19	1.543	21
30．食品や薬品など商品の安全性が高いこと	4.442	4	3.052	11	13.096	31	1.390	30

2. 指標調査の設計・分析の概要　79

	重要度得点	重要度順位	充足度得点	充足度順位	ニーズ得点	ニーズ順位	重要一充足	差順位
31. 商品の品質や量が正しく表示されていること	4.046	32	3.144	8	11.554	44	0.902	43
32. 商品の苦情等を相談できるところがある	3.642	51	2.924	24	11.204	48	0.718	50
33. 品揃えの豊富な店が近くにあること	3.897	43	3.413	4	10.083	57	0.484	56
34. 家族が自分の部屋を持てる家に住むこと	3.767	49	3.588	2	9.086	60	0.179	60
35. 持とうと努力すれば自分の家が持てる	3.864	44	2.851	29	12.168	38	1.013	40
36. ゴミや下水が衛生的に処理されること	4.398	10	3.239	6	12.143	39	1.159	37
37. 運動・通学が快適にできること	4.164	26	3.101	10	12.071	41	1.063	39
38. 大気汚染,騒音,悪臭などの公害がないこと	4.551	2	2.906	27	14.082	20	1.645	18
39. 地震等への対策がしっかりしている	4.533	3	2.691	34	14.998	10	1.841	9
40. 危険な工場や施設の管理が十分なこと	4.428	5	2.847	30	13.960	21	1.581	20
41. 子供や老人が車に脅されず道を歩ける	4.238	21	2.488	49	14.885	15	1.750	15
42. まわりに親しめる自然があること	4.296	16	3.136	9	12.304	37	1.160	36
43. 女の人が,夜,安心して道を歩ること	4.271	18	2.498	47	14.957	12	1.773	12
44. 個人生活の秘密が守られること	4.285	17	2.980	15	12.940	32	1.305	32
45. 警察署,裁判所などが信頼できること	4.384	13	2.918	25	13.511	28	1.466	22
46. 税金や法律問題を相談できる機関がある	3.796	47	2.645	36	12.737	34	1.151	38
47. 親子間の対話があり相手を信頼している	4.385	12	3.603	1	10.512	53	0.782	46
48. 1人暮らし老人等が安心して生活できる	4.404	7	2.709	33	14.493	17	1.695	16
49. 寝たきり老人等の福祉サービスの充実	4.402	8	2.587	41	15.024	9	1.815	10
50. 自殺や一家心中が少ないこと	4.186	24	2.822	31	13.302	30	1.364	31
51. 子供を育てられる環境が整っている	4.364	14	2.935	21	13.376	29	1.429	26
52. 地域政治に住民の要望が採り入れられる	3.965	39	2.573	42	13.589	26	1.392	28
53. 祭り,盆踊り等地域の行事が盛んなこと	3.331	59	3.050	12	9.828	58	0.282	59
54. 地域のために活動をする時間があること	3.212	60	2.608	40	10.893	51	0.603	52
55. 市民センターや集会所等が自由に使える	3.400	58	2.909	26	10.510	54	0.491	55
56. 能力のある人が低学歴で差をつけられない	4.177	25	2.304	54	15.441	8	1.874	8
57. 努力すれば相応の地位や収入が得られる	4.258	19	2.497	48	14.912	13	1.760	13
58. 男女で採用・昇進・収入に差がない	4.352	15	2.128	59	16.852	2	2.224	2
59. 高齢者や障害者が希望すれば就職できる	4.188	23	2.168	58	16.046	6	2.019	6
60. 住みたい地域で希望の仕事につける	4.242	20	2.207	57	16.090	5	2.035	5

第4章 生活経済指標と地域性

表4―2―2 親世代の重要度・充足度・ニーズの得点および順位

	重要度得点	重要度順位	充足度得点	充足度順位	ニーズ得点	ニーズ順位	重要―充足	差順位
1. 体力の維持や増強に努めること	3.767	54	2.788	27	12.101	46	0.979	46
2. イライラやストレスなど精神的緊張が少ないこと	4.308	27	2.819	26	13.703	34	1.489	32
3. 適切な(良質な)診断や治療が受けられること	4.399	23	3.431	3	11.302	51	0.968	47
4. 費用の心配をせずに診療が受けられる	4.226	35	3.113	9	12.199	45	1.113	44
5. 病気予防、健康相談・指導が容易に受けられること	4.241	31	2.755	30	13.762	31	1.486	33
6. 保育所が充実していること	3.876	49	2.961	19	11.780	48	0.915	50
7. 子供の能力を伸ばす教育が受けられる(小・中学校)	4.124	41	2.846	24	13.007	39	1.278	41
8. 高校で各人に適した教育が受けられる	4.131	40	2.721	32	13.547	35	1.410	36
9. 大学教育が意欲のある人に開かれている	4.164	38	2.430	46	14.868	21	1.735	22
10. 技術や資格が得られる学校が近くにある	3.719	55	2.522	40	12.936	41	1.197	42
11. 図書館等勉強できる施設が近くにある	3.932	46	2.781	28	12.658	42	1.151	43
12. 生涯,教育を高め、趣味を広げられる	4.327	26	2.992	16	13.012	38	1.334	38
13. 文化遺産や史跡が大事にされること	3.868	51	3.289	6	10.485	56	0.579	58
14. 希望する職業への転職が容易なこと	4.075	42	1.885	60	16.772	4	2.191	6
15. 自分に適したやりがいある仕事ができる	4.694	4	2.095	56	18.328	1	2.599	1
16. 職業紹介・訓練の施設や内容の充実	4.248	30	2.421	49	15.206	17	1.828	18
17. 職業環境が快適に保たれること	4.490	15	2.702	33	14.808	22	1.788	20
18. 失業の不安がなく働けること	4.469	17	2.265	53	16.689	6	2.203	4
19. 労使間での問題が円滑に解決されること	4.234	33	2.543	38	14.637	23	1.691	23
20. 年間を通じて休みを多く取れること	3.869	50	2.438	45	13.781	30	1.431	35
21. 公園や運動施設・グランド等が利用しやすいこと	3.890	47	2.831	25	12.327	44	1.059	45
22. 国民宿舎等公共の宿泊施設の整備	3.620	57	3.017	13	10.799	55	0.603	56
23. スポーツクラブ等で適切な指導が受けられる	3.620	58	3.008	15	10.830	54	0.612	55
24. 収入が年々確実に増えること	3.972	44	2.676	36	13.203	37	1.296	39
25. 目標を満たすのに十分な貯蓄ができる	4.181	36	2.500	44	14.632	24	1.681	24
26. 収入や財産の不平等が少ないこと	3.838	52	2.217	55	14.521	25	1.621	26
27. 税負担が公平なこと	4.156	39	2.269	52	15.508	14	1.888	17
28. 老後に十分な年金が得られること	4.517	13	2.427	48	16.140	11	2.090	12
29. 物価の上昇で収入や財産が目減りしない	4.291	29	2.505	43	14.998	20	1.786	21
30. 食品や薬品など商品の安全性が高いこと	4.748	2	3.089	11	13.823	29	1.659	25

2. 指標調査の設計・分析の概要　81

	重要度得点	重要度順位	充足度得点	充足度順位	ニーズ得点	ニーズ順位	重要一充足	差順位
31. 商品の品質や量が正しく表示されていること	4.293	28	3.328	5	11.468	50	0.964	48
32. 商品の苦情等を相談できるところがある	3.945	45	2.984	18	11.897	47	0.961	49
33. 品揃えの豊富な店が近くにあること	4.007	43	3.420	4	10.339	58	0.587	57
34. 家族が自分の部屋を持てる家に住むこと	3.799	53	3.479	2	9.576	59	0.319	59
35. 持とうと努力すれば自分の家が持てる	3.889	48	2.992	17	11.697	49	0.897	51
36. ゴミや下水が衛生的に処理されること	4.582	8	3.287	7	12.433	43	1.295	40
37. 運動・通学が快適にできること	4.411	21	2.882	22	13.754	32	1.529	31
38. 大気汚染, 騒音, 悪臭などの公害がないこと	4.782	1	2.641	37	16.065	12	2.141	9
39. 地震等への対策がしっかりしている	4.740	3	2.537	39	16.412	8	2.202	5
40. 危険な工場や施設の管理が十分なこと	4.646	5	2.756	29	15.071	19	1.890	16
41. 子供や老人が車に脅されず道を歩ける	4.463	18	2.362	51	16.233	10	2.100	11
42. まわりに親しめる自然があること	4.401	22	3.056	12	12.960	40	1.346	37
43. 女の人が, 夜, 安心して道を歩けること	4.517	14	2.399	50	16.268	9	2.118	10
44. 個人生活の秘密が守られること	4.483	16	2.899	21	13.904	28	1.584	29
45. 警察署, 裁判所などが信頼できること	4.637	6	3.093	10	13.479	36	1.544	30
46. 税金や法律問題を相談できる機関がある	4.167	37	2.702	34	13.742	33	1.465	34
47. 親子間の対話があり相手を信頼している	4.559	10	3.701	1	10.478	57	0.857	52
48. 1人暮らし老人等が安心して生活できる	4.619	7	2.697	35	15.255	16	1.922	14
49. 寝たきり老人等の福祉サービスの充実	4.578	9	2.516	41	15.949	13	2.062	13
50. 自殺や一家心中が少ないこと	4.451	19	2.862	23	13.967	27	1.589	28
51. 子供を育てられる環境が整っている	4.527	12	2.908	20	13.997	26	1.619	27
52. 地域政治に住民の要望が採り入れられる	4.234	32	2.429	47	15.123	18	1.806	19
53. 祭り, 盆踊り等地域の行事が盛んなこと	3.390	59	3.257	8	9.299	60	0.133	60
54. 地域のために活動をする時間があること	3.386	60	2.744	31	11.025	52	0.642	53
55. 市民センターや集会所等が自由に使える	3.630	56	3.016	14	10.832	53	0.614	54
56. 能力のある人が低学歴で差をつけられない	4.379	24	2.236	54	16.483	7	2.143	8
57. 努力すれば相応の地位や収入が得られる	4.431	20	2.512	42	15.452	15	1.918	15
58. 男女で採用・昇進・収入に差がない	4.556	11	2.041	59	18.037	2	2.515	2
59. 高齢者や障害者が希望すれば就職できる	4.370	25	2.043	58	17.293	3	2.327	3
60. 住みたい地域で希望の仕事につける	4.231	34	2.048	57	16.722	5	2.183	7

表4-2-3 高齢者の重要度・充足度・ニーズの得点および順位

	重要度得点	重要度順位	充足度得点	充足度順位	ニーズ得点	ニーズ順位	重要－充足	差順位
1. 体力の維持や増強に努めること	4.214	18	3.400	41	10.957	13	0.814	14
2. イライラやストレスなど精神的緊張が少ないこと	3.857	48	3.600	20	9.257	44	0.257	46
3. 適切な(良質な)診療や治療が受けられること	4.000	33	3.300	56	10.800	17	0.700	19
4. 費用の心配をせずに診療が受けられる	4.071	32	3.636	17	9.623	38	0.435	39
5. 病気予防、健康相談・指導が容易に受けられること	4.000	34	3.545	30	9.818	33	0.455	34
6. 保育所が充実していること	3.636	56	3.800	4	8.000	59	-0.164	58
7. 子供の能力を伸ばす教育が受けられる(小・中学校)	4.000	35	3.600	21	9.600	39	0.400	42
8. 高校で各人に適した教育が受けられる	4.154	23	3.800	5	9.138	48	0.354	43
9. 大学教育が意欲のある人に開かれている	3.917	42	3.700	11	9.008	53	0.217	50
10. 技術や資格が得られる学校が近くにある	3.917	43	3.400	42	10.183	27	0.517	31
11. 図書館等勉強できる施設が近くにある	3.917	44	3.750	7	8.813	55	0.167	54
12. 生涯、教育を高め、趣味を広げられる	4.077	30	3.500	32	10.192	26	0.577	28
13. 文化遺産や史跡が大事にされること	3.846	49	3.636	18	9.091	50	0.210	51
14. 希望する職業への転職が容易なこと	3.545	57	3.400	43	9.218	47	0.145	55
15. 自分に適したやりがいある仕事ができる	4.000	36	3.444	39	10.222	25	0.556	29
16. 職業紹介・訓練の施設や内容の充実	3.917	45	3.400	44	10.183	28	0.517	32
17. 職業環境が快適に保たれること	4.000	37	3.556	25	9.778	35	0.444	36
18. 失業の不安がなく働けること	4.308	10	3.333	54	11.487	5	0.974	5
19. 労使間での問題が円滑に解決されること	4.000	38	3.750	8	9.000	54	0.250	47
20. 年間を通じて休みを多く取れること	4.154	24	3.556	26	10.154	29	0.598	27
21. 公園や運動施設・グランド等が利用しやすいこと	4.231	14	3.400	45	11.000	12	0.831	12
22. 国民宿舎等公共の宿泊施設の整備	3.692	55	3.500	33	9.231	46	0.192	52
23. スポーツクラブ等で適切な指導が受けられる	3.455	59	3.636	19	8.165	58	-0.182	59
24. 収入が年々確実に増えること	4.231	15	3.250	58	11.635	4	0.981	4
25. 目標を満たすのに十分な貯蓄ができる	3.750	53	3.000	60	11.250	6	0.750	16
26. 収入や財産の不平等が少ないこと	4.077	31	3.333	55	10.872	15	0.744	18
27. 税負担が公平なこと	4.615	1	3.385	47	12.071	2	1.231	1
28. 老後に十分な年金が得られること	4.500	4	3.300	57	12.150	1	1.200	2
29. 物価の上昇で収入や財産が目減りしない	4.231	16	3.364	49	11.154	9	0.867	8
30. 食品や薬品など商品の安全性が高いこと	4.231	17	3.364	50	11.154	10	0.867	9

2. 指標調査の設計・分析の概要　83

	重要度得点	重要度順位	充足度得点	充足度順位	ニーズ得点	ニーズ順位	重要一充足	差順位
31. 商品の品質や量が正しく表示されていること	3.769	51	3.364	51	9.937	32	0.406	41
32. 商品の苦情等を相談できるところがある	3.727	54	3.500	34	9.318	43	0.227	49
33. 品揃えの豊富な店が近くにあること	3.462	58	3.455	38	8.811	56	0.007	57
34. 家族が自分の部屋を持てる家に住むこと	3.357	60	3.818	3	7.325	60	-0.461	60
35. 持とうと努力すれば自分の家が持てる	4.100	25	3.556	27	10.022	31	0.544	30
36. ゴミや下水が衛生的に処理されること	4.417	6	3.545	31	10.841	16	0.871	7
37. 運動・通学が快適にできること	4.100	26	3.500	35	10.250	24	0.600	26
38. 大気汚染，騒音，悪臭などの公害がないこと	4.417	7	3.667	14	10.306	22	0.750	17
39. 地震等への対策がしっかりしている	4.583	2	3.750	9	10.313	21	0.833	11
40. 危険な工場や施設の管理が十分なこと	4.300	11	3.400	46	11.180	8	0.900	6
41. 子供や老人が車に脅されず道を歩ける	4.182	20	3.364	52	11.025	11	0.818	13
42. まわりに親しめる自然があること	4.200	19	3.500	36	10.500	18	0.700	20
43. 女の人が，夜，安心して道を歩ること	4.091	27	3.250	59	11.250	7	0.841	10
44. 個人生活の秘密が守られること	4.182	21	3.385	48	10.937	14	0.797	15
45. 警察署，裁判所などが信頼できること	4.417	8	3.909	1	9.235	45	0.508	33
46. 税金や法律問題を相談できる機関がある	4.182	22	3.727	10	9.504	41	0.455	35
47. 親子間の対話があり相手を信頼している	4.556	3	3.900	2	9.567	40	0.656	24
48. １人暮らし老人等が安心して生活できる	4.300	12	3.600	22	10.320	20	0.700	21
49. 寝たきり老人等の福祉サービスの充実	4.455	5	3.364	53	11.744	3	1.091	3
50. 自殺や一家心中が少ないこと	4.091	28	3.444	40	10.455	19	0.646	25
51. 子供を育てられる環境が整っている	4.083	29	3.778	6	9.074	51	0.306	45
52. 地域政治に住民の要望が採り入れられる	4.273	13	3.600	23	10.255	23	0.673	23
53. 祭り，盆踊り等地域の行事が盛んなこと	3.769	52	3.600	24	9.046	52	0.169	53
54. 地域のために活動をする時間があること	3.818	50	3.700	12	8.782	57	0.118	56
55. 市民センターや集会所等が自由に使える	3.917	46	3.500	37	9.792	34	0.417	40
56. 能力のある人が低学歴で差をつけられない	3.900	47	3.667	15	9.100	49	0.233	48
57. 努力すれば相応の地位や収入が得られる	4.000	39	3.667	16	9.333	42	0.333	44
58. 男女で採用・昇進・収入に差がない	4.000	40	3.556	28	9.778	36	0.444	37
59. 高齢者や障害者が希望すれば就職できる	4.000	9	3.700	13	10.120	30	0.700	22
60. 住みたい地域で希望の仕事につける	4.000	41	3.556	29	9.778	37	0.444	38

表4−2−4 8領域からみた重要度・充足度・ニーズの得点

大学生

		重要度得点	充足度得点	ニーズ得点	重要度−充足度
ア.住 む	全体	5.733	3.684	13.279	2.049
	男	5.803	3.554	14.195	2.249
	女	5.698	3.733	12.918	1.965
イ.費やす	全体	6.521	3.353	17.257	3.167
	男	6.532	3.308	17.587	3.224
	女	6.517	3.372	17.123	3.144
ウ.働 く	全体	7.067	2.924	21.737	4.143
	男	6.949	2.859	21.826	4.090
	女	7.109	2.948	21.692	4.160
エ.育てる	全体	7.058	3.755	15.844	3.303
	男	7.108	3.610	16.985	3.497
	女	7.041	3.810	15.422	3.231
オ.癒 す	全体	6.927	3.774	15.422	3.153
	男	6.970	3.600	16.728	3.370
	女	6.912	3.840	14.927	3.071
カ.遊 ぶ	全体	6.323	3.244	17.424	3.078
	男	6.700	3.102	19.415	3.597
	女	6.189	3.298	16.721	2.891
キ.学 ぶ	全体	6.501	3.265	17.782	3.236
	男	6.709	3.064	19.696	3.645
	女	6.427	3.334	17.131	3.092
ク.交わる	全体	6.364	4.113	12.006	2.251
	男	6.579	3.910	13.750	2.669
	女	6.288	4.185	11.411	2.103

親世代・高齢者

		重要度得点	充足度得点	ニーズ得点	重要度－充足度
ア．住　む	親世代	5.726	3.801	12.589	1.925
	男	5.455	4.000	10.909	1.455
	女	5.805	3.743	13.100	2.062
	高齢者	7.583	4.417	12.007	3.167
イ．費やす	親世代	6.020	3.586	14.532	2.434
	男	5.394	3.909	11.278	1.485
	女	6.202	3.491	15.560	2.711
	高齢者	7.556	4.000	15.111	3.556
ウ．働　く	親世代	6.746	2.918	20.794	3.829
	男	6.121	3.152	17.436	2.970
	女	6.936	2.850	21.851	4.086
	高齢者	6.667	4.417	10.556	2.250
エ．育てる	親世代	6.883	3.876	14.620	3.007
	男	6.094	4.091	11.634	2.003
	女	7.106	3.813	15.545	3.294
	高齢者	6.556	4.167	12.019	2.389
オ．癒　す	親世代	6.903	3.890	14.569	3.014
	男	6.151	4.030	12.833	2.485
	女	7.018	3.848	15.101	3.170
	高齢者	8.000	3.600	19.200	4.400
カ．遊　ぶ	親世代	5.753	3.238	15.892	2.516
	男	5.576	3.290	15.109	2.285
	女	5.805	3.284	15.765	2.521
	高齢者	6.625	3.889	13.986	2.736
キ．学　ぶ	親世代	6.500	3.413	16.818	3.087
	男	5.818	3.364	15.339	2.455
	女	6.699	3.427	17.235	3.272
	高齢者	7.125	4.182	12.955	2.943
ク．交わる	親世代	6.110	4.056	11.880	2.054
	男	5.636	4.121	10.590	1.515
	女	6.248	4.036	12.270	2.212
	高齢者	6.750	3.857	14.464	2.893

4）分析
a．大学生世代の意識
〔短期大学生〕
① 豊かさ観の重要度に対応する認識は高くもっているものの，具体的事項にあたってその評価をみると，これといった特定がされずにいる。不透明の部分が認められた。
② 豊かさのイメージとしては，「不安の少ない社会」が過半数を占め，次に「豊かな家族関係」，「友人・知人関係」が続く。
③ 重視する豊かさ観では，「精神的豊かさを重視したい」が過半数を占めた。

〔四年制大学生〕
① 現実の生活における満足度のなかで，「経済生活」に対しては不安を抱きまた不満をもっていることがわかった。
② 生活諸領域での重要度では，「働く」，「育てる」などの度合いが低い。今すぐに直面する環境には意識的ではあるが，やや遠い環境，分野への関心は乏しい現状がうかがえる。

b．親世代の意識
① 豊かさ観の重要度に対する認識は高いものの，具体的事項にあたっての評価は不透明であることが，ここ親世代に関しても認められる。
② 豊かさのイメージとしては，「不安の少ない社会」が過半数を占め，次に「ゆとりをもってトータルな自己実現が図れる社会」，「環境にやさしい生活ができる社会」が高い支持をもっている。
③ 男性の「精神的豊かさ」を重視する人が過半数を超えた。全体的充足度では「満足」は少なく，「どちらともいえない」層が多い。この点は国民生活選好度調査の結果，相対的に厳しい状況を反映して充足度の低下を示している点と一致している。

c．高齢者世代の意識
総体的に，豊かさに関しては「健康」，「年金」，「職場環境」，「地域社会」，「近隣社会」などの諸因子によってこれを構成していると考えられる。いわば自ら

d．大学生と親世代との関係

　大学生と親世代との豊かさ観の継承を探ると，全体的満足度で大学生の女子と親世代の女性とがきわめて相似形の数値を示していることがわかる。大学生，若年層の豊かさの考え方には，親世代の影響がきわめて濃いことを示しているように考える。

（2）「元気が出る地域づくり」県民意識調査—西日本新聞調査の事例—

　西日本新聞社による「元気が出る地域づくり」県民意識調査が実施された。一部の結果が公表されたのを機会に，この調査も視野に入れてみることとした。

　この県民意識調査の方法は，電話による聞き取りである。対象者は，福岡県内在住の18〜75歳の男女を電話帳で地域ごとに抽出した。総発信件数は75536件，うち有効回答は6489件。回答者の男女比，年齢構成は，ほぼ国勢調査に準拠。市町村別のサンプル数は，人口比をもとに少なくとも一自治体30人を上回るように調整した。質問は，「住みやすさ」，「元気度」，「地域イメージ」，「地域連携」など大きく11問で構成。これらをもとにした総合的評価を別に聞いている。

　「元気が出る地域づくり」県民意識調査結果を福岡，北九州，筑豊，筑後の四地区別に分析すると，住民たちの生活実感による各地区の優位性や弱点が浮かび上がってくる（表4－2－5）。「住みやすさ」，「元気度」の総合評価では，経済や人口の一極集中が進む福岡地区の優位性が目立つが，一方で調査結果は住民がその弊害を肌で感じていることも告げている。

　この調査の「住みやすさ」（①ごみ・下水道，②買い物の便，③交通の便，④病院・福祉，⑤文化施設，⑥公園・遊び場，⑦自然と歴史，⑧災害安全性，⑨水資源確保，⑩住みやすさ）の総合評価を福岡都市圏35市区町村で比べてみると，春日市がトップとなり，7位には「元気度」で県内29位の宗像郡大島村が入った。県内の自治体で最も人口が少ない大島村が上位に入ったことについては，下水道の整備や毎日のごみ収集，「隣人の顔がわかる」人間関係が残っていることなどがあ

88　第4章　生活経済指標と地域性

表4－2－5　福岡県における「住みやすさ」・「元気度」上位の市区町村

	住みやすさ			元気度	
	県内平均	3.30		県内平均	2.69
	福岡地区	3.38		福岡地区	2.87
	筑後地区	3.11		筑後地区	2.52
	筑豊地区	3.24		筑豊地区	2.58
	北九州地区	3.37		北九州地区	2.62
1	春日市	3.70	1	田川郡赤村	3.22
2	三潴郡大木町	3.64	2	春日市	3.20
3	嘉穂郡稲築町	3.62	3	三潴郡大木町	3.12
3	宗像市	3.62	3	筑紫郡那珂川町	3.12
5	遠賀郡岡垣町	3.59	5	粕屋郡新宮町	3.11
6	筑紫郡那珂川町	3.55	6	中央区	3.06
7	宗像郡大島村	3.52	7	田川郡金田町	3.00
8	西区	3.51	8	西区	2.98
9	山田市	3.49	9	宗像市	2.97
9	東区	3.49	9	東区	2.97
9	早良区	3.49	9	粕屋郡宇美町	2.97
9	八幡西区	3.49	9	粕屋郡志免町	2.97
13	中央区	3.48	9	三潴郡三潴町	2.97
13	遠賀郡芦屋町	3.48	14	遠賀郡芦屋町	2.94
13	八幡東区	3.48	14	糸島郡志摩町	2.94
16	宗像郡玄海町	3.47	16	粕屋郡篠栗町	2.92
16	粕屋郡新宮町	3.47	16	博多区	2.92
16	宗像郡福間町	3.47	18	柳川市	2.91
16	戸畑区	3.47	19	早良区	2.90
16	田川郡金田町	3.47	19	粕屋郡古賀町	2.90
16	築上郡新吉富村	3.47			

（注）　市区町村名の右側の数字は、4段階の評価に対する回答を4を最高値とする指数に換算したもの。福岡、北九州両市は各区別に比較したため、市全体の順位は表中から除外した。
（西日本新聞社「『元気が出る地域づくり』県民意識調査」1997.5）

げられよう。加速するヒト・モノ・カネの福岡一極集中。豊かさを象徴するこれらのデータの底で，発展する街に追いつかない都市基盤が，その評価を押し下げる。「住みやすさ」の価値観の変化が典型的に表れた事例である。

春日市が日本で有数の元気な街，活力のある街といわれる福岡市を抜いて1位を占めるという現実に，住民の意識には都市の大きさや機能重視だけではない多様な価値観が芽生え，それが反映されたことがここにうかがえる。

（3） 生活の豊かさと満足度の分析
1）三菱総合研究所の事例（1997年10月8日）

7月下旬に全国の18〜64歳の男女を対象に，生活の満足度に関するアンケート調査を実施（標本数2000，有効回答1485，回答率74％）。

併せて，さまざまな統計指標を用いることによって都道府県別の生活の豊かさについて分析を試みている。その特徴は，アンケート調査をもとに豊かさとこの決定要因に関する人々の意識構造を多変量解析によって把握したことである。作成される指標によって，人々の意識構造に基づく地域の豊かさの科学的，総合的な評価が可能となる。

まず，この事例では指標作成の考え方について，次のようにまとめている。

生活全体の満足感と12の側面別の満足，不満足に関する回答をもとに，4種類の個別指標を作成した。

指標1．所得・貯蓄と住宅—「物質的豊かさ」に関する指標
指標2．余暇，健康，仕事—「個人の内面の充実」に関する指標
指標3．教育，住環境，交通—「外的生活環境」に関する指標
指標4．上記以外の生活全般に関する指標

これらの4指標を加重平均したものが，総合指標である。

次に，「総合指標」（表4－2－6）を検討する。経済企画庁の新国民生活指標（PLI）と比べると，首都圏や大阪の近郊，東海地方などの各県が上位になって表れていることがわかる。

90 第4章 生活経済指標と地域性

表4—2—6 総合指標

	三菱総研試算値				「豊かさ指標」総合順位		
順位	都道府県		指数	順位	都道府県		指数
1	石	川	55.94	1	福	井 (1)	54.34
2	奈	良	55.69	2	石	川 (4)	53.83
3	静	岡	55.40	3	長	野 (2)	53.60
4	神 奈	川	54.89	4	山	梨 (3)	53.23
5	滋	賀	54.79	5	富	山 (5)	53.06
6	三	重	54.59	6	鳥	取 (7)	52.09
7	愛	知	54.43	7	東	京 (9)	51.84
8	群	馬	54.28	8	香	川 (10)	51.77
9	富	山	54.02	9	島	根 (8)	51.59
10	兵	庫	53.91	10	徳	島 (6)	51.33
11	岐	阜	53.33	11	北 海	道 (11)	50.98
12	島	根	52.68	12	山	形 (15)	50.79
13	香	川	52.57	13	山	口 (16)	50.79
14	栃	木	52.45	14	大	分 (14)	50.72
15	茨	城	52.45	15	三	重 (25)	50.51
16	埼	玉	52.32	16	群	馬 (13)	50.50
17	千	葉	52.20	17	岩	手 (20)	50.39
18	福	井	51.90	18	岐	阜 (12)	50.32
19	京	都	51.89	19	岡	山 (24)	50.32
20	長	野	51.44	20	広	島 (18)	50.15
21	広	島	51.21	21	秋	田 (29)	50.01
22	新	潟	51.07	22	高	知 (28)	50.00
23	岡	山	51.06	23	和 歌	山 (31)	49.99
24	山	梨	50.83	24	滋	賀 (23)	49.97
25	山	口	50.14	25	愛	媛 (19)	49.94
26	東	京	50.08	26	奈	良 (17)	49.82
27	愛	媛	49.56	27	京	都 (27)	49.67
28	鳥	取	49.51	28	栃	木 (30)	49.54
29	熊	本	48.97	29	静	岡 (21)	49.53
30	大	阪	48.97	30	新	潟 (22)	49.37
31	宮	城	48.71	31	佐	賀 (33)	49.33
32	長	崎	48.02	32	長	崎 (38)	49.21
33	福	島	47.89	33	愛	知 (26)	49.20
34	徳	島	47.83	34	宮	崎 (32)	49.16
35	沖	縄	47.64	35	鹿 児	島 (35)	49.02
36	福	岡	47.59	36	熊	本 (39)	48.49
37	佐	賀	47.18	37	福	岡 (45)	48.45
38	宮	崎	47.15	38	兵	庫 (37)	48.38
39	大	分	46.94	39	神 奈	川 (44)	48.06
40	秋	田	46.28	40	茨	城 (34)	48.02
41	山	形	45.76	41	千	葉 (40)	47.97
42	北 海	道	45.30	42	青	森 (43)	47.93
43	岩	手	45.19	43	福	島 (36)	47.88
44	和 歌	山	44.99	44	宮	崎 (41)	47.86
45	青	森	41.87	45	大	阪 (42)	47.75
46	鹿 児	島	40.33	46	沖	縄 (46)	46.93
47	高	知	38.75	47	埼	玉 (47)	46.55

※8分野の単純平均,かっこ内は前年順位

この新しい指標の特徴は，
① 個人の主観的な生活満足度と関係性の高い統計指標による評価であること
② 多変量解析（主成分分析）によって，統計指標間の情報の重複を取り除いていること
③ 生活満足度との関係に基づき，各統計指標ごとに異なる重み（ウェイト）をつけている

ことである。

　図4−2−4は，生活の満足や不満に結びつく要因を調べたものである。満足面では，①自分や家族の健康，②住宅，③余暇・休暇であり，不満な面では，①税・社会保険負担，②所得・貯蓄・資産，③消費・買い物・物価などが上位を占めている。こうした基本モデルをつくったうえで他の指標間のクロス集計などをさらに重ねていくと，精緻な生活周辺での意識と実態像が描き出される。

　この満足要因と不満要因との重要度に応じて，都道府県別に「豊かさ指数」として順位を出したものが総合指標となる。

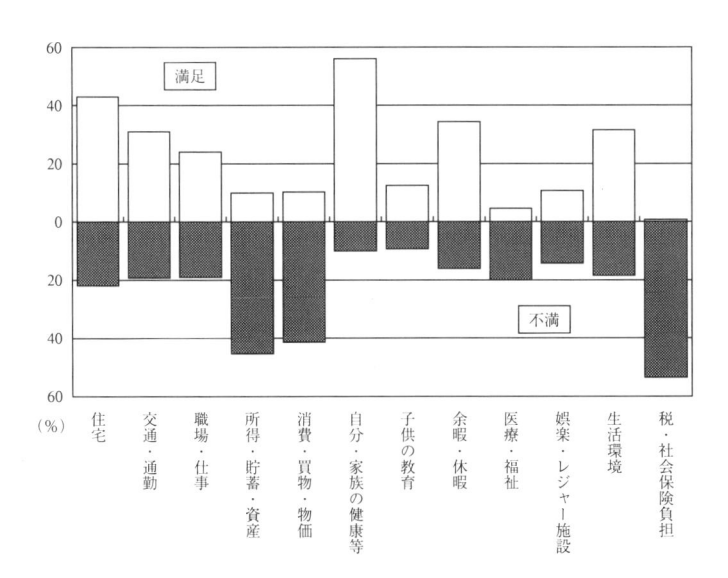

図4−2−4　満足な側面と不満な側面

2）Where is the best place to live in Asia？―アジア・ウィーク誌（1997年12月5日・特集号）による事例

福岡市は，経企庁の1997年版「豊かさ指標」の調査では「住む」（持ち家比率，交通事故発生件数など）の領域で12政令指定都市の第11位に位置している都市である。ところが，アジア・ウィーク誌（香港）によるアジアの主要40都市住みよさランキングでは，なんと第1位に輝いた。住みよさについての客観的な評価はむずかしいが，それにしても極端に違う。

表4－2－7では，アジアの代表的な40都市を選び，平均所得，教育費，映画館数，下水道普及率など24項目の指標をもとに住みよさの順位を算出している。この極端な食い違いの理由は，試算のデータの選び方次第で結果が大きく変わる，ということである。例えば，「豊かさ指標」の判断材料となる持ち家比率や一住宅当たりの敷地面積となると大都市ほど低い。しかしながら，アジア・ウィーク誌調査では住宅敷地面積の指標がとられていないこともあって，シンガポールのようにマンション暮らしが一般的な国が高得点を占めることになる。

同じ条件の国内調査に比べ，国際的な調査は基準の設定がむずかしい。生活様式も経済の伸び率も違うということが底流にある。このアジア・ウィーク誌による事例を検討して，単純には両者を比べられない限界があるという事実をもった次第である。

（4）要約

① これまで筆者らの研究では，PLIの8領域を視座に全体的把握を考察したが，これではあまりに，「育てる」，「遊ぶ」などの領域は調査事項が少なすぎる。今後はより生活に直結した事項で，8領域にバランスの効いた事項を割り当てる方法を試みたい。「元気が出る地域づくり」県民意識調査も，PLI評価の反発の動機から実施されたものである。福岡県は97年は45位にまで転落した。多数の統計資料からは，全国有数の「住みにくい地域」と評価された。これに対し，県民意識調査ではまったく逆の，約9割が自分の住む地域を，「住み

2. 指標調査の設計・分析の概要

表 4-2-7 SPECIAL REPORT CITIES

THE ASIAWEEK QUALITY OF LIFE INDEX
Where is the best place to live in Asia? We crunched the numbers on 40 of the region's key centers. Our results.
SELECTED DATA AND RANK

RANK	CITY POPULATION	SCORE	HOSPITAL BEDS PER 1,000	AVERAGE INCOME US$	STATE. EDU. SPENDING PER CAP/S	bRATIO OF HOUSE PRICE TO INCOME	% POP. WITH SEWERAGE	DUST/ SUSPENDED PARTICLES	VEHICLES PER KM CITY ROADS	CRIMINAL CASES PER 10,000
1	FUKUOKA 1,295,832	80	16.2(1)	34,150(3)	461(8)	9.2(16)	97.9(9)	40*(2)	141*(25)	93*(28)
2	TOKYO 11,598,634	75	12.3(3)	59,504(1)	756(1)	8.0(13)	99.6	46.7(3)	202*(29)	202.89(35)
3	SINGAPORE 3,100,000	71	3.5(13)	18,407(4)	628(4)	4.6(6)	100(2)	30(1)	217.5(30)	15a(33)
4	OSAKA 2,599,642	67	14.7(2)	51,671(2)	685(2)	4.5(5)	99.9(3)	55*(6)	238(32)	307.7(38)
5	GEORGETOWN 400,000	66	2(24)	10,483(11)	31a(16)	3(3)	96(10)	120*(17)	78*(15)	3.9*(1)
6	HONG KONG 6,500,000	63	4.66(10)	15,503(7)	668(3)	25(25)	90(12)	94(15)	305.7(36)	125.5(32)
6	SEOUL 10,229,262	63	4.89(9)	15,000(8)	484(7)	7*(10)	98.1(7)	85(11)	266(33)	330(39)
8	BANDAR SERI BEGAWAN 80,000	60	3.2(15)	18,000(5)	327(10)	7.5(11)	87.5(15)	60*(9)	81.8(16)	89.15(27)
9	KUALA LUMPUR 1,295,300	59	2.2(22)	17,323(6)	31a(15)	2.2(1)	98*(8)	130*(19)	121*(21)	188*(34)
10	TAIPEI 2,633,000	58	7.8(4)	13,287(9)	582(5)	27.6(27)	99.45(5)	51(4)	435(37)	123.5(31)
11	KAOHSIUNG 1,435,000	57	7(5)	11,000*(10)	500*(6)	13.6*(22)	90*(13)	92(13)	450*(39)	98.81(30)
11	SHANGHAI 14,150,000	57	5.23(7)	1,275(19)	80.86(13)	2.8*(2)	90*(11)	229*(32)	149.6*(27)	40*(18)
13	BEIJING 12,510,000	56	6.02(6)	1,152(21)	33.24(14)		87*(16)	380*(37)	217.8*(31)	12.13*(7)
13	CEBU CITY 662,299	56	3.3(14)	327(35)	3.81(32)	6(9)	88.7(14)	86.3(12)	137.12(24)	43.2(19)
15	CHIANG MAI 414,971	55	3.5(12)	860(23)	23*(19)	5*(7)	5*(40)	140*(21)	294(35)	80(25)
15	DAVAO CITY 1,006,840	55	2(23)	800*(25)	8.92(26)	4(4)	76*(21)	55*(7)	27(7)	47.07(20)
15	PUSAN 3,813,814	55	5.28	10,000(12)	254(11)	6*(8)	90(12)	94(14)	283(34)	290(37)
18	METRO MANILA 10,800,000	54	1.46(29)	5,158(14)	109(12)	8.6(15)	11*(36)	164(13)	135(23)	32.37(16)
19	BANDUNG 1,809,964	53	1.18*(32)	750*(26)	5*(28)	12.8(21)	52*(29)	56.18	35.5(11)	31.53(15)
19	JAKARTA 9,700,000	53	1.93*(26)	1,300(18)	9.52(24)	21(24)	10*(37)	121.7(18)	446(38)	47.9*(21)
21	KUCHING 312,900	52	1.42(30)	3,822(16)	12.50(20)	14.4(23)	80(19)	189.9(27)	100*(19)	6.8(3)
21	MACAU 410,531	52	2.3(21)	7,476(13)	443(9)	12*(20)	99.5*(4)	209(31)	130.3(22)	206.4(36)
23	COLOMBO 615,000	50	3*(16)	252(37)	0.16(39)	133.3(33)	75(22)	475*(39)	15*(3)	72(24)
24	SURABAYA 2,987,997	49	1.64(28)	623(29)	0.14(40)	25.7(26)	44.11(31)	52*(5)	30*(9)	21.6(12)
25	BANGALORE 4,130,000	48	0.3*(40)	400*(33)	6.92(27)	7.6*(12)	55*(27)	200*(30)	95(18)	35(17)
25	BANGKOK 9,100,000	48	1.8(27)	4,130(15)	25.20*(18)	4*(14)	5*(39)	300(34)	502(40)	95*(29)
25	GUANGZHOU 7,160,000	48	4.53(11)	1,425(17)	26.83(17)	27.9*(28)	85*(17)	300(33)	58.1*(13)	81.1(26)
25	HANOI 3,056,146	48	2.6*(18)	630*(27)	2.55*(35)	d	20*(34)	130*(20)	22*(6)	13.5*(9)
29	HO CHI MINH 3,924,435	46	0.65*(37)	850*(24)	2.60*(34)	d	25*(33)	140*(22)	28*(8)	26*(13)
31	KARACHI 5,180,562	45	0.79*(36)	940(22)	4.17*(31)	52.5(29)	60(24)	300(35)	22*(6)	30(14)
31	CHITTAGONG 3,300,000	45	1.95(25)	210(39)	4.17*(31)	85.8(31)	53*(28)	178*(25)	100*(20)	7.67(5)
31	CHONGQING 15,000,000	45	0.97*(35)	412(31)	9.31(25)	e	80*(18)	310*(36)	72.5*(14)	50*(22)
31	DHAKA 8,000,000	45		220(38)	4.17*(30)	98.1(32)	56*(26)	198.8*(28)	85*(17)	9.55.6
31	ISLAMABAD 350,364	45	2.5(20)	1,225(20)	12*(22)	60.5(30)	80(20)	200*(29)	20*(4)	70(23)
31	PHNOM PENH 900,000	45	1(33)	300*(36)	4.20(29)	d	13(35)	100*(24)	37*(2)	7*(4)
37	KATHMANDU 500,000	44	0.4(39)	195*(40)	12*(21)	NA	50*(30)	180*(26)	30*(10)	5*(2)
37	DELHI 8,419,000	44	1(34)	500*(30)	2.05(37)	10(18)	60*(25)	410(38)	145(26)	19.8(11)
38	VIENTIANE 531,800	40	2.5*(19)	385(34)	2.50(36)	10(17)	28(32)	150*(23)	10*(1)	NA
39	YANGON 3,000,000	38	0.62(38)	400*(32)	1.06(38)	d	10*(38)	75*(10)	15*(2)	13.38(8)
40	BOMBAY 9,925,891	34	1.4(31)	625*(28)	3.05(33)	11.2(19)	62(23)	500*(40)	190(28)	14.44(10)

FOOTNOTES:Bracketed figure represents ranking in category. *Estimates. a National figures.
bAverage house price divided by average annual income. c% of housing units.
dOfficially, land cannot be bought or sold. eNo private housing market

やすい」と評価しているのである．特に元気度の評価には，生活基盤の充実度など「静的」指標（価値基準）だけでなく，住民たちの活発な地域活動や祭り，イベント，特産品づくり，個性豊かな地域の創造的活動など，数値に表しにくい「動的」指標による住民の判断がうかがえる．そこには価値の多様化とともに従来型の企業誘致や開発重点主義の地域政策に背をむけ，真の「豊かさ」とは何か，を問い直しはじめている地域住民の姿勢が浮かび上がってくる．

2つの調査結果の乖離は福岡県という1つの対象が，光を当てる角度によってまったく異なる像を描くことを示している．

② 設問のうち「新しい豊かさ」に関する構成要素を考えたとき，人々の意識と現実とのはかりにかけられにくい部面をいかに数値化し，具体化するか，という宿題を得たように思う．例えば，生きがい，幸福感といった事項も注意深く掘り下げたうえで展開を試みる必要がある．生きがいというのは，「生きているだけの値打ち」あるいは「生きている意義」，「生きるめあて」，「生きていくはりあい」などを指している．これに対して，幸福感とは「恵まれた状態にあって不平を感じないこと」であり，「みちたりた状態にあって，しあわせを感ずること」を指している．この違いはいずれも意識の問題であるようにみえるが，前者は同じ意識の問題であるにしても，生きる，生きている，生きていく，そして生きているだけの値打ちといった，より意識の深層に根ざした「生きていてよかったと思う」価値観によって規定されている問題である．これに対して後者は，恵まれている状態，満ちたりた状況といった，より直接的な状況を指している．こうした違いが，日常的で身近な生活要素（アンケート事項の問いかけ）に微妙に変わって反射されることがある．

人々の意識の内実にある意味をどこまで確定し，一般化できるかはこれからの研究の重要な課題でもあると考えている．

③ 重視する豊かさとは「精神的豊かさ」という割合は，約6割に達する．しかし，その精神的とはどういう内実をいうのであろうか．「豊かさ」とその目標を外から与えられた時代から，内から見出すべき時代に立っている今，一人ひとりへの宿題がここにある．資源の制約と生活欲求の多様化，高度化のな

かで，人々が自分自身で発見していくところの精神であることには間違いない。
　④　指標を利用した調査は，その結果の公表だけでは終了しない。その結果をもとに，見えた部分と見えない部分をさらに取り入れた「豊かさ論」に言及していく必要がある。指標づくりは，個別データの採用，生活状況の変化によって評価が変わるというのも事実である。これが決定版というものはなく，その意味で限界性を常に認識して論議を進めなければならない。《こういった観点，視座で見るとこうなる》という結果を求め，生活状況や社会情勢なども勘案した１つの資料につくり上げる。分析にあたっては，対自的な視角で読むことは第一にふまえておくべきことではあるが，併せて対他的な調査，研究の資料ともクロスしながら読み込んでいくことが重要であることが，ここまでの研究の途上で理解できた。

3. 九州地域における生活経済指標と地域性を考える

　地球環境と共生する生活大国の実現を主な目的に掲げた「豊かさ」論は今なお，公私の領域において精査が続けられている。しかしながら，これまでみてきたように，生活の豊かさの数量化，指数化は容易ではなく，都道府県別の豊かさを測る指標は論議を呼んでいるのも事実である。そこでここでは少し見方を替えて接近してみる。

（1）　九州地区モデルへの取り組み
１）現代生活経営の体系論―地域の意味
　生活指標を研究するとき，個々でライフスタイルの異なるその「生活」を，いかに体系付けることができるだろうか。近年，「生活者」という使い方が多く述べられているが，その生活者の納得する「指標」というものが示されたことがあるだろうか。
　学術的に未開拓なこのテーマは，入口から模索の連続であった。しかし，指標とは"こういった観点でみると，このような結果になる"という認識であり，

その分析に相応しい対応策を展開することである，と考えるならば，その中心点には「個人」が存在し，それを取り巻く「地域」の仕組みが，相乗効果を成して結果を左右することが考えられる。

その個人の物心両面のあり様とは，安定性，継続発展性，快適性などでとらえられる自己充実と生きがい，満足性を視野に入れて考えられるが，本節の意図は地域での生活のあり様を，いかに指標の中に融け込ませることができるかについて考察することにある。

地域は，個々の生活主体が諸社会関係のなかで生活を通して共同の主体となり，あるいは生活環境醸成の主体となって，生活問題，生活課題に取り組んでいくその場である，と考える。

図4－3－1は，今日の「生活者の時代」にあって家族，近隣，地域の位置を考えたものである。そこから次のような課題が引き出される。

① 地域が，優れて主体的な生活の営みの場であるとしたら，その形成の際の悩み，そしてその末の課題を成就する歓びをいかに家族あるいはその構成員が共有できるか。共有できることによって，個人の豊かさに安定やより深い

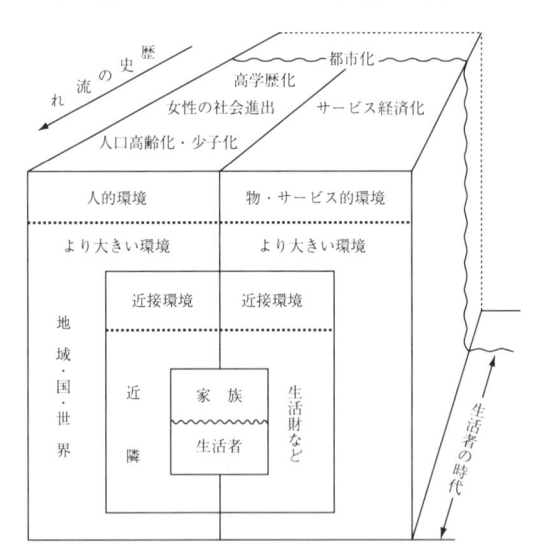

図4－3－1　家族・近隣・地域の位置

幸福感を形成できる。
② 地域ごとに，それぞれの特性が存在するならば地域の判断要素，指標を想定した調査項目や分類のあり様を考えることができる。われわれはここに，地区（地域）モデル構築のわけを求めたい。

2）家庭経営の基本的枠組み

図4－3－2で示したように，家庭経営の基本的枠組みは，次のようになる。生産行動や労務行動，購買行動ならびに財務行動という，いわば家庭生活に直接的な領域である，B＝生活行動が中央に位置する。それらの行動の判断，価値を司る，A＝生活価値あるいは生活意識がそのコアにすわる。他方，生活行動の周りを，C＝生活環境という間接的な生活領域が取り巻くという構図になっている。

3）生活指標

私たちの毎日の生活，くらしを諸角度から体系化，分類化すると，どのような分野，領域が認められるだろうか。参考に，民法施行百周年研究を考えてみることにする。民法は，自由，平等で独立した個人相互の自由意志に基づく関係を規律した法律である。その関係を規律した法律によって，また，関係を規律した生活のあり方，暮らしのあり方が促されるはずである。

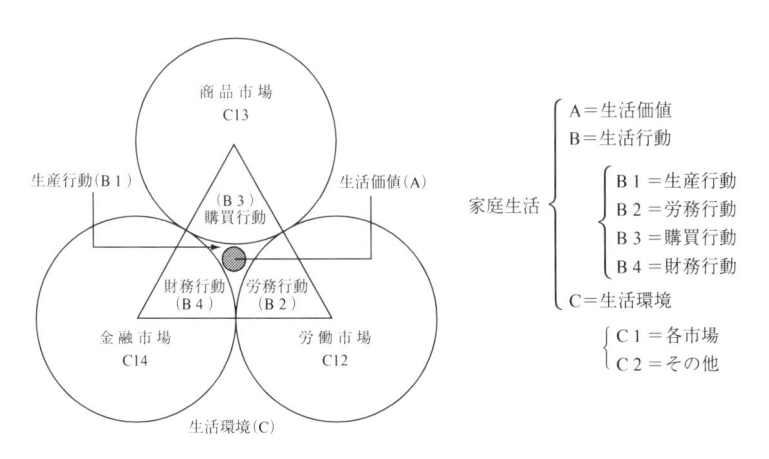

図4－3－2　家庭経営の基本的枠組み

生活規範としての民法は，人間生活の諸点を，次のように基礎付けている。

①生存の維持……「経済」「家族」

②人類の存続を目的とする諸活動……「家族」

③安全な生活の維持・確保……「地域の予防・対策」「公衆衛生」

④生活の余裕・楽しみ……「芸術」「学問」「宗教」「娯楽」

ここで，生活に関して個人を中心にしながら，地域という視点を併せて，その体系化を考察すると，次のように分類系を起こすことができるのではないか。

①生活基盤系～食べる，着る，住む，動く―生命保持

②生活創造系～遊ぶ，学ぶ，知る，付き合う―生命維持

③生活財務系～働く，収める，備える，貯える，借りる―生活保障

④生活環境系～生活圏（広義・狭義），企業セクター，公共セクター―安全継承

指標は，現代の多様化した各分野，各状況下での達成水準を体系的にとらえる1つの有効な手法として提示されるものである。地域の多様な特性を具体的に項目化して判断基準の理論をいかに求めていくのか，これからの作業につなぎたい課題がここに現れた。

4）九州地区への視座

共通課題としてわれわれ九州地区も，生活の豊かさ指標研究に取り組んでいる。各地域の研究手法は，独自の切り口をもっており，その結果発表には教えられるところが大きい。

さて，これまで九州地区では，次の3つの視座を重要視してきた。

① 九州地区の社会，経済，生活のあり方，立地条件をふまえた大前提とはいかなるものか。

② 九州地区の特性に立った指標作成をすると，どのような領域別と因子事項ができあがるか。

③ 実際に，その生活指標モデルを運用して，いかなる結果と豊かさ論の評価を得ることができるのであろうか。その総括した内容は①の大前提に，どのような修正と提言をもの申すことができるのであろうか。

以上は，フィードバックしながら深めていく研究だと考えている。

（2） 九州地区モデルの構築
1）「問題」への接近

これまでみてきたように，生活指標を作成する際にはいくつかの接近方法がある。典型的な生活指標を選び出し，それを統合する方法は，その1つであろう。他方，価値観の多様化した今日，「健全な」あるいは「望ましい」診断指標を求めることはむずかしい。そこで，地域で起こっている諸「問題」に接近し，地域の暮らしを検討することも1つの方法と考え，われわれは後者を選んだ。

というのも，われわれは現在，起こってほしくはないが生活の諸局面で実際に起きている問題のいくつかにプロジェクトを組み，取り組んでおり，その検討を通じて，いわば社会の負の部分に照射することでその地域の暮らしぶりをあぶり出すことができる，と考えるからにほかならない。

例えば，九州地域は個人の自己破産数が多く，現在なお，その数は増えつつある。日本消費者教育学会の九州支部の研究成果によれば（川口ほか1999，財津ほか1999，船津ほか1999，谷村2000），九州人特有の性質や暮らし向き，他方では消費者金融業者の多さや熱心にこの問題に取り組む弁護士等の存在が，自己破産者を大量に生み出している要因といわれている。そして看過してはならないのが，それによって離婚やその挙げ句の家庭の崩壊につながりやすいという点である。

21世紀には「超高齢社会」に突入することは避けられないといわれている。『2000年版九州経済白書』の「表2－1」を抜き出したものが表4－3－1であるが，全国平均に比べおよそ5年早い高齢化の先進地といわれている（同上，p.33）九州の中でも，辺地にみられるように鹿児島県や長崎県の島嶼部に位置する町村の高齢化は著しいものがある。このような状況下の長崎県の場合，谷村（2000）によれば，郡部女性の後期高齢者は5人に1人しか配偶者をもたず，また家族内での介護力は全国水準を下回る状況にあった。地域社会全体で支え

100 第4章 生活経済指標と地域性

表4－3－1　高齢化が進んでいる市町村（1999年3月31日現在）

(単位：人，%)

	人口	高齢化率		人口	高齢化率
福　岡　県	4,955,439	16.5	佐　賀　県	883,960	19.5
1.　矢部村	1,923	35.2	1.　背振村	1,938	28.8
2.　星野村	3,969	31.4	2.　富士町	5,332	27.6
3.　大島村	981	31.4	3.　三瀬村	1,747	27.0
4.　宝珠山村	1,823	31.2	4.　厳木町	6,178	27.0
5.　小石原村	1,278	30.3	5.　大町町	8,747	26.3
長　崎　県	1,537,280	19.6	熊　本　県	1,870,473	20.4
1.　高島町	1,003	40.4	1.　坂本村	6,287	34.8
2.　崎戸町	2,461	40.2	2.　天草町	5,114	32.8
3.　伊王島町	1,097	35.7	3.　有明町	6,805	32.0
4.　玉之浦町	2,340	35.0	4.　栖本町	3,131	31.8
5.　小値賀町	3,959	33.3	5.　河浦町	7,019	31.2
大　分　県	1,238,496	20.7	宮　崎　県	1,188,341	19.6
1.　大田町	1,965	41.9	1.　北郷村	2,277	35.7
2.　緒方町	7,041	37.3	2.　西米良村	1,553	34.8
3.　大野町	5,967	36.7	3.　西郷村	3,053	33.6
4.　清川町	2,709	36.2	4.　日之影町	5,862	32.2
5.　国見町	6,089	36.1	5.　南郷村	2,862	31.1
鹿　児　島　県	1,790,437	21.9	沖　縄　県	1,313,804	13.0
1.　上甑村	2,039	44.1	1.　渡名喜村	496	39.9
2.　大浦町	3,147	42.4	2.　粟国村	872	39.8
3.　佐多町	4,121	40.8	3.　城辺町	8,105	30.0
4.　笠沙町	4,083	39.0	4.　大宜味村	3,505	29.7
5.　下甑村	2,880	37.8	5.　伊是名村	1,957	29.0
山　口　県	1,540,354	21.3			
1.　東和町	5,570	49.5			
2.　上関町	4,760	42.3			
3.　橘町	6,141	42.0			
4.　美川町	1,967	41.1			
5.　本郷町	1,474	39.8			

（注）　高齢化率＝65歳以上人口／総人口×100

（『九州経済白書2000』p.33　市町村自治研究会「住民基本台帳人口要覧」）

ていかざるを得ないわけであるが，現時点では供給水準は低いものの，ニーズに沿う形で設けられていた特養ホーム等のハード面に比して，在宅三本柱のようなソフト面の利用状況にはきわめて大きな地域差がみられ，双方のサービス間の適切な組み合わせがまずもって求められている。

　周知のように，高齢化のメダルの裏側には「少子化」と彫ってあるという。少子化に歯止めをかける，子どもを産みやすい環境づくりの施策が望まれている。

　21世紀はまた，「環境の世紀」ともいわれている。高度経済成長が，そしてバブル経済がわれわれのライフスタイルに決定的な変容をもたらし，その結果，環境問題を引き起こしたとされる。

　周知のように，公害問題から現在は地球環境問題やなかでも都市・生活型の環境問題が，生活に密接に関わる環境問題として取り上げられている。その代表は増え続ける家庭ごみといえよう。そこで質量ともに大幅に変化した家庭ごみを減量するにはどうしたらいいのか，通常は「ごみ袋の有料化」，そして「環境教育」が削減策として俎上に上っている（丸尾・西ヶ谷・落合，1997）。ただごみ袋の料金は各自治体で異なり，そのために周辺に比べ高い（と住民が感じる）ところでは隣接の町村に不法投棄が頻発したり，あるいは野焼きが増えるなどの問題が起こっている。ごみの減量は，単に有料化すれば一件落着というほど簡単なものではないようだ。

　一方，環境教育は即効性には乏しいが，ごみ減量化の有力な方法であることは確かなようなので（同上），環境教育に対する行政の取り組み方の比較を九州内で行ったところ，県間の温度差というか，熱意の差を見出した（谷村，2001）。関係者の「環境への熱き眼差し」の存否が，結果を左右していた。

　アメニティという観点からする環境問題に，2000（平成12）年6月1日より施行された大規模小売店舗立地法がその目的とする，新たに進出した大型店の周辺地域住民に与える生活環境の悪化の防止がある。顧客や搬出入のための車両による交通渋滞の発生を極力回避し，周辺の安全を確保すること，また従来の通行の利便が損なわれないようにすること，騒音問題への対応，廃棄物や町

並みづくり等への配慮等がそれである。

　内外価格差（問題）ほどには知られていないが，内々価格差は思いのほか大きい。表4－3－2はそれを示したものであるが，公共料金全般についての内々価格差は約9ポイントで，最高は長崎市の106.0, 最低は津市の97.1。公共料金のうちで地方公共団体によって決定されるもののみで比較すると，地域間格差は約59ポイント，最高は長崎市の131.1, 最低は徳島市の72.5。この格差は地域別に決められる公共料金が生み出している。内々価格差の背景には，さまざまな要因が作用していると考えられるが，その格差が各地の立地条件や住民の選好による場合は致し方ないとしても，事業の非効率さによる場合は，問題である。実際，「物価モニターに対する物価の地域差に関する消費者の意識調査結果」（平成11年5月10日経済企画庁物価局 http://www.epa.go.jp/99/d/19990510monitor/menu.html）によれば，「物価の地域差があることについて，特に問題があると思うものは何か尋ねたところ，最も多かったのが『公共料金』で，ついで『食料品』,『燃料』となっていた」。

　したがって，以上でみてきたような地域性を，生活指標の枠組みの中に埋め込むのが課題だといえよう。

2）生活指標作成の2つの接近法

　指標を作成するにあたって，次の2つの点に重きを置いた。

①LIFE STAGE 重視というか，あるいは生活経済学的接近とでもいえるもの

②地域性を重視する視点。これは，「生活現場」の重視を意味する

　このうち，②地域性の重視：「生活現場」への接近に関しては，すでに上で述べており，ここでは① LIFE STAGE 重視：生活経済学的接近について簡単に触れておく。

　生活課題と結びつけるときは，ライフステージ別に考察することは効果的と考える。そこで図4－3－3を作成した。ちなみにステージⅠ：0～22歳，ステージⅡ：23～40代，ステージⅢ：50, 60代，ステージⅣ：70歳代の区分けをしてみたが，これは一案にすぎない。図4－3－3のようにすれば，ライフス

表4−3−2 公共料金の内々価格差(都道府県庁所在地)

(1998年)

	公共料金	国が関与しているもの	地方が決定しているもの		公共料金	国が関与しているもの	地方が決定しているもの
札　　幌	102.8	102.8	103.1	大　　津	98.4	99.3	93.9
青　　森	100.8	101.1	99.9	京　　都	100.0	99.9	100.6
盛　　岡	98.9	99.6	95.1	大　　阪	98.3	100.1	87.2
仙　　台	99.4	98.6	104.1	神　　戸	99.5	100.0	96.7
秋　　田	100.8	99.8	107.4	奈　　良	100.0	100.9	94.8
山　　形	104.0	99.5	130.6	和 歌 山	100.0	100.7	96.1
福　　島	100.2	98.0	114.3	鳥　　取	99.7	102.4	84.7
水　　戸	97.5	99.1	89.0	松　　江	103.5	102.7	108.9
宇 都 宮	99.3	97.8	109.2	岡　　山	100.7	101.8	94.7
前　　橋	97.4	98.7	90.1	広　　島	98.2	100.4	85.2
浦　　和	100.5	98.5	112.9	山　　口	103.0	101.6	111.6
千　　葉	97.2	97.1	98.7	徳　　島	97.5	101.9	72.5
東京都区部	100.5	99.6	106.6	高　　松	100.2	101.6	92.3
横　　浜	98.9	98.4	103.1	松　　山	100.2	101.6	91.5
新　　潟	99.4	100.0	95.6	高　　知	101.3	102.3	95.5
富　　山	100.2	102.8	84.2	福　　岡	104.3	103.2	111.2
金　　沢	100.9	100.7	102.6	佐　　賀	102.4	100.6	113.5
福　　井	98.4	100.9	83.2	長　　崎	106.0	101.7	131.1
甲　　府	99.1	97.3	109.6	熊　　本	99.5	100.4	94.2
長　　野	98.5	97.5	104.7	大　　分	99.9	100.6	96.3
岐　　阜	98.8	100.6	88.3	宮　　崎	99.4	102.1	84.6
静　　岡	98.2	98.5	97.0	鹿 児 島	101.1	102.9	91.0
名 古 屋	99.1	99.7	95.2	那　　覇	104.6	104.9	103.4
津	97.1	100.5	77.1	全 国 平 均	100.0	100.0	100.0

(備考) 1. 総務庁「小売物価統計調査年報」(平成10年)により作成。
　　　 2. 数値は,全国を100としたときの指数である。
(『物価レポート'99』p.64)

104 第4章 生活経済指標と地域性

テージのすべての局面が一瞥してわかることになる。

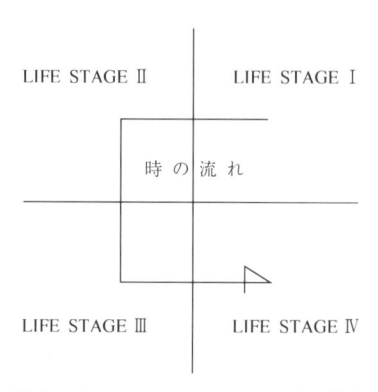

```
LIFE STAGE Ⅱ    |    LIFE STAGE Ⅰ
           時の流れ
─────────────────┼─────────────────
LIFE STAGE Ⅲ    |    LIFE STAGE Ⅳ
```

図4－3－3　ライフステージの局面

（3） 九州地域の生活指標
1）九州の生活指標：第一次モデル

とりあえず上記の課題を念頭に置いて作成すると，九州の生活指標（第一次モデル）は以下のようになろうか。

LSⅠ：

　　＊保育所在籍率
　　＊消費者教育・環境教育
　　＊1学級当たり児童・生徒数
　　＊周辺生活環境評価指標

LSⅡ：

　　＊男性／女性別家事・育児の時間
　　＊女性の労働力率・管理職比率
　　＊教育費支出割合
　　＊離婚率

＊消費者信用残高

＊周辺生活環境評価指標

LSⅢ：

＊教育費支出割合

＊奉仕的活動時間

＊交際時間

＊消費者信用残高

＊求人倍率

＊周辺生活環境評価指標

LSⅣ：

＊在宅・施設介護力指標

＊求人倍率

＊奉仕的活動時間

＊交際時間

＊周辺生活環境評価指標

2）その応用：家族モデル

　人はそのライフステージで生活課題が大きく異なり，地域によりその課題の重さに差が出る。そこで九州モデルではその考察の対象を個人にしたが，「個人」を「家族の一員」と読み替えることで，その組み合わせにより，家族モデルにすることもできる。

　例えば，夫50歳，妻40歳，子ども15歳という家族の場合，ステージⅠとステージⅡとステージⅢの生活指標の統合により，1つの家族モデルができあがるというわけである。

（4）　小括

　振り返ってみると，これまで生活，暮らしに関する九州ぐるみの調査，研究はきわめて例証が少ないことがわかった。その点では，天野（1996, p.20）の

「戦前・戦後を通して，日本の知識人は，「生活」や「暮らし」という事実の持つ意味に気付くことがなかった。日本の思想や哲学のなかで，生活文化論は重要な位置を占めてはいない」という指摘は当たっている。それだけにさらなる検討が要請されているといえよう。

4. まとめ

以上のような研究の経緯をたどって，次のように要約することができる。

① 各種の個別データの採用や生活状況の変化によって，結果の評価は大きく変わる，という知見を得た。したがって，指標調査の限界性は常についてまわることになろう。そこで大切なのは，"こういった観点でみると，このような結果になる"という認識である。その分析に相応しい対応策を展開することである，と考える。

② 生活指標の研究は，できるだけ多くの個人が物心両面から豊かだと感じられるようになるための契機を探る作業である。それは，「人生70万時間，豊かさの創造」に向けた，労働や遊び，休養，学習などへの生涯を通じての配分をいかに設計しているのか。また，その生活をいかに評価しているのかを検証することでもある。

◇参考文献◇
- 井手ふさえ「生活研究と生活指標」『農業総合研究』Vol.19, No.4, 1965.10, pp. 9～12
- 前田正久「社会指標及び地域指標の活用に関する理論的研究」『季刊社会保障研究』Vol.13, No.2, 1967, pp.66～76
- 井上敏夫「『社会的指標』について」『国民生活研究』Vol.10, No1, 1971.1, pp.10～22
- 富永健一「社会指標と社会計画」『中央公論』Vol.86, No.11, 1971.8, pp.180～196
- 「福祉水準をどう測定するか―社会指標の可能性をめぐって―上―（シンポジウム）」『エコノミスト』Vol.55, No.2, 1977.1, pp.42～56
- 「福祉水準をどう測定するか―社会指標の可能性をめぐって―下―指標の総合化は望ましいか（シンポジウム）」『エコノミスト』Vol.55, No.3, 1977.1, pp.38～49

4. まとめ

- 国民生活センター調査研究部訳「生活の質の概念〔アメリカ合衆国環境保護庁主催シンポジウム「生活の質とは何か」(1978年8月) 資料〕」『国民生活研究』Vol.18, No.2, 1978.9, pp.76〜96
- 小林節夫「『国民生活指標』報告を読んで」『共済新報』Vol.27, No.5, 1986.5, pp.2〜8
- 東京商工会議所「提言『ゆとりを実感できる国民生活の実験に向けて』(資料)」『労政時報』Vol.2977, 1990.6, pp.75〜77
- 経済審議会「生活大国5ヶ年計画(平成4〜8年度)(資料)」『労政時報』Vol.38078, 1992.7, pp.78〜83
- 経済審議会生活大国部会「生活大国部会報告—平成4年5月2日(資料)」『自治研究』Vol.68, No.7, 1992.7, pp.138〜162
- 福田 至「新『豊かさ指標』について」『家庭科学』Vol.59, No.2, 1992.10, pp.20〜23, p.280
- 経済企画庁国民生活局「国民の意識とニーズ」(平成5年度国民生活選好度調査)」1994.3, pp.1〜39
- 西日本新聞社「『元気が出る地域づくり』県民意識調査」1997.5.2.19版
- 有地 亨『現代家族の機能障害の実態と紛争処理の総合的研究—法・政策のための基礎的調査分析』九州家族研究会, 1986, pp.122
- 福田公正『日本を豊かにする方程式』日本評論社, 1995, p.18
- 三菱総合研究所・政策・経済研究センター政策研究部『生活の豊かさと満足度の分析—主観的評価を踏まえた新たな地域の豊かさ指標の試み—』1997, p.5, 9
- 『ASIAWEEK』DECEMBER 5, 1997, pp.42〜44, 52〜53
- 谷村賢治『現代家族と生活経営』ミネルヴァ書房, 1995, p.44, 55
- 第13次国民生活審議会総合政策部会基本政策委員会中間報告『個人生活優先社会をめざして』経済企画庁国民生活局編, 1991, p.21, 49
- 星野英一『民法のすすめ』岩波新書 536, 1998, p.39, 44
- 天野正子『「生活者」とはだれか』中公新書, 1996
- 川口恵子ほか「個人破産多発地域九州にみる消費者経済行動とその意識調査——一般人の場合」『消費者教育』第19冊, 1999
- 九州経済調査協会『分権社会と新しい主体—2000年版九州経済白書』2000
- 財津庸子ほか「消費者教育の観点から見た消費者金融の現状」『消費者教育』第19冊, 1999
- 谷村賢治「基礎統計からみた長崎における高齢福祉環境」『地域環境の創造』長崎大

学公開講座叢書12, 大蔵省印刷局, 2000
- 谷村賢治「消費者金融業の展開と個人の自己破産」『日本消費者経済学会年報』第21集, 2000
- 谷村賢治「家庭ごみ削減策としての環境教育への視点」『日本消費者経済学会年報』第22集, 2001
- 船津桂江ほか「個人破産多発地域九州にみる消費者経済行動とその意識調査―多重債務者の場合」『消費者教育』第19冊, 1999
- 丸尾直美・西ヶ谷信雄・落合由紀子『エコサイクル社会』有斐閣, 1997

付記

最後に，本共同研究の調査に際しては，八幡（谷口）彩子（熊本大学），横田春子（中村学園大），西原そめ子（精華女子短期大学）の各氏に協力していただきました。厚くお礼を申し上げます。

第Ⅲ部

生活指標研究と家計診断

第5章　家計簿の内容

1. 家計簿から生活経済簿へ―生活経済簿体系化の試み―

（1）はじめに

　個人や家族が生活の貨幣経済的な側面をとらえる1つの手段に家計簿がある。多くの場合，家計簿の記帳は，単に日記のように収支の記録を残すためではなく，現状（ある一時点としての現在，過去からの積み重ねとしての現在）を把握し，問題点を抽出し，それを改善する，あるいは将来の生活設計の基礎資料として用いるために行われる。すなわち，家計簿は，現在，そして将来の金銭面の生活診断の基礎資料としての役割を果たしてきた。

　家計簿には，金銭の出入りに加えて，CO_2の排出を示す「環境家計簿」や栄養摂取状況を示す「栄養家計簿」なども存在する。金銭の出入りを記録せず，環境負荷行動のみを記録するものでも，"家計簿"と称するものがあり，その場合"家計簿"は"生活の現状を示すもの"（生活簿，あるいは生活経済簿）の意味で用いられている。すでに，実態としてもさまざまな"生活経済簿"が存在している。ここでは，これらさまざまな生活経済簿について，把握の対象（メディア），とらえ方，評価方法の観点から体系化を図る。

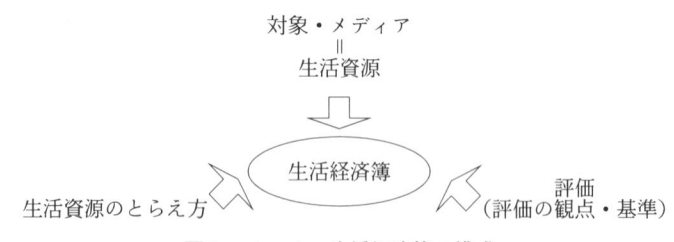

図5－1－1　生活経済簿の構成

（2） 生活経済簿の対象（メディア）

　日々の生活は，個人あるいは家族の生活資源を利用し営まれている。生活にあっては，生活手段を整え続ける活動—生活手段の生産，調達，管理，利用・活用，廃棄，リサイクル—としての経済活動[1]が伴う。経済活動では，貨幣だけでなく，さまざまな生活資源が利用される。貨幣を含むこれら生活資源の入手・利用の記録が生活経済簿である。

　"生活"の目的を普遍的な形で設定することはむずかしいが，"生活"の結果，あるいは"生活"する過程において，豊かさを享受することが生活主体により希求されている。各個人により豊かさを感じる状態は異なるが，生活資源の保有，活用のされ方が各人の豊かさの認識に影響を及ぼすという点は共通している。

　生活資源は，人的，非人的資源に分類される[2]。人的資源には，時間，家族員のもつ価値，態度，能力，エネルギー，知識，技能など，非人的資源には，金銭，施設，家族が手に入れることのできる物質などが含まれる。

　生活経済簿において経営・管理の対象とされるのは，量あるいは質が可変的である生活資源となる。生活のあり様により変化するからこそ，管理，経営が必要である。人的資源の時間は1日24時間という点では不変であるが，24時間の用い方は多様であり，可変的な資源と考えることができる。また，量として把握可能で，日々変化がある金銭のような生活資源のほか，個人の能力あるいは技能を示すものとして，どのような資格を取得しているかというようなことも経営・管理対象となる。客観的な水準を示す資格だけでなく，個人が一貫した基準に基づき判断する個人の能力の程度も同様である。

（3） 対象（生活資源）のとらえ方

　生活資源の種類は多様であるため，そのとらえ方は一律ではないが，多くの生活資源で共有され得る視点を取り上げる。

　生活資源をとらえる視点の1つに，フロー（一定期間の出入）とストック（ある一時点における保有量）の両面がある。例えば，貨幣の場合，1年間の収入額・

支出額のほかに,ある時点(例えば,年末)における資産・負債の額の把握ということになる。住宅のように高額で単年の収入のみでは購入がむずかしいものの購入や生活のリスクへの備えとして,ストックの把握は不可欠となっている。蓄えることができるのは,金銭やものだけではない。すべての地域で導入されている制度ではないが,時間預託方式の互助型の福祉サービス事業や地域通貨発行事業が行われている場合には,時間も蓄え可能な生活資源となる。

　家庭生活が2人以上の構成員により営まれている場合は,家庭全体としてとらえる視点と,個人と個人,個人と家庭の関係をとらえる視点がある。総務省により実施されている「家計調査」の場合,すべての世帯員の収入を合算したものを世帯の収入とし,そこから,世帯共通部分(例えば,光熱費や家賃)の支出と各個人の支出が出ていく,ととらえている。しかし,生活が個別化するなかで,収支ともに"世帯"を通らない貨幣も少なくない[3]。また,世帯支出の分配は必ずしも世帯員に均等になされていない。このような実態を明確にとらえるために,家庭全体と個人に注目した視点が重要となる。この視点は貨幣以外の生活資源にも有効な視点である。時間は人に帰属しており,常に個人のものであるが,自分自身のためのみに使われるわけではない。自分以外の誰かのために用いられる時間も存在する。また,家族とともに過ごす時間が豊かさの実感へつながることもある。時間を,睡眠,食事などの行動内容だけでなく,人との関わりの視点で分類することができる。

　総務省の「家計調査」では消費支出の分類として,食,住,光熱水道,家具・家事用品,被服,交通通信,保健医療,教育,教養娯楽,その他の10大費目が用いられている。このような生活の領域[4]に分類してとらえることもできる。これも,貨幣のみに用いられるのではなく,他の生活資源にも適用可能である。情報を扱う場合に,この分類に基づき自分や家族のもつ情報をあげることができる。後述する評価の価値観に合わせて分類の設定を行うことにより,評価が行いやすくなる。

　以上に示した視点は,ある1つの生活資源をいかにとらえるか,というものであるが,生活の営みは,多様な生活資源を活用して行われ,時間的な連続性

をもつ。ある時点において、生活の断面図を描き、生活資源相互の関係をとらえる、それに時間経過を加え、生活資源の相互関係を重層的にとらえていくことも、生活の全体性をとらえるために不可欠である。

(4) 生活経済簿における評価

前項で示した生活資源の記録を生活診断の資料として活用するためには、それを評価する基準（目標達成の程度を判断する尺度[5]）が必要となる。本項では、評価の観点、基準について考察する。

評価の観点としては、絶対量、バランス、トレンドなどが考えられる。貨幣の場合、絶対量の評価の例として、生活設計のなかで設定される貯蓄目標額と貯蓄現在高との対比、妻と夫それぞれの保有する貯蓄現在高の対比などがある。収入額が大きくても支出額がそれ以上に大きい場合、貯蓄額はマイナスとなる。一定期間内の量の出入のバランスも評価の観点となる。また、時間軸に沿って、今期の量、質が前の期に比べどのように変化しているか、そのトレンドも評価の観点となる。

基準の設定は、個人の目標に応じるためには個人により、家庭の目標に応じるためには家庭により行われる。このほか、個人や家庭の生活がその外側に影響を及ぼす場合、所属する社会により設定される。所属する社会は、影響を及ぼす範囲によっては地球全体という広がりをもつ。例えば、環境負荷の低減の

表 5 - 1 - 1 　生活経済簿における評価

評価の観点	絶対量 バランス トレンド	
評価の基準	設定者	個人 家庭 社会
	根拠	客観的 　相対的 　絶対的 主観的

ために各個人が使用エネルギー量1割削減，というような目標が所属する社会により提示される場合もある。個人・家庭の活動であるが，社会により基準が設定されている。

また，基準は，基づく根拠により客観的基準と主観的基準に分けられる。客観的基準には，栄養所要量のような身体的特徴や活動状況を考慮した生理的必要性から算出された絶対的基準のほか，所属する社会の人々の平均値や中央値，最頻値を基準の設定に用いる相対的基準がある。例えば，自分の生活を評価する場合に参考にする，年齢層や家族構成が同様の世帯の平均支出額や支出配分，時間配分などが相対的基準である。主観的基準は，個人の価値観に基づき設定される基準である。前項で示した家計調査の10大費目分野のうち，どの分野をどのように重視するかは主観的基準によるため，同じ現状であっても，それに対する評価は異なることとなる。食生活を重視する人もいれば，住生活を重視する人もいる。食生活を重視する場合にも，外食，手作り，無農薬の素材利用など，その内容はさまざまである。このような基準で評価するためには，前項で示したように，分類の設定に基準を反映させておくことが必要である。

基準の設定は，1つ1つの資源に対し独立して行われるだけでなく，複数の生活資源について，その代替性等資源相互の関係を考慮し行われることもある。この場合，各生活資源に対し重み付けを行うことが必要となる。重み付けは，個人により，また，ある個人のなかでもライフステージによって異なる場合もある。生活資源の重み付けは，先述した生活の全体性を考える術の1つとなる。

（5） おわりに

本稿では，生活経済簿で管理対象となる生活資源について，個々の生活資源をいかにとらえるか，評価するかについて述べてきた。各種生活経済簿のなかで中心的な存在であった家計簿の重要性は低下するものではないが，ライフスタイルが多様化するなか，お金以外の生活資源を管理・経営する重要性が高まってきている。また，生活資源を生活経済簿に記録するという行為は，各資源を生活に活用可能なものであると生活主体に意識させる契機にもなろう。

◇注◇

1) 御船 (2000) p.13
2) 近代家庭経営学研究会編p.65, B・ポウルチ他p.202
3) 例えば, 家計経済研究所『新・現代核家族の風景』参照
4) この他の領域設定例：経済企画庁が発表していた『新国民生活指標』の8領域（住む, 費やす, 働く, 育てる, 癒す, 遊ぶ, 学ぶ, 交わる）
5) 近代家庭経営学研究会編p.51

◇参考文献◇

- 家計経済研究所編『新・現代核家族の風景』大蔵省印刷局, 2000
- 近代家庭経営学研究会編『近代家庭経営学』家政教育社, 1984
- 御船美智子・上村協子編『現代社会の生活経営』光生館, 2001
- 御船美智子『生活者の経済』放送大学教育振興会, 2000
- B・ポウルチ, O・A・ホール, N・W・アシキン（丸島令子, 福島由利子訳）『家族の意志決定―生活の質の向上のために―』家政教育社, 1985
- サンドラ・ウォルマン（福井正子訳）『家庭の三つの資源』河出書房新社, 1996

2. 基本的な家計簿

(1) 家計簿の2つの役割

　一般に家計簿記といわれるものは,「家計という経済組織の設定, 経営, 解散に関する歴史的記録であり, また, 数字的・価格的記録」であって[1], そうした記録がなされる帳簿が家計簿である。

　家計簿は, 記帳されるデータそのものが, 歴史的記録として価値があるといってもよいが, さらにその役割を, 大きく次の2つに分けることができよう。その第1は個別の家計にとって,「科学的な羅針盤」の役目を担うことであり, 第2は社会的に正確な「数字的資料を提供」することである[2]。

1) 個別家計の羅針盤

　家計簿は, すでに述べたように, 単に記帳されただけでも, その家庭の歴史的記録としての価値はあるものの, その家計データを診断し, 将来のより良い

家計運営の羅針盤として役立ててこそより意味あるものとなる。そして，この家計簿による家計診断も各家庭自らが行う場合と，第三者に委ねる場合がある。

後者の第三者としては，日銀の金融広報中央委員会をはじめ，大手金融機関，保険会社が顧客サービスの一環として行う家計診断があげられる。また，雑誌や新聞紙上でも読者を対象に投稿家計簿の診断がさまざまに行われている。そうした家計簿の診断には，次に述べる総務省から公表される「家計調査」の平均値が，目安として利用されることも多い。

2）社会的な資料の提供

家計簿の大きな役割の第2として掲げた「数値的資料」の典型的なものが，メディアにも定期的に公表され，また多くの学者がミクロの家計分析を行ううえでそのベースに用いている総務省統計局の「家計調査」である。

これは全国168市町村，約8000世帯（2000年度）を対象に配布，回収され，その集計結果が毎月公表されている。この家計簿への記帳に求められるものは，あくまでも正確さである。日記形式で毎日記帳され，金額以外に，購入された数量も記録される。記録された家計簿は，調査員が取り集め，総務省統計センターに送付される。記帳されたデータは，約550項目にのぼる「収支項目分類」に従って分類されたうえ，コンピュータにより集計が行われる。この調査は，1999年までは農林漁家世帯を調査世帯から除いていたが，2000年より少数ながら農林漁家世帯も加えられるようになっている。

国レベルの「家計調査」の他にも，さまざまな団体が，そのグループに属する人々を対象に家計調査を実施し，会員間の家計診断資料としている。あるいはその調査結果を一般に公表することで，具体的家計の比較対象データを必要とする個人または社会のニーズに応えようとするものもある。

具体的には，日本鉄鋼産業労働組合連合会が毎年実施している家計調査，日本生活協同組合連合会（日本生協連）の全国生計費調査，婦人之友社が発行する家計簿の利用者からなる「家計簿をつけ通す同盟」が実施している家計簿調査などがそれにあたる。

このうち日本生協連の全国生計費調査は，1957年に当時の日銀発行の『明る

い生活の家計簿』を用いて始められたが，1978年には『生協の家計簿』という独自の家計簿がつくられた。調査の参加者が当時全国500人規模であったものが，年々登録者数を増やし，2000年現在では1800世帯に近づいている。全国から寄せられたこれら参加世帯の家計データは，詳しく分析され，『家計簿からみた私たちのくらし』という冊子として販売されている。

また，婦人之友社家計簿の利用者による「家計簿をつけ通す同盟」は1947年の発足とその歴史は長く，2001年3月現在の会員数は616世帯となっている。会員から集められたデータを集計し，各会員に報告書が送付されるほか，同社発行の『婦人之友』にその分析結果が順次掲載されている。

日銀の金融広報中央委員会（元貯蓄広報中央委員会）では，1955年より「わが家の家計簿・生活設計体験談」[3]の公募が行われており，審査のうえ優秀作品には賞金も出されている。これら家計簿の作品を通して，50年近くにわたる日本人のライフスタイルの変化も知ることができる[4]。

金銭的な記録である家計簿が，時に個人にとっての日記としての役割も果たし，それが長期にわたると各家庭の歴史的記録ともなり得る。さらにそれが公表されることで，社会的にも歴史的な意味をもってくる。その一例として中村隆英編著『家計簿からみた近代日本生活史』をあげることができる[5]。

（2） 家計簿の支出科目からみた歴史的変遷
1）実用家計簿および教科書に掲載の家計簿

わが国で印刷された実用家計簿のなかで，最も古いものの1つで，明治8（1875）年に発行されている植木綱次郎著『墓所勘定表』[6]は，家計簿のうちの賄帳にあたるものであるが，半紙倍判和本で，縦に次のような13の費目が列記され，横に日付が並ぶ。

「玄・白米」「雑穀」「味噌・塩・醤油・酢」「青物・豆腐類」「乾物・砂糖・茶」「清・濁酒」「焼酎・味醂・銘酒・西洋酒」「生・干・塩魚」「鳥・獣肉」「炭・薪・附木・火口」「油・蝋燭・石炭油・燈心」「墓所備品・同品修繕」「雑部」

118　第5章　家計簿の内容

調味料とひとくくりにするのでなく，味噌，塩など物品名が列記されており，当時，これらの物品が食費に占める比重の大きさをうかがい知ることができる。

一方，明治初期に出版された小学校の家政（家事，あるいは家事経済といわれた）の教科書にも家計簿が掲載されているが，青木輔清編述『家事経済訓』には賄帳にあたる「雑費出納帳」の雛形が掲載され，

「米」「味噌」「醤油」「魚類」「野菜」「薪炭」「油」「器物」

と列記されている。

同じ教科書でも，藤田久道編述『家事経済論』では，家計簿の雛形「日用雑費帳」の説明文に次のような記述がある。

「此帳簿ハ日々家計ニ費ス所ノ金銭ヲ記載スルモノナリ……其購求スル品物ニヨリテ其費途ヲ分カチキスベシ……」

として，例えば，各々の金額・明細欄の上欄に，米，味噌の類は「消」，衣類や反物の類は「需」，学校の月謝などは「応」と表示するよう記されている。

明治時代の後半になって発行された高等女学校用の家事教科書に掲載された後閑菊野・佐方志保共著の『家事教科書　続編　家計簿記法』[7]に掲載された家計簿では，支出科目として，

「賄費」「被服費」「諸税」「教育費」「交際費」「小遣費」「器具費」「雑品費」「給金」「雑費」

などが掲げられている。家事教科書の家計簿科目に「給金」が掲げられるところに，まだ人件費の安かった当時の世相がうかがえる。

大正，昭和にかけて家政学の教科書に大きな影響を与えた松平友子の私案家計簿（単式）の支出科目は，その昭和5（1930）年発行の『家事経済綱要　後編　家計簿』では，

「食物費」「被服費」「住居費」「光熱費」「衛生費」「教化費」「交際費」「小遣費」

となっており，数年後には，教化費が教化娯楽費に，交際費が交際公共費に変わって，保険料が費目に加わり，さらに後年は，小遣費，保険料が「その他の諸費」としてまとめられている。

実用家計簿としては，女性誌の出版社が種々の家計簿を発行してきているが，なかでも『羽仁もと子案家計簿』は，明治，大正，昭和にわたってほぼその原型を保ちつつ継続的に発行されてきた数少ない家計簿の1つである。

『羽仁もと子案家計簿』は，明治37（1904）年暮れに初版が発行されたが，当時の支出科目分類は次のとおりである。

「副食物費」「米・炭・薪費」「教育費」「家具費」「衣服費」「交際費」「住居費」「修養費」「娯楽費」「職業費」「特別費」「臨時費」

大正時代には，「米・炭・薪費」が「米・燃料・調味料費」と書き換えられているが，それ以外はそのまま引き継がれる。昭和25（1950）年には，「米・燃料・調味料」が，「主食・調味料費」と「光熱費」に分かれ，「修養費」が「修養・娯楽費」になる。さらに昭和35年には，その「修養・娯楽費」が「教養・娯楽費」に置き換わり，昭和37年には特別費が「特別・公共費」となる。こうした細かな修正がいくつか加えられた後に，現在では，

「食費（内訳：副食物費，主食費，調味料費）」「光熱費」「住居費」「家具費」「衣服費」「教育費」「交際費」「教養・娯楽費」「保健・衛生費」「職業費」「特別費」「公共費」

となっている。

初期のものでは，米と燃料が並列で書かれているが，これは，明治初期の『釜所勘定表』で，米と炭，薪が同列に扱われているのに通じる。また，主食の比重が高かった当時の食生活にあって，副食物費を主食費の前にもってきており，副食物費に比重を置くその姿勢は現在まで一貫している。

2）「家計調査」にみる支出科目分類の歴史的推移

まず，家計調査の先駆的なものとして評価の高い，大正5（1916）年に実施された「二十職工家計調査」[8] での支出科目は，

「飲食物費」「住居費」「勝手道具・家具買入費」「炭薪・燈火費」「被服・身廻品費」「保健費」「育児費」「交通費」「通信費」「会費・寄付金・衛生の類」「交際費」「享楽費」「雑費」

と13に分類されている。「勝手道具・家具買入費」「会費・寄付金・衛生費の

類」といった科目表現や科目分類が独特である。

その10年後の大正15（1926）年9月から翌年8月にかけて，内閣統計局は，初めての家計調査報告を出している。そのときの消費支出科目は，

「飲食物費」「住居費」「光熱費」「被服費」「その他の諸費」

と大きく5つに分けられた。この5大分類は，昭和16（1941）年から翌17年に至る家計調査が例外的な8分類（「飲食費」「住居費」「照明費・薪炭・水道料」「被服費」「保健衛生費」「修養娯楽費」「交際費」「その他の諸費」）であったのを除き，その後も踏襲される[9]。

しかし，昭和55（1980）年の『家計調査年報』では，昭和48（1973）年にジュネーブで開催されたILO（国際労働機構）主催による第12回国際労働統計家会議の結果に準拠し，現在実施される次の10大費目，すなわち，

「食料」「住居」「光熱・水道」「家具・家事用品」「被服及び履物」「保健医療」「交通通信」「教育」「教養娯楽」「その他の消費支出」

に移行している。

消費科目分類は，各家計簿間での違いはもちろんのこと，同一の家計簿であっても，発行時期により微妙に変化してきていることがわかる。家計の変化を時系列的にたどるためには，科目の分類においても継続性が重要になってくる。特に時系列的な流れをみるときの尺度として用いられる「家計調査」類は，科目分類の修正は安易にはできない。そうした拘束のなかでも，今日も時代の流れに即して，細目分類レベルでの見直しは5年ごとに行われてきている。

（3）支出科目にみる現代の家計簿の特徴
1）固定費，自由費の区分

今日，年末になるとさまざまな家計簿が書店の棚を彩る。高橋書店のように1社で10数種類の家計簿を発行しているところもあり，文具店で売られているものも含めると，市販家計簿の数は，50種類を優に超える。そのなかでも比較的によく出回っていると思われる20種類について，支出科目の特徴に焦点をあててみた（表5－2－1）。

戦後，経済の高度成長による家電製品の普及に伴う光熱費の増加，交通通信機関が整うことによる交通費や電話代の増加，あるいは高学歴化による教育費の増大など，いわゆる社会的固定費[10]といわれる支出が次第に増してきた。そうした過程で1965年頃から，月初めにそれら固定費を別にとり出して計上する様式の家計簿が現れてきた[11]。

これら社会的固定費の増加と時期を同じくして，銀行では自動振替払いのシステムが導入された。同システムは電話料金を皮切りに，電気，ガス料金をはじめ，家賃，授業料など，これら社会的固定費の支払いを中心に急速に普及していった。そうした状況がこの「月初めの欄」の採用にさらに拍車をかけたと思われる。表5－2－1に掲げた家計簿資料中でも，各月ごとにそうした固定費と比較的自由になる費目を区別して記帳させるものが約半数を占めている。

自動引き落としされ，半ば固定費的な扱いをされてきた光熱費も，省資源の考えから見直そうという動きにあり，資料④のように「めくばり費目」と明示するものも現れている。

2）支出科目の概要

支出科目の数と，その中身に注目すると，その多様性にあらためて気づかされる。これは記帳者の自由裁量に任される家計簿の，法人簿記と大きく異なるところであろう。

費目数に一番大きく影響するのが食費関連科目である。表中で最も細分化されているのが，資料⑮の15分類で，⑰の14分類がそれに続く。一方食費関連を1科目にまとめているものも5種類ある。食費を除く設定費目数で一番多いのは，資料⑰の14費目，一番少ないものは，食費以外を「その他」とした資料⑭である。また，資料中には，費目分類，費目名をすべて自由に設定する方式をとるものが4種類（⑥，⑧，⑪，⑲），食費のみがあらかじめ設定され，その他は自由に設定する形式のものもある（⑨）。

近年，家計簿の記帳率の低下が続いている[12]。女性の社会進出の拡大や，家計の個計化，キャッシュレス化の進展による家計の複雑化などがその要因と考えられている。

122 第5章 家計簿の内容

表5-2-1 市販家計簿例（2001年用）にみる支出科目欄の特徴

資料番号	家計簿の名称	発行所	初版年	大きさ	月間表 予算上での固定費自由費の区分用語	日々の記帳頁 実支出の科目数（うち自由科目欄）	支出科目欄のその他の特徴
①	羽仁もと子案 家計簿	婦人之友社	1905	A5判	—	18(2) 食関連3	月毎、科目毎に表が分かれている 税金、社会保障費、副食費、主食費、職業費他
②	おかず家計簿	主婦の友社	1931	AB判	○固定費 やりくり生活費	21(3) 食関連6	食費、日用雑費、家族共通費、個人費、重点費の4大費目にグループ化されている
③	お料理家計簿	講談社	1949	AB判	○天引き、預金振替、自由になるお金	19(2) 食関連8	タイトル通り食品関連費目が多め
④	お金が貯まる家計簿 すてきな奥さん	主婦と生活社	1949	AB判	（全体をやりくり、あくばり、ゆとり、ベースの4区分）	21(4) 食関連5	光熱、水道、交通、通信費を「あくばり費目」と明示している
⑤	青木祐子編 KAKEIBO	主婦の友社	1986	B5判	（年間表に定例支出、自由支出の区分）	4 食関連1	食費、教養娯楽費、雑費の4大区分点、雑費の4大区分
⑥	高橋伸子の家計ノート	主婦の友社	1990	AB判	○天引き、自動引落し、別にする分、自由になるお金	5(5) —	オリジナルの費目に記号を付けておき、取引の都度摘要の横の該当記号欄に○印を付ず
⑦	家計記録ノート 森久美子監修	婦人生活社	1993	AB判	○特別支出、引落分、決定している今月使えるお金	5(3) —	日常費、エンゼル費、残りは自由科目欄
⑧	家計簿＆時間簿 別冊ESSE	扶桑社	1992	AB判	○出ていくことが決まっているお金、自由に使えるお金	自由	費目を記号化し、取引の都度それを記入する
⑨	シンプル家計ノート	オレンジページ	1993	AB判	○口座引き落としし、決まっている支出	4(3) 食関連1	—

2. 基本的な家計簿　123

	書名・編著者・出版社	発行年	判型	説明1	費目数	備考
⑩	明るい生活の家計簿　日本銀行	1952	B5判	—	15(2) 食関連4	—
⑪	生活設計夢ダイアリー 明治生命フィナンシュアランス研究所	1992	AB判	○今月自由になるお金	(8)	副食費とそれ以外に分けられている
⑫	Housekeeping Book　博文館新社	1988	B6判	(経常支出と特別支出)	不特定 食関連1	—
⑬	日記併用家計簿　集文館	1989	B5判	決まっている費目	13(2) 食関連4	—
⑭	新しいかけいぼ　高橋書店	1992	B5判	決まって出るお金、今月使えるお金	2 食関連1	食費とその他に2分されている
⑮	香川綾編　栄養家計簿 女子栄養大学出版部	1952	B5判	—	24(1) 食関連15	タイトル通り、食費関係が15に細分化される
⑯	家の光　家計簿　家の光協会	1953	AB判	○口座から出るお金、決まって出るお金、自由になるお金	11(3)、11 食1、食1	食べる、住む、着る等の科目分類か、飲食費、嗜好品、衣類・身回り品等の科目分類か選択する
⑰	生協の家計簿　日本生協組合連合会	1977	AB判	—	28 食関連14	食費関連14、職業・主婦費、病院費(外税)欄
⑱	わが家の家計簿　日本生協組合連合会	1993	AB判	—	8(7) 食関連1	まず財布を通して支払いと通さなかった支払いに2分し、各々を別欄に科目分類して記帳する
⑲	たまひよ家計簿　ベネッセコーポレーション	2000	AB判	○毎月の固定費、引き落とし分	(7)	帳簿の巻頭頁に月間のわが家の固定費を書き出すための欄あり
⑳	MONEY NOTE　山崎えり子　祥伝社	2000	A6判	—	6(3)	基本生活費(自由に3費目設定)、ゆとり費、不時の出費、その他の4大区分

とにかく忙しい現代人にもアピールしようとするためか，資料中の家計簿の表紙には，そのキャッチフレーズとして，記帳の容易さやシンプルさをうたうものが目立つ。費目分類や費目名を自由に設定する方式や費目数そのものの数を極端に抑えた家計簿が多いのは，既存の費目分類に縛られる煩わしさを軽減しようとする試みのあらわれと思われる。

家計簿を記帳する動機は，健康の源ともいえる食生活に重点を置きたい，あるいは単に生活のおよその金銭的記録を残したい，または将来の目標のための貯蓄を殖やしたい等々，多岐にわたっている。そうした家庭のニーズの多様化が，こうした多様な支出科目のあり方を生み出しているともいえよう。

◇引用文献および注◇
1）飯塚重威・伊藤秋子編『家庭経済学辞典』ブレーン出版，1988，p.24
2）大河内一男・籠山 京『家庭経済学』光生館，1960，p.160
3）2001年には「くらしとおかねの体験作文」コンクールと改変され，審査対象が家計簿，生活設計よりさらに広範なものとなる。
4）Naoko Komori, Christopher Humphrey "From an envelope to a dream note and a computer the award−winning Japanese household accounting practices" Accounting, Auditing and Accountability Journal, Vol.13, No.4, 2000, MCB University Press pp.450〜474では，50年にわたる「わが家の家計簿体験談」受賞作品を分析したうえ，英国の家計簿事情と比較考察している。
5）中村隆英編『家計簿からみた近代日本生活史』東京大学出版会，1993，p.404
6）安川みどり「家計簿記の歴史 明治初期を中心に」『季刊 家計経済学研究』10号，1991，㈶家計経済研究所，pp.48〜60
7）後閑菊野・佐方鎮子『家事教科書 続編 家計簿記法』目黒書房・成美堂合梓，1899，pp.19〜23
8）中鉢正美解説『生活古典叢書7 家計調査と生活研究』光生館，1971，pp.89〜101
9）総務庁統計局編・発行『家計調査収支分類の解説』2000，p.82
10）岩田正美「消費過程の「社会化」と家計支出構造」『大阪市立大学生活科学部紀要』25号，1977，pp.257〜276，伊藤セツ「家計統計にみる労働者生活の今日的特徴」『経済』167号，1978，新日本出版社，pp.39〜53，ほか
11）安川みどり「戦後50年の家計簿の歴史―婦人4誌付録家計簿を中心に」『HOME ECONOMICA SPECIAL』8号，1995，アコム経済研究所，pp.45〜63

12) 日銀貯蓄広報中央委員会編・発行『貯蓄と消費に関する世論調査』2000, p.164

◇参考文献◇
- 三代川正秀『日本家計簿記史』税務経理協会, 1998
- 中部家庭経営学研究会編・発行『家計簿を考える 家計簿の過去・現在・未来』1983

3. 個人と家族の家計簿

(1) はじめに

かつてG・S・ベッカー[1]は, それまでブラックボックスとして扱われてきた家計内の生産を夫と妻の分業によって説明した。つまり, ベッカーの説は夫と妻の間の比較優位により分業された収入労働と家事労働によって, 家計には最も効率的な豊かさがもたらされるというものであった。このベッカーの仮説に対しては多くの研究者から反論がなされている[2]。しかしいずれにしても今日では, 家計は夫と妻の協働関係によって豊かさを享受するようになっている。そしてこの傾向は21世紀少子高齢時代の到来とともにますます加速していくものと考えられる。

その一方で, 家計の豊かさは, もはや総体家計としてだけではなく, 夫, 妻ひいては個々の家族員の豊かさとしても問われるようになっているものと考えられる。現在, 家計から生活の豊かさをみようとする場合, 総務省の「家計調査」をはじめ, 家計簿を資料とした多くの統計調査から実態としての指標をみることは可能である。しかし, これらは, あくまで総体家計としての生活の豊かさである。総体家計として豊かであれば, 個々の家族員も豊かだといえるのであろうか。今日示されている家計の実態指標からは, 家計内の個人の豊かさをみることはむずかしいものと考えられる。

そこで, 以下では個人と家族の家計簿という観点から, 家計内の個人の豊かさをみるための指標作成を試みるとともに, その指標を実際に利用するための新しい家計簿形式を事例の家計記録から提案していきたい。

(2) 家計からみた生活の豊かさ

家計からみることのできる生活の豊かさについて、堀田・大藪[3]は、家政的立場を重視した豊かさ指標として、新国民生活指標から4つの領域と10の分野別基準を示している。ここには多くの家計項目がその基準として示されていて、総体家計としての豊かさを測ることができるものと考えられる。御船[4]は、家計の実態指標からは数量的な経済生活の豊かさ診断が得られるとしているが、一方で「家計の個別化」の概念が、総体としての家計と、その内部に共同の財布と個人の財布が存在するという総体家計の内部にも注目する視点にある[5]としている。そして家計の個別化率の実態を、世帯員のこづかいに関するデータから示して、個別化の実態を財布の個別化、所得の個別化、消費支出の個別化の3つからみている[6]。御船がここで提示した家計の個別化の実態からは、総体としての家計と個別化の関係が存在することがわかり、家計内のブラックボックスの中身を垣間見ることができる。しかし、そのいずれもが総体としての家計を前提としたもので、ここから家計内の個々の家族員についての豊かさをみることはむずかしい。

さらに御船は、家計の個別化の部分が家族員の平等な関係のうちに選択されることによって家庭内の民主主義が実現されるとしている。これを家計内の配分という観点から考えれば、個々の家族員への配分が民主的に行われていることが、家計に豊かさをもたらすということになる。

(3) 家計の個別性と共同性

家計の個別化にはストック面の個別化（①世代間の個別化、②世代内の個別化）と、フロー面の個別化（①所得の個別化、②拠出の個別化、③配分の個別化、④財布の個別化、⑤支出の個別化、⑥消費支出の個別化、⑦貯蓄の個別化）がある[7]。このうちここでは、フロー面、特に消費支出における個別部分と共同部分の配分の観点から個々の家族員の豊かさを測るための指標作成を試みていきたい。消費支出における豊かさを測るには、従来から必需的支出と選択的支出の割合をみる方法や、手段的消費と目的的消費などを分析してとらえる方法[8]はあった。し

かし，それらはいずれも総体家計としての消費支出の豊かさをみようとするもので，家計内の個々の家族員の豊かさについては，現在のところ，統計調査資料からみることは困難である。一方，労働科学研究所による『最低生活費の研究』[9]では，家族員の年齢階級ごとの消費単位を設定し，世帯の最低生活費を算定している。「標準生活費の算定」[10]でも，1980年代における標準生活費が詳細に研究され，家計内の個別部分が明らかにされている。また，公式に認められたものとしては，毎年人事院が発表する「標準生計費」や厚生労働省の「生活保護基準」がその代表例であろう。これらのうち消費支出の世帯部分と個別部分を明確にしているのが，厚生労働省の「生活保護基準」である。この生活保護基準額における最低生活費の算定根拠には，批判的な意見も多い[11]。しかしながら，戦後以来，国民生活の底辺を支えてきた生活保護の意味は，大きいものと考えられる。

(4)　「生活保護基準」

1)「生活保護基準」の設定方法

　生活保護基準は，日本国憲法第25条の理念である「健康で文化的な最低限度の生活」を国民に保障し，その自立を促すための具体的尺度として設定されたものである。この保護基準設定については，今日に至るまで大きく分けて次の5つの時代の変遷を経てきている。まず第1期（昭和21年から23年）では，物価庁調べの標準生計費を基礎として基準設定を行ったが，その基準額は当時の激しいインフレのなかでは緊急暫定措置的なものでしかなかった。そこで第2期（昭和23年から36年）では，最低生活基準の立て直しを図るためにマーケットバスケット方式による算定[12]が実施された（しかし食料の算定方法は，科学的とはいえない算定者の判断によるものであったという）。第3期（昭和36年から40年）では，当時の保護基準と一般消費水準との格差が著しく大きくなってきたため，それまでのマーケットバスケット方式からエンゲル方式へと算定方法が改められた[13]。その後第4期（昭和40年から59年）では，国民の生活水準が上昇するなかで，低所得者層の消費水準の動向をふまえた格差縮小方式が生活保護基準の設

定に採用された[14]。今日に続く第5期（昭和59年以降）からは，水準均衡方式（前年度の民間消費支出の実績をふまえたうえで，政府経済見通しで見込まれた民間最終支出の伸び率から調整された保護基準を設定する方式）が採用されている。

　以上のように，生活保護基準の設定にあたっては，生活保護制度が実施されて以来半世紀以上にわたり，常にその設定根拠が問われながら改正が行われてきている。生活保護基準が国民の生活実態を反映し，最低限度の生活を保障する科学性，合理性のあるものとして，その妥当性は認められるものと考えられる。

2）「生活保護基準」における世帯内配分方法

　生活保護における最低生活費は，生活扶助基準と各種加算に，住宅・教育・医療・介護扶助，その他出産・葬祭等の基準額が加算されたものである。このうち生活扶助基準における生活費は，第1類の個人部分と第2類の世帯共通部分に分けられている。今日に続く配分方法が定められたのは，第3期，エンゲル方式に算定方法が改められたときからのことで，以降の基準額は，このときに算出された基準額を基礎として国民と被保護世帯の消費支出の水準格差を是正する形で算出されている[15]。

　その配分方法は，まず，1）飲食費については，年齢別消費熱量により費目別に配分し，その他の年齢・性別区分についてもその所要熱量によって費目別に配分している。2）飲食費以外については，a）飲食費以外の経費を，消費支出総額から飲食費，学校給食費，勤労控除額などを差し引いた額としている。b）a）の飲食費以外の経費を第1類の飲食費以外の経費（個人経費）と第2類の経費（世帯共通経費）に配分している。具体的には，エンゲル方式が基礎とした家計調査世帯における消費支出額の第1類相当額と第2類相当額をそれぞれ費目別に積算し，その配分率によって配分している。c）第1類以外の経費は消費単位によって年齢，性別に配分し，その他の年齢階層も，それぞれの消費単位によって配分している。d）第2類経費については，旧総理府統計局「特別消費実態調査」世帯人員別金額の比率により配分している。3）冬期加算については一般基準の飲食物費，家具什器費，被服費，その他の雑費，光熱

費,薪炭費の増加分に国家公務員の寒冷地手当ての支給割合を乗じて各区別に展開している。また世帯人員別展開は「家計調査」実態生計による人員別乗数で展開している[16]。

　以上のことからは,生活扶助基準における生活費の世帯内配分の方法が,でき得る限り矛盾の少ない方法で行われてきたことがわかり,その算出方法の妥当性は認められるものと考えられる。

(5) 「個人と家族」の豊かさ指標

　生活保護基準額表(平成11年)からライフステージを想定した世帯類型別[17]の生活保護基準額を試算したのが表5—3—1である。また表中には,生活保護基準額と全国消費実態調査(平成11年)の勤労者世帯(世帯類型別1世帯当たり1ヵ月間の収入と支出)における消費支出額との格差[18]を示している。家族にまったく収入がないとした場合の生活保護基準額(最大限度額)と,同じ世帯類型の全国消費実態調査における消費支出額の格差は,約75%から93%の金額となっている。昭和40年当時の格差が50%程度であったことからみれば,その後に行われてきた被保護世帯と一般世帯との生活水準の格差是正の効果が大きく,ここで家計内の豊かさを測るための基準としてその数値を利用することに問題は少ないと考えられる。また,表5—3—2は表5—3—1から各世帯員別の割合を算出したものである。豊かさ指標の基準となる生活保護基準額の世帯類型・世帯員別の配分割合を標準値として,5%ごとの加算,あるいは減算して,それぞれ5段階ごと計11段階の評価基準(-5から+5まで)を作成した。

(6) 「個人と家族の家計簿」による豊かさ診断

　表5—3—3は家族員の個別配分をみることを可能にした事例の家計簿形式"個人と家族の家計簿"である。表5—3—4は,事例家計の個別支出割合を算出するための表である。"個人と家族の家計簿"では,食料は世帯共同支出として一括記入されているため,個別の食料支出は不明である。そこで労働科学研究所の消費単位を利用して個別の食料支出を算出した。食料以外の支出に

130 第5章　家計簿の内容

表5-3-1　生活保護基準における世帯内配分（消費支出）

平成11年度 生活保護基準 1級地-1	夫婦2人世帯			夫婦と子1人世帯 子どもが2歳以下			ライフステージ***** 夫婦と子2人世帯 長子が3～6歳の 未就学児			夫婦と子2人世帯 長子が小学生			夫婦と子2人世帯 長子が中学生 平均値****		
	世帯員	金額	%	世帯員	金額	%	世帯員	金額	%	世帯員	金額	%	世帯員	金額	%
生活扶助															
第1類　世帯員1	29歳(男)	40,410		31歳(男)	40,410		33歳(男)	40,410		37歳(男)	40,410		43歳(男)	40,410	
世帯員2	27歳(女)	40,410		29歳(女)	40,410		31歳(女)	40,410		35歳(女)	40,410		41歳(女)	40,410	
世帯員3				0歳(女)	15,140		3歳(女)	27,250		6歳(女)	32,380		12歳(女)	44,500	
世帯員4							1歳(男)	22,030		4歳(男)	27,250		10歳(男)	36,850	
計		80,820			95,960			130,100			140,450			158,570	
教育扶助*** 世帯員3										6歳	2,750		12歳	4,890	
世帯員4													10歳	2,750	
児童養育費　世帯員3					5,000		3歳	5,000		6歳	5,000		12歳	5,000	
世帯員4							1歳	5,000		4歳	5,000		10歳	5,000	
計					5,000			10,000			12,750			17,640	
個別部分計		80,820	41.0		100,960	45.3		140,100	52.6		153,200	54.8		176,210	58.2
第2類　世帯型	2人世帯	48,460		3人世帯	53,720		4人世帯	58,450		4人世帯	58,450		4人世帯	58,450	
住宅扶助**		68,000			68,000			68,000			68,000			68,000	
共同部分計		116,460	59.0		121,720	54.7		126,450	47.4		126,450	45.2		126,450	41.8
生活保護基準額(a)		197,280	100		222,680	100		266,550	100		279,650	100		302,660	100
全国消費実態調査(b)****		263,251			261,725			287,380			301,891			338,969	
a/b(%)		74.9			85.1			92.8			92.6			89.3	

*　冬期加算分は全国消費実態調査（9月～11月平均）に合わせて除外している。
**　住宅扶助は一般基準額に、行政単位による特別基準を加算している。
***　教育扶助には基準額と学級費のみを計上。
****　「全国消費実態調査」（平成11年）第15表世帯類型別1世帯当たり1ヵ月間の収入と支出（2人以上の一般世帯・勤労者世帯）
*****　ライフステージの条件は厚生省「第11回出生動向調査」（1998）から作成

3. 個人と家族の家計簿　131

表5－3－2　世帯内配分比

平成11年度 生活保護基準 1級地－1	夫婦2人世帯				夫婦と子1人世帯 子どもが2歳以下			夫婦と子2人世帯 長子が3～6歳の 未就学児		
世帯員	世帯員	金額	%		世帯員	金額	%	世帯員	金額	%
世帯員1	29歳(男)	40,410	50.0		31歳(男)	40,410	40.0	33歳(男)	40,410	28.8
世帯員2	27歳(女)	40,410	50.0		29歳(女)	40,410	40.0	31歳(女)	40,410	28.8
世帯員3					0歳(女)	20,140	19.9	3歳(女)	32,250	23.0
世帯員4								1歳(男)	27,030	19.3
計		80,820	100.0			100,960	100.0		140,100	100.0

平成11年度 生活保護基準 1級地－1	夫婦と子2人世帯 長子が小学生			夫婦と子2人世帯 長子が中学生 平均値		
世帯員	世帯員	金額	%	世帯員	金額	%
世帯員1	37歳(男)	40,410	26.4	43歳(男)	40,410	22.5
世帯員2	35歳(女)	40,410	26.4	41歳(女)	40,410	22.5
世帯員3	6歳(女)	40,130	26.2	12歳(女)	54,390	30.2
世帯員4	4歳(男)	32,250	21.1	10歳(男)	44,600	24.8
計		153,200	100.0		179,810	100.0

表5－3－3　個人と家族の家計簿（現金出納帳形式）

月日	摘要	収入	支出						支出計	残高
			共同支出		個別支出					
			食料費	食料以外の共同支出	夫	妻	子1	子2		
	計									

表5－3－4　診断表(1)　事例家計の消費支出と個別支出割合

ライフステージ	世帯員	事例家計の家族食料費 円	個別食料費* 円	事例家計のその他の個別支出 円	その他の個別支出金額 円	事例家計の消費支出 円	個別支出割合 ％
夫婦2人世帯	夫 妻	8,690	4,574 4,116	4,369 338	8,942 4,455	13,397	66.7 33.3
夫婦と子1人世帯 子どもが2歳以下	夫 妻 第1子	15,036	6,537 5,884 2,615	17,985 2,230 1,067	24,522 8,113 3,682	36,317	67.5 22.3 10.1
夫婦と子2人世帯 長子が3～6歳の未就学児	夫 妻 第1子 第2子	25,333	9,383 8,444 3,753 3,753	27,673 2,142 10,051 1,658	37,056 10,586 13,804 5,411	66,857	55.4 15.8 20.6 8.1
夫婦と子2人世帯 長子が小学生	夫 妻 第1子 第2子	46,361	17,171 15,454 6,868 6,868	64,432 6,642 6,615 13,950	81,603 22,095 13,483 20,818	138,000	59.1 16.0 9.8 15.1
夫婦と子2人世帯 長子が中学生	夫 妻 第1子 第2子	57,220	16,349 14,714 13,079 13,079	43,695 20,186 12,876 8,039	60,044 34,900 25,955 21,118	142,016	42.3 24.6 18.3 14.9

＊：個別食料費は消費単位から算出した。
　　　は算出値
（労働科学研究所『最低生活の研究』1959, p.240)

ついては，家計簿から個別部分がわかるので，これを個別食料費に加算して個別支出金額を算出した。これを消費支出金額で除して個別支出割合を計算した。この個別支出割合を各ライフステージごとに表5―3―5で作成した指標にあてはめたのが，表5―3―5の網掛けで示した部分である。これが個別評点となる。表5―3―6は個別評点からライフステージごとの評価を示したものである。

　個別評点を前述した方法，つまり標準値0を民主的とし，それぞれプラス方向の数値は，配分が多すぎて民主的でない程度，マイナス方向の数値は，配分が少なすぎて民主的でない程度を表すものとして個別の世帯員への配分が民主的に行われているかどうか評価した。A家の世帯主は，高度成長期を経てきたサラリーマンで，この家計簿は昭和42年から61年までの20年間の記録である。事例家計の数値は実額のまま提示してある。ここからは，この間の大幅な物価上昇率を除いても，高度成長の波にのって，飛躍的に豊かになっていったA家の姿をみることができる。しかし個々の世帯員への配分でみると，圧倒的に高い夫の評点，それに対して妻や子どもの評点は極端に低い。長子が小学生までは子どもの支出の増加を妻の支出で調整していた様子がうかがえる。ここまでは，評点からみると世帯員配分は民主的ではなく，豊かな家計とはいえないことになる。しかしその後，長子が中学生になり子どもに教育費がかかるようになると，さすがに夫への配分割合は少なくなっている。夫とは対象的にこの頃から妻の評点が高くなりはじめていて，この家計が，次第に民主的になっていることがわかる。つまりここでは家計のライフサイクルをみるなかで総体家計としても豊かになっていく一方で，個々の家族員も次第に豊かになっていく過程をみることができる。ちなみに，A家の妻はこの間ずっと専業主婦である。

（7）まとめ

　以上，ブラックボックスとして扱われてきた家計内の個別配分の観点から，豊かさ指標の作成を試みてきた。また，その指標による評価を実際の家計事例から行うとともに，個人と家族の豊かさをみるための新しい家計簿形式につい

134 第5章 家計簿の内容

表5－3－5　診断表(2)　個別割合の評価

ライフステージ	世帯員	評価				
		－5	－4	－3	－2	－1
夫婦2人世帯	夫	～27.5	～32.5	～37.5	～42.5	～47.5未満
	妻	～27.5	～32.5	～37.5	～42.5	～47.5未満
夫婦と子1人世帯 子どもが2歳以下	夫	～17.5	～22.5	～27.5	～32.5	～37.5未満
	妻	～17.5	～22.5	～27.5	～32.5	～37.5未満
	第1子	～－2.6	～2.4	～7.4	～12.4	～17.4未満
夫婦と子2人世帯 長子が3～6歳の未就学児	夫	～6.3	～11.3	～16.3	～21.3	～26.3未満
	妻	～6.3	～11.3	～16.3	～21.3	～26.3未満
	第1子	～0.5	～5.5	～10.5	～15.5	～20.5未満
	第2子	～－3.2	～1.8	～6.8	～11.8	～16.8未満
夫婦と子2人世帯 長子が小学生	夫	～3.9	～8.9	～13.9	～18.9	～23.9未満
	妻	～3.9	～8.9	～13.9	～18.9	～23.9未満
	第1子	～3.7	～8.7	～13.7	～18.7	～23.7未満
	第2子	～－1.4	～3.6	～8.6	～13.6	～18.6未満
夫婦と子2人世帯 長子が中学生	夫	～0	～5	～10	～15	～20未満
	妻	～0	～5	～10	～15	～20未満
	第1子	～7.7	～12.7	～17.7	～22.7	～27.7未満
	第2子	～2.3	～7.3	～12.3	～17.3	～22.3未満

表5－3－6　診断表(3)　A家の豊かさ評価

ライフステージ	世帯員別	個別評点	評価
夫婦2人世帯	夫 妻	3 －3	夫と妻の格差大きく不平等。
夫婦と子1人世帯 子どもが2歳以下	夫 妻 第1子	5 －4 －2	子どもが生まれたことで妻は支出を抑えているが，相変わらず夫への配分は絶対的優位にある。
夫婦と子2人世帯 長子が3～6歳の未就学児	夫 妻 第1子 第2子	5 －3 0 －2	子どもが2人になったが夫への配分は変わらない。妻への配分は相変わらず少なく不平等だが，やや改善されている。
夫婦と子2人世帯 長子が小学生	夫 妻 第1子 第2子	5 －2 －3 －1	相対的に消費支出額の増大する中で，夫への配分は変わらず。妻と子は配分を分け合っているが，妻への配分はさらに改善されている。
夫婦と子2人世帯 長子が中学生	夫 妻 第1子 第2子	4 0 －2 －2	2人の子どもにお金がかかるようになり，さすがに夫への配分少なくなる。一方で，夫と妻の格差，次第に縮小へ。

基　　準						個別評点
標　準 0	1	2	3	4	5	
47.5以上52.5未満	52.5以上	57.5〜	62.5〜	67.5〜	72.5〜	3
47.5以上52.5未満	52.5以上	57.5〜	62.5〜	67.5〜	72.5〜	−3
37.5以上42.5未満	42.5以上	47.5〜	52.5〜	57.5〜	62.5〜	5
37.5以上42.5未満	42.5以上	47.5〜	52.5〜	57.5〜	62.5〜	−4
17.4以上22.4未満	22.4以上	27.4〜	32.4〜	37.4〜	42.4〜	−2
26.3以上31.3未満	31.3以上	36.3〜	41.3〜	46.3〜	51.3〜	5
26.3以上31.3未満	31.3以上	36.3〜	41.3〜	46.3〜	51.3〜	−3
20.5以上25.5未満	25.5以上	30.5〜	35.5〜	40.5〜	45.5〜	0
16.8以上21.8未満	21.8以上	26.8〜	31.8〜	36.8〜	41.8〜	−2
23.9以上28.9未満	28.9以上	33.9〜	38.9〜	43.9〜	48.9〜	5
23.9以上28.9未満	28.9以上	33.9〜	38.9〜	43.9〜	48.9〜	−2
23.7以上28.7未満	28.7以上	33.7〜	38.7〜	43.7〜	48.7〜	−3
18.6以上23.6未満	23.6以上	28.6〜	33.6〜	38.6〜	43.6〜	−1
20.0以上25.0未満	25以上	30〜	35〜	40〜	45〜	4
20.0以上25.0未満	25以上	30〜	35〜	40〜	45〜	0
27.7以上32.7未満	32.7以上	37.7〜	42.7〜	47.7〜	52.7〜	−2
22.3以上27.3未満	27.3以上	32.3〜	37.3〜	42.3〜	47.3〜	−2

ても提案してきた。本節からは，従来の家計分析の手法では明らかにされてこなかった家計内の個別配分による基準が，豊かさ指標の1つとなり得ることが考えられた。しかしながら，本節では消費支出からのみみたもので，実際の運用にあたっては，より多くの指標が必要となるものと考えられる。今後も引き続き家計内のブラックボックスからみた豊かさ指標について，さまざまな角度から検討していきたい。

◇引用文献および注◇

1）G.S.Becker, A Treatise on the Family, Harvard University Press, 1981
2）特に坂井はベッカーが家計を個人としてではなく集団として考える視点を経済学に持ち込んだことは評価しながらも，その根拠が利他主義によっている点を批判している。
　　坂井素思『家庭の経済』放送大学教育振興会, 1996, pp.76〜77, p.143
3）堀田剛吉・大藪千穂「生活指標からみた生活大国」日本家政学会家庭経済学部会編『21世紀の生活経済と生活保障』建帛社, 1997, pp.32〜40
4）御船美智子「経済生活の経営指標と主体形成」日本家政学会家庭経済学部会『家庭

経済学研究』No.11, 1999, pp.38～45
5) 御船美智子『家庭生活の経済』放送大学教育振興会, 1996, pp.215～229
6) 財布の個別化からは, 個人の財布が家計外からの収入によるところが大きいことがわかるとしている。また, 所得の個別化からは, 直接個人の財布に入るものもあることが示されたとしている。さらに消費支出の個別化では, こづかい消費支出の集計消費支出(勤労世帯の「消費支出」と「こづかいの消費支出」を集計)に占める割合が18％にも及ぶとしている。
7) 前掲・御船美智子『家庭生活の経済』p.218
8) 経済企画庁総合計画局消費・貯蓄の展望研究会『2001年時間と消費の予測シナリオ』ダイヤモンド社, 1987
9) 労働科学研究所『最低生活費の研究』1959, p.240
10) 日本家政学会家庭経営学部会関東地区標準生活費研究会『標準生活費の算定』有斐閣, 1981
11) 多くの研究があるが, 特に仲村優一『生活保護への提言』全国社会福祉協議会, 1978, pp.142～146では, 仲村との座談会で, 当時の社会局保護課長は, 生活扶助基準の算定方法(マーケットバスケット方式)に恣意性があったとしているが, その後のエンゲル方式についても同じことがいえるとしている。
12) 食料費については, 個々人の必要な量と質を国立栄養研究所の「日本人栄養要求量標準表」によって, 世帯類型ごとの基準額を設定, その他家具・什器費, 被服費などについては, 1世帯当たりの消費量, 単価, 耐用年数, 世帯員数から1カ月間の金額が算定された。
13) 4人世帯の代表的な世帯構成である標準世帯(有業者1人を含む男35歳, 女30歳, 男9歳, 女4歳)について, これまでのマーケットバスケット方式により, 栄養審議会(昭和34年12月)「日本人の栄養所要量」(37年4月からは厚生省の家計調査(社会保障生計費調査))の実態に基づいた飲食費を算出, 食料費とエンゲル係数の相関式から最低生活費が設定された。
14) 一般国民と被保護世帯の消費水準格差を縮小させる観点から, 政府の経済見通しと家計調査結果から予測される翌年度の一般国民の生活水準を勘案した保護基準が設定された。
15) 籠山 京『社会福祉選書⑥「公的扶助論」』光生館, 1996, pp.245～246, 追録。
16) 前述したように昭和37年からは, 従来の「家計調査」に代わって, 低所得層を対象とした厚生省「社会保障生計費調査」をその基礎資料としている。
17) 生活保護は, 原則的には働ける家族員は働くことを前提としているため, ここでの

世帯類型モデルは長子が中学生までの世帯とした。
18）全国消費実態調査（平成11年）における消費支出額は，9月から11月の調査を1か月当たりで平均化しているため，生活保護基準額（平成11年）における冬期加算分は計上していない。

◇参考文献◇
● 伊藤秋子『生活水準』光生館, 1977
● 日本家政学会家庭経済学部会『21世紀の生活経済と生活保障』建帛社, 1997
● 経済企画庁国民生活局『新国民生活指標（平成10年版）』1998
● 仲村優一『生活保護への提言』全国社会福祉協議会, 1978
● 籠山京教授還暦記念論文集刊行会『社会福祉と生活構造』光生館, 1972
● 副田義也ほか『社会福祉論』東京大学出版会, 1974
● 全国社会福祉協議会『生活保護手帳（平成11年度版）』1999

4. 労働の家計簿―労働報酬算定を用いた家計管理―

（1） はじめに

　ILOが1980年に，「女性は全世帯の3分の2の仕事をしていながら，収入の5％を受け取り，資産の1％を所有しているにすぎない」と述べているように，主に女性たちによって担われている家事・育児・介護・地域活動などの労働には賃金の支払いがなされていないために，経済力において男女間に大きな格差が生じている。この問題は，世界女性会議のスタート時期から重要な課題とされてきたが，1995年の第4回世界女性会議の行動綱領に，アンペイド（無償）のこれらの労働を目に見えるように量的に把握し，男女間のペイド・ワークとアンペイド・ワークの分配の偏りを是正することが盛り込まれた。これを受け，日本においても，1997年以後，旧経済企画庁が「無償労働の貨幣評価」を実施している。

　しかし，アンペイド・ワークの貨幣評価は，個々の家庭におけるアンペイド・ワークの評価のための物差しを提供しているのではない。あくまでも，「無償労働の貨幣評価」は，非市場労働的な労働である家庭内や地域の生活維持のた

めの労働を,「タダではない」社会的コストとして認識させることを通じて,その社会的コストを市場経済にどう負担させるか,そのシステムやルールをどのようなものにするかなど,政策形成に反映させることを目的にしている。したがって,アンペイド・ワークを社会的コストに転嫁できない,閉じられた個々の家庭を対象にする本稿に,その方法論をそのまま適用することはできない。ここでは,後に詳しく述べるように,家族のペイド・アンペイドの労働を評価したうえで,それぞれの貢献分に応じて,家計所得を移転という形で再配分し,労働報酬を確定するという方法をとっている。とはいえ,個々の家庭におけるこのような試みは,決して偏りのあるペイド・ワークとアンペイド・ワークの分担を容認したままで,「夫の稼ぎ」のうちに「妻の貢献分」が含まれることを目に見えるようにしただけのものではない。労働報酬の算定は,あくまでも,ペイド・ワークとアンペイド・ワークのバランスがとれた生活スタイルの実現を目標にするものであり,それに向けて個々の家庭が行う生活設計への材料を提供するものである[1]。経済力の格差によってつくられた家庭内部のジェンダー・ヒエラルキーを解消させるためには,まずはそのヒエラルキーを揺るがせることが必要であり,家族員それぞれの経済的貢献を評価し,所得として実質的に名義化することは,個が脆弱である日本の家庭においては効果的な戦略である[2]。妻がペイド・ワークに就くためには何が必要かというような生活設計を考えることは,そのことが契機になって初めて可能になるといえる。

(2) 家族農業経営における労働報酬算定の方法に学ぶ
1) 農家における家族協定

いち早く労働報酬の算定に取り組んだのは,「家族協定」の中にそれを取り入れた農業経営の分野であった。日本の農業における家族協定は,「後継者不足」「嫁不足」の深刻化を背景に,未分化であった経営と家族とを分化させ,後継者の経営権の明確化や財産的地位の安定化を図ることを目指して,1960年代に導入された。しかし,その後の農業者年金制度等の整備に伴って,家族協定は後退傾向にあった。そうしたなかで,再び家族協定が認識されるようにな

るのは，1980年代の男女平等要求の高まりを受け，農家における女性の地位の保障を問題にするようになったことがきっかけであった。配偶者に対する配慮に乏しい従来の家族協定を見直し，女性の地位の保障を含む協定の内容はどうあるべきかの検討が進められた。具体的には，家族農業に従事する女性たちの労働が経済的に評価されてこなかったことの反省に立って，個々人の働いた結果を「報酬」として明確にし，個人名義の所得とすることを，家族協定によってルール化することであった。

2）家族農業経営における労働報酬の算定

　この領域の先駆的な研究である『家族農業経営における労働報酬の適正な評価手法の開発』が，労働報酬の算定方法を提案している。研究代表者である宮崎礼子は，近年のアンペイド・ワークの経済的評価における世界的な流れをふまえたうえで，算定の対象とする労働には，農業労働以外の，これまで経済的な評価を受けてこなかった営農関係者への接客・応対や自家農産物利用のための労働など家事労働的営農関連労働，育児・介護労働，地域守り労働（地域社会活動）などを含めることを提起している。労働の経済的価値は基本的には投下労働時間×労働単価（投下労働量の金銭的評価）として算定されるとしているが，労働単価をどう決めるか（労働の評価）についてはいくつかの方法が示されている。

　宮崎は，農業労働の場合，職務遂行能力や貢献度など性差別につながりやすい恣意的な評価要素を排除し，コンパラブル・ワース（同一価値労働同一賃金）の原則に基づいて評価することを指摘したうえで，労働単価には男女同一の平均時間当たり賃金を用いることを提唱している。また，育児・介護労働と地域守り労働については，(a)機会費用の考え方に立って農業労働と同じ評価にする方法，(b)最低賃金の水準を目安に評価は低くするが，「無償の労働」の提供者として世帯の家計支出節減に寄与していることを評価して，共通生活費の分担割合を少なくする方法が考えられる[3]と2通りの方法を提案している。

　提案されている算定方法には，これのほかに，労働報酬仕向可能額÷全投下労働時間で算出した労働報酬単価に，経験年数，労働の難易度，年齢などを考

慮に入れた労働能力単位（係数）を乗じたものを個人の労働単価としているものなどがある。

報告書では，このような評価基準をふまえたうえで，以下のような報酬額算定手順を示している。

①農家総所得の把握，②報酬総額（労働報酬仕向可能額）と個人報酬額を算定，③標準家計費や平均農業所得などをふまえ，算定した報酬額が妥当な水準か，継続して支払うことができるかどうかなどを検討し，診断する，④目標とする報酬額を決定する（報酬総額，個人の配分額），⑤報酬の支給方法について決定する，⑥個々人名義の所得，家計仕向可能額・共通家計費の拠出，農業経営への投資，生活設計資金への預金などを家族の話し合いによって決める[4]。

（3） サラリーマン世帯における労働報酬算定と家計管理の考え方
1） 労働報酬算定の考え方

農家における労働報酬の評価方法を参考にしながら，以下では算定にあたって①対象とする労働の範囲をどうするか，②算定の方法はどうするか，③労働の評価をどう決めるか，④報酬確定・配分後，家計費をどう分担するかについて検討する。

まず，対象とする労働であるが，国際的な潮流をふまえ，①ペイド・ワーク（収入を伴う労働），②家事・育児・介護などのアンペイドの家庭内労働，③地域活動・ボランティア・消費者・住民運動などの社会的活動の三種類とする。ただし，家庭内や地域で行われているペイド・ワーク以外のすべての活動が対象となるわけではない。あくまでも生産的な労働であるにもかかわらずアンペイドであることが条件となる。ここではアンペイド・ワークかどうかを，国際的に用いられている「第三者基準」を使用して判断する。「第三者基準」とは，サービスを提供する主体とそのサービスを享受する主体が分離可能（すなわち，そのサービスの提供を第三者に代わってもらうことができる）で，かつ市場でそのサービスが提供され得る活動をアンペイド・ワークとするとした基準である。

次に，算定の方法であるが，アンペイド・ワークについては，大きく2通り

の方法がある。一方は数量ベースで、もう一方は価値（貨幣）ベースである。前者は家計生産に投入された時間・人員とその結果から得られた産出量を計測することで得られる。後者は投入した時間を賃金率（時間当たり賃金）に換算して家計生産額を求めるもので、どの賃金率を用いるかでいくつかの方法がある。OECD や旧経済企画庁がアンペイド・ワークの計測に用いているものも、また農家における労働報酬の算定に用いられているものも、後者の時間調査をベースにした計測方法である。本稿においても、単純で操作が容易という利点から時間調査をベースにした計測方法を採用する[5]。

次には得られた時間をどういう賃金（労働単価）で換算するかが問題になる。サラリーマン世帯では農家のように夫婦が同じように支払いのある労働に従事しているわけではないことから、農家で行った算定と同じ方法をとることはむずかしい。あくまでも、家計収入を貢献度（労働時間と市場経済上の評価）に応じて再配分するという考え方に立たざるを得ない。したがって、同じペイド・ワークでもパートタイム労働は低い評価にならざるを得ないし、アンペイド・ワークについてもペイド・ワークより低い評価にならざるを得ない。しかし、それについては、宮崎が指摘するように共通生活費の分担割合を少なくすることで労働の評価に潜むジェンダー・バイアスを修正したい。そうした考え方に基づいて、報酬仕向額（可処分所得）を個人の労働時間×労働能力単位（男性の平均賃金を基準に、女性の有償労働や無償労働を評価した係数）で比例配分したものを個人の労働報酬として確定する。

2）家計管理の考え方

報酬が確定したならば、次には誰がどのくらい家計費を分担するかを決めなければならない。方法としては各人の報酬額（個人のサイフ）から共通のサイフへの拠出という形で行うことが妥当であろう。共通の費用としては、共通家計費と教育や住宅取得のための貯蓄や生命保険などの生活設計資金が考えられる。何を共通とするか、分担割合をどうするか、支払いはどのような方法にするかなどについては、話し合いによってルール化する必要がある。

（4） サラリーマン世帯における労働報酬の算定を用いた家計管理の実際

1） 労働報酬の算定を用いた家計管理の手順

労働報酬の算定および家計費の分担は図5－4－1のような手順で行われる。

2） 労働報酬算定のシミュレーション

以下では，統計データを利用し，手順に従って労働報酬算定のシミュレーショ

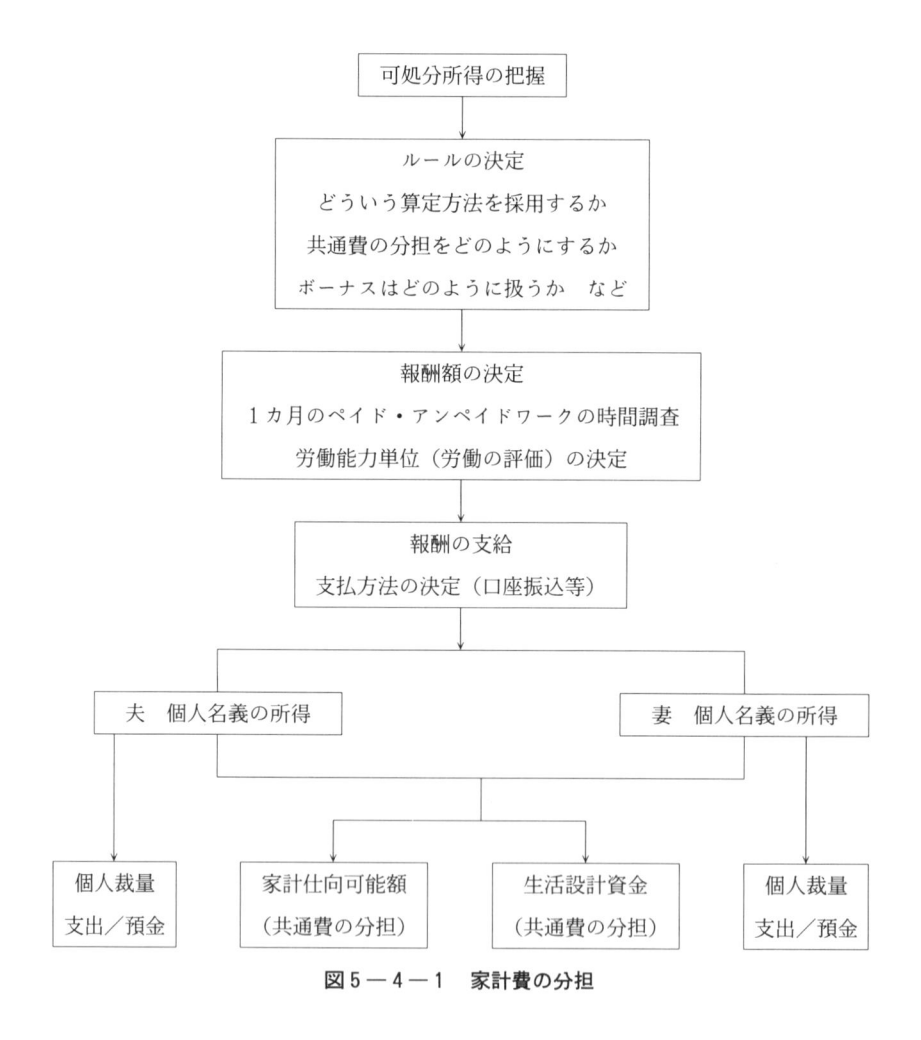

```
           ┌──────────────┐
           │ 可処分所得の把握 │
           └──────┬───────┘
                  ↓
     ┌────────────────────────────┐
     │        ルールの決定              │
     │  どういう算定方法を採用するか    │
     │  共通費の分担をどのようにするか  │
     │  ボーナスはどのように扱うか　など │
     └────────────┬───────────────┘
                  ↓
     ┌────────────────────────────┐
     │        報酬額の決定              │
     │ 1カ月のペイド・アンペイドワークの時間調査 │
     │  労働能力単位（労働の評価）の決定 │
     └────────────┬───────────────┘
                  ↓
     ┌────────────────────────────┐
     │        報酬の支給                │
     │  支払方法の決定（口座振込等）    │
     └────────────┬───────────────┘
          ┌───────┴────────┐
          ↓                ↓
  ┌──────────────┐   ┌──────────────┐
  │ 夫 個人名義の所得 │   │ 妻 個人名義の所得 │
  └──────┬───────┘   └──────┬───────┘
         │         ┌────────┤
         ↓         ↓        ↓         ↓
    ┌────────┐ ┌────────┐ ┌────────┐ ┌────────┐
    │個人裁量 │ │家計仕向 │ │生活設計 │ │個人裁量 │
    │支出／預金│ │可能額   │ │資金     │ │支出／預金│
    │        │ │(共通費の│ │(共通費の│ │        │
    │        │ │ 分担)   │ │ 分担)   │ │        │
    └────────┘ └────────┘ └────────┘ └────────┘
```

図5－4－1　家計費の分担

4. 労働の家計簿―労働報酬算定を用いた家計管理― 143

```
            可処分所得
        313,585円（約32万）
```

夫
- ペイド・ワーク：221 h 30*1.00
- アンペイド・ワーク：35 h *0.28
- 報酬額234,405円（24万）

妻
- ペイド・ワーク： ―
- アンペイド・ワーク：279 h *0.28
- 報酬額 79,180円（8万）

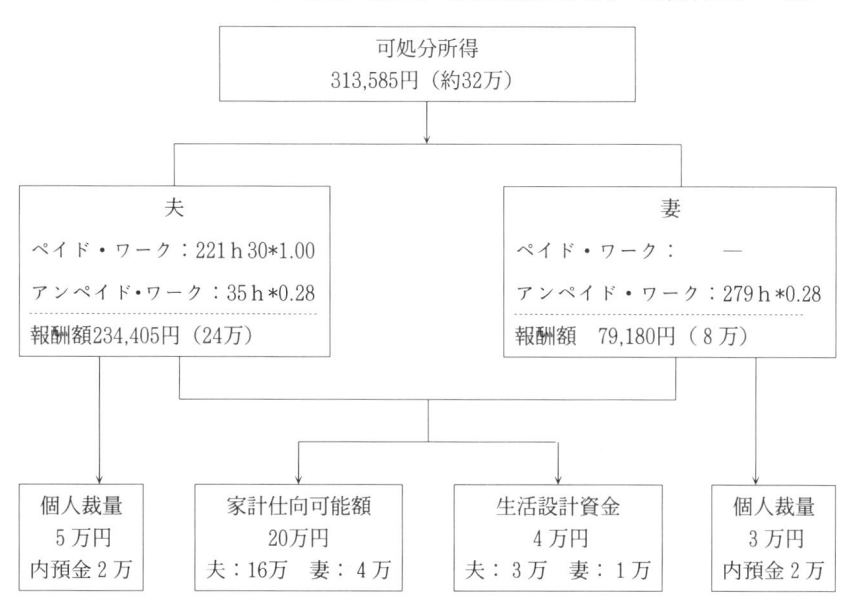

個人裁量	家計仕向可能額	生活設計資金	個人裁量
5万円	20万円	4万円	3万円
内預金2万	夫：16万 妻：4万	夫：3万 妻：1万	内預金2万

図5―4―2　シミュレーション1　世帯主のみが働いている世帯・世帯主年齢20～30歳

```
            可処分所得
        496,950円（約50万）
```

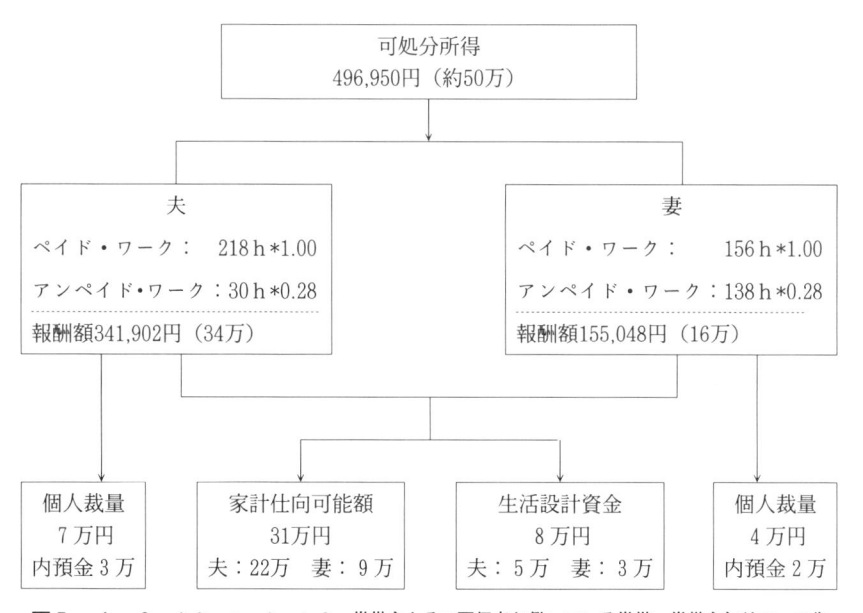

夫
- ペイド・ワーク： 218 h *1.00
- アンペイド・ワーク：30 h *0.28
- 報酬額341,902円（34万）

妻
- ペイド・ワーク： 156 h *1.00
- アンペイド・ワーク：138 h *0.28
- 報酬額155,048円（16万）

個人裁量	家計仕向可能額	生活設計資金	個人裁量
7万円	31万円	8万円	4万円
内預金3万	夫：22万 妻：9万	夫：5万 妻：3万	内預金2万

図5―4―3　シミュレーション2　世帯主とその配偶者が働いている世帯・世帯主年齢40～49歳

ンを行った。データおよび具体的な算出方法については，以下のとおりである。

- 時間調査

  『NHK 国民生活時間調査』1995年，中分類の仕事（経企庁調査に従って通勤は除く），家事（炊事・掃除・洗濯，子どもの世話，介護を含む家庭雑事），社会参加（PTA，地域行事・会合への参加，奉仕活動）を対象，家族形態別・年齢別データ（既婚共働きの男性・女性，既婚非共働き男性，既婚家庭婦人）

- 世帯の可処分所得

  『全国消費実態調査』1995年，特定世帯・夫の年齢別データ（世帯主が勤労者でその配偶者が有業者である世帯，世帯主のみが有業者の世帯）

- 労働能力単位

  夫のペイド・ワークは『賃金構造基本統計調査』1995年，男性所定内給与（月額）および所定労働時間（1カ月）から1時間当たり所定内給与額を算出（2105円），妻のペイド・ワークは同調査のパートタイム労働者の1時間当たり所定内給与額（857円），アンペイド・ワークは1995年最低賃金の全国平均額（587円）を使用し，それぞれを夫の給与に対する比率で示した。

- 報酬額の算出方法

  a：夫ペイド・ワーク時間×労働能力単位（1.00）＋夫アンペイド・ワーク時間×労働能力単位（0.28）

  b：妻ペイド・ワーク時間×労働能力単位（0.41）＋妻アンペイド・ワーク時間×労働能力単位（0.28）

  夫の報酬額：可処分所得×(a/a＋b)

  妻の報酬額：可処分所得×(b/a＋b)

◇注◇

1）久場嬉子は，無償労働の評価が「主婦の値段」であるというような誤った理解で広がったため，日本においては男女を含めた広範な議論にならなかったことを指摘している。このことは，個々の家庭の中で労働の評価を実施する場合には特に陥りやすい点である。

2）東京女性財団の調査『妻と夫の財産』によれば,「財産の名義は形式的なものであるから, 夫の名義か妻の名義かにはこだわらない」とする回答が半数を超えており, 日本の家庭における共同性の強さ, その裏返しとしての個の脆弱性がよく表れている。御船美智子はその調査結果から, 家庭という共同性のもとではアンペイド・ワークの正当な評価がされず, ジェンダー格差が見えにくくなっていることを指摘し, 生活経済的貢献を名義化することの必要性を提起している。
3）『家族農業経営における労働報酬の適正な評価手法の開発　実績報告書』p.222
4）前掲書, p.265
5）時間調査をベースにした計測方法には欠点も指摘されている。それらを含めた計測手法の経済学上の評価について篠塚英子が簡潔に整理している。

◇参考文献◇
- 経済企画庁経済研究所「あなたの家事のお値段はおいくらですか？―無償労働の貨幣評価についての報告―」1997
- 経済企画庁経済研究所「1996年の無償労働の貨幣評価」1998
- 久場嬉子「新しい主婦論争をおこすために―『アンペイドワークの測定と評価』のカナダ会議から―」『女性と労働21』Vol.2, No.7, 1994
- 御船美智子「ジェンダーと生活経済」『家計経済研究』37号, 1998
- 宮崎礼子他『家族農業経営における労働報酬の適正な評価手法の開発　実績報告書』農林水産業特別試験研究費研究, 1995
- 篠塚英子「アンペイド・ワークの議論と女性労働」中馬宏之・駿河輝和編『雇用慣行の変化と女性労働』東京大学出版会, 1997

5. 価値の家計簿

（1）　意思決定と「価値」「目標」「基準」

　生活経済の立場から価値の家計簿を考える場合, まず, 経済的生活のマネジメント, すなわち生活経営の立場から家計簿記帳の意義について考察しておく必要がある。家計簿とはそもそも, 記帳主体である個人・家族や世帯の収入および支出を記入する帳簿であるが, 口座間のお金の出し入れ, クレジットカードによる生活手段（財・サービス）の購入・決済なども含め複式簿記的な記帳を行うことにより, ある一定期間（期首～期末）の実質的な収入と支出に関わ

るお金の動きそのものに加え，貯蓄・負債残高の実態を把握することができる。したがって，家計簿の継続的な記帳は，生活経営主体者自身がこれまで経済的生活の諸側面で行ってきた意思決定の総体的結果を集約し蓄積するとともに，保有資産の現状把握に基づく将来に向けた経済的生活のマネジメントに関わる意思決定を行っていくうえで生活経営上有効な「情報」をもたらすこととなる。

　生活経営におけるこの「情報」についてのとらえ方には諸説あるが，筆者が所属する研究グループでは，「生活主体である個人や家族が，生活目的を実現するための意思決定行動を調整するのに役立つような事実・データに関する知らせで，生活目的をより確実に実現するために必要なもの」[1]と定義している。家計簿をこの視点からとらえなおすと，過去から現在に至る記帳主体の生活経済上の総体的意思決定結果，および現状に関する「情報」であるとともに，将来の意思決定に関わる諸事象に対する予測の不確実性を減じ，生活目的をより確実に実現するうえで有効な「情報」であると考えることができよう。

　生活経営の中心機能はこの「情報」によって調整される意思決定にあるとされるが，その意思決定の中核的要素・動機は「価値」である[2]。生活経営の動機は，「価値」「目標」「基準」の三要素であるが，生活経営の立場から家計簿記帳の成果を評価（診断）し，その後の生活経済的意思決定に活用すると考えた場合，まず，この評価（診断）に必要となるのが「基準（または，それを具体的に数量化した指標）」である。また，この「基準」は，家計簿記帳主体の生活手段購入についての「目標」により設定・判断される。さらに，この「目標」は，その生活手段がどのような「価値」の実現を意図するものであるのかということによって設定される。このように「価値」「目標」「基準」は，相互に関連し合う，三位一体的関係にあるといえよう[3]。また，実際の生活経営においては，継続的な家計簿の記帳により現有資源の把握と「価値」の形成がなされ，それに基づいて具体的な生活手段の獲得「目標」を反映した購入計画が立てられ，その生活手段の獲得・活用の成果が「基準」に照らして評価され，「価値」の再形成，「目標」の再構成へとフィードバックされることとなるのである。

(2) 「価値」の形成

　人間が意思決定を行う場合に限って考えれば、「価値」とは、その意思決定の方向性を決定付ける「望ましいもの」に関する選択の優先順位の尺度である。今井光映によれば、この「価値」は、本質価値と手段価値、究極目的価値と中間目的価値、規範価値と事実価値などに分けて考えられるが、このうち本質価値・究極目的価値にあたるのが、人間としての自己実現である[4]。また、この自己実現とは、単なる利己や自我の実現ではなく、自立と連帯、個人的価値と社会的価値の相互作用による究極的な人間発達を意味するものである[5]。したがって、生活者自身が自らにとって「望ましいもの」と考える「価値」を自由に選択することは可能であるが、他者、または社会的価値を侵すことのないように配慮し、各自が個人的にも社会的にも責任がもてる「価値」を選び、枠組みすることが求められる。

　家計簿を通した生活経営の第1ステップは、それまでに家計簿記帳を通して蓄積された記帳主体の生活手段獲得・消費に対する動機、および現有資源に関する内在的「情報」と、前述のような侵すべからざる他者、または社会的価値を反映した規範・制度・道徳および社会制度・経済情勢などといった外在的「情報」とを融合し、実現すべき「価値」体系を形成することである[6]。ここで形成されるべき「価値」とは、生活手段の獲得（購入）・消費を通して実現されるであろう「価値」を指すが、中部家庭経営学研究会では、表5-5-1のように分類・整理している[7]。

(3) 「目標」の設定と意思決定のプロセス

　表5-5-1は、「価値」を分類・整理したものであったが、続いて家計簿を通した生活経営の第2ステップは、形成されたそれぞれの「価値」を最も効果的に実現することができるような具体的な生活手段獲得（購入）についての「目標」を設定することである。その際、例えばパソコンを購入するという「目標」の前提となる「価値」は、インタラクティブなネットワーク環境を利用した遠隔学習による「教育・教養」の実現であったり、ネットバンキングやネッ

表5－5－1　価値の分類

類型	支出概念	カテゴリー	支出の目標
生活の安定	現在の生活を日々、また、将来にわたり維持していくための支出	健　康	肉体的・精神的健康を維持・促進する
		平　和	家族関係やその他の人間関係を維持・改善する
		安　全	家族・財産などを保全・危機管理する
		公　平	家族間の平等・公平をはかる
生活の発展	現在の生活をより豊かなものとしていくための支出	創　造	遊んだり、運動したり、作ったり、見たり、書いたりする
		生活の進歩	生活環境を改善・醸成する
		教育・教養	知識・技術など教養を習得・向上させる
生活の能率	資源の投入からより多くの効用を導き出すための支出	利　便	生活諸側面での利便性を向上させる
		能　率	仕事などでのエネルギー・時間の消費量を節減する
		無駄率	財・お金・時間の利用における無駄を排除・節約する
生活の満足	現在の生活により豊かな安らぎや喜びをもたらすための支出	愛　情	家族の相互関係を一層高める
		個人尊厳	家族員個々人の願いや生き方を実現する
		快　適	家族・個人が一段と楽しく気持ちよく生活する
		美	精神的に心が高められたり、慰められたりする

（中部家庭経営学研究会『家計簿を考える―家計簿の過去・現在・未来』1983, pp.99～100）

トショッピングの利用といった「利便」の向上であったり、仕事での利用といった「能率」を図るものであったりというように、複合的な「価値」が考えられる。このパソコンの場合、「IT革命の時代だから」または「みんなが持っているから」というような外在的な諸要因によって衝動的に「目標」とし、すぐに実行してしまうのではなく、自らの「価値」体系に照らし、その個別必要性のみならず、既保有または購入が望まれる他の生活手段との関連における相対的必要性を熟慮したうえで、「目標」として設定しなければならない。

熟慮の結果、ある生活手段・商品の購入が「目標」として設定された場合、市場に流通しているさまざまな同等商品の中から、前提となる「価値」の実現に最もふさわしい質と量を備えた商品を選択する必要がある。さらには、購入時期・購入（決済）方法・購入先に関する適正な情報により、特に購入価格の面からの比較考量を併せて、商品の質・量・価格の面から「価値」の実現に最

もふさわしい商品の購入を決定し，実行する。これが，「価値」を念頭に置いた商品選択・購入の意思決定プロセスである。

（4）「基準」による意思決定結果の評価

家計簿を通した生活経営の第3ステップは，前述のような意思決定プロセスを経て実際に購入した商品が，前提とされた「価値」の実現にどれほどの効果があったのかということを「基準」によって評価するというものである。購入した商品の評価については，例えば，健康という「価値」の実現を目指して購入したエアロバイクに常にカバーが掛けられほこりをかぶっているということになれば，意思決定プロセスでの個別的必要性の検討に問題があったことになる。また，買い物における利便や能率という「価値」を高めるために自転車を購入したが，結局自家用車で買い物にでかけ，自転車の利用がほとんどないということになれば，意思決定プロセスでの相対的必要性の検討に問題があったことになる。こうしたことを見極める「基準」の一側面は，購入した商品の利用率，または，利用頻度になる。また，もう一方の側面は，その利用によって実現されたであろう「価値」の度合いである。

ただし，この両側面について評価する「基準」を画一的に数値化することは，理論的に不可能である。例えば，「エアロバイクに週何回，合計何時間乗ればよいのか？」「エアロバイクに乗ったことによって，健康が維持・増進されたのか？」「どれだけ体重が減り，体脂肪率が減ったのか？」といったことに対する妥当な解は，個々の生活経営主体者自身のもつ時間的・空間的環境や肉体的・精神的構造によって異なるからである。したがって，この「基準」は，生活経営主体者自身が，設け，評価しなければならないことになる。

筆者は，2002年度用市販家計簿を40点収集し，この評価プロセスについての何らかの記載項目やページがないかと調べたが，皆無であった。しかしながら，これら市販家計簿は，新年度用手帳と並んで，秋口から年をまたいで書店の店頭にうずたかく積まれるいわゆるベストセラー商品であるので，以下では，この評価の方法として市販家計簿を加工しながら「価値の家計簿」として利用す

る方法を試論的に著すこととする。

　前提：家計簿の継続的な記帳，価値体系の把握（表5-5-1参照），意思決定に際しての熟慮

　①購入＝支出記入時に，その金額を「価値」別に色分けして記帳する。
　②利用率・頻度については，自己判断で5段階評価にて記帳する。
　③実現されたであろう「価値」の度合いについては，その利用による満足度を自己判断で5段階評価にて記帳する。
　④期末繰りまとめ時に，色分けして記帳した「価値」ごとにその金額を集計する。
　⑤併せて，個々に②③の記帳結果から「価値」ごとにその達成度を確認する。

　こうした全過程を通して，時には購入意思決定のプロセスに立ち返り，または，形成された価値体系そのものを見直しながら課題を把握し，次期家計簿記帳期における具体的購入「目標」設定に反映していくこととなる。家計簿記帳の周期は，特に勤労者世帯の場合，収入の周期，すなわち月単位となる。一方で前述の究極目的価値である自己実現は，生涯をスパンとした価値概念である。各期ごとの「価値」を念頭に置いた家計簿の継続的記帳により実現される個々の「価値」達成は，生涯にわたる自己実現へと収斂されていかねばならない。

　多様化するライフスタイルという現象の動機となっているのは，そもそも，「価値」の多様化にほかならない。家計簿を記帳せず「価値」「目標」をもたずに購入意思決定を繰り返すのではなく，価値の家計簿を通して，自らの「価値」を最も合目的的に達成する努力と，その評価，フィードバックを繰り返しながら，ライフスタイルを創造し，自己実現に結びつけていく必要がある。また，生涯を通した生活設計から，各ライフステージにおける課題を把握し，中・長期的展望のもとに経済的側面における生活経営が実践されることが望まれよう。

◇引用文献◇

1) 東　珠実「第9章　生活情報と生活経営」村尾勇之編『生活経営学（第2刷）』家政教育社，1999, pp.145〜161

2）中部家庭経営学研究会『家計簿を考える―家計簿の過去・現在・未来』1983, pp. 1～2
3）松岡明子「家庭経営と管理」松岡明子他『生活経営―Well Being をめざす自助努力』建帛社, 2000, pp.40～44
4）今井光映「第8章 消費者教育の評価の方法と内容」今井光映・中原秀樹編『消費者教育論』有斐閣ブックス, 1994, pp.227～231
5）古寺 浩「自己実現」㈶消費者教育支援センター編『消費者教育事典』1998, p.51
6）東 珠実「第8章 生活手段と生活経営」村尾勇之編『生活経営学（第2刷）』家政教育社, 1999, p.138
7）同上書, p.139

6. 環境家計簿

（1） 環境家計簿とは

　日常の生活環境を対象とした「環境家計簿」は1986年に盛岡通によって提唱された[1]。「環境家計簿」は，家庭の運営に経済以外の要素が多く関わるようになったことと，家庭生活が地域や国，地球との関わりを強くもつようになったという時代背景より生まれたものである。

　「環境家計簿」では，家庭を中心とした人間の活動が，環境にどのような付加を与えるかを，自分でチェックし記入する[2]。そして，それらの過程を通じて，自分の生活行動を見直し，環境に負荷を与えることの少ないライフスタイルをつくっていくことを目的としている。従来の家計簿の記帳内容は，家庭の経済活動にほぼ限定されていた。また，個人や家庭などのシステム内で閉じたものであった。これに対し，環境家計簿は，経済的側面のみならず，環境を中心としたさまざまな側面から，自己の生活を記録し，さらに家庭と社会システムとのつながりという大きな視点から，自分の生活を評価することによって，環境にやさしいライフスタイルを主体的に築くことができるのである[3]。

　本節では，このように大きな意味と可能性をもつ環境家計簿について，現在の環境家計簿の特徴と問題点を概観し，その有効な活用の仕方と新しい環境家計簿のあり方について考えてみたい。

(2) 現在の環境家計簿

現在,自治体や企業,NGO 等によって,多くの「環境家計簿」が作成されている。それらは 2 つのタイプの環境家計簿に代表される。すなわち,日常の意識や行動に関することがらが,環境に良いか悪いかを質的にチェックする「チェックタイプ」のものと,電気やガス等の使用量から二酸化炭素の排出量等を計算する「計量タイプ」のものである[4]。

表 5 — 6 — 1 に示すのは,ライフスタイルをチェックする「チェックタイプ」の環境家計簿の例である。これは,生活の場面ごとに日々の行動や意識をたずね,ライフスタイルをチェックしていこうとするものである。環境にやさしい意識や環境に配慮した行動がどれほどあるかを記録しそれらを合計する。環境配慮の点数が低い人(1～6個)には「もったいないことをしていませんか？生活スタイルを改善しましょう」,高い人(7～12個)には「なかなか意識が高いですね！さらにエコライフを目指しましょう」,非常によい人(13個以上)

表 5 — 6 — 1 「チェックタイプ」の環境家計簿

あなたの家庭のエコライフ度チェック！　実行しているものはいくつありますか？

居間
1　電気製品の主電源は外出時や寝る前には必ず切っている。
2　TV は見たい番組がある時だけつけるようにしている。
3　TV の音量は必要以上に大きくしていない。
4　室内の温度は夏は28度,冬は20度を目安に設定している。
5　白熱灯よりできるだけ蛍光灯を使用している。

キッチン・お風呂・洗面所
6　残り油は流しに捨てず,燃えるゴミとして処理している。
7　テーブルにこぼした液体はティッシュではなく,台ふきんでふいている。
8　鍋底の水滴はよくふいてからコンロにかけている。
9　早く沸かしたいときでもコンロの火は全開にしない。
10　冷蔵庫は必要以上に開けっ放しにしていない。
11　歯磨き・洗顔の時,水を流しっぱなしにしていない。
12　台所洗剤・洗濯洗剤は定量を計って使うようにしている。
13　お風呂は家族が続けて入るようにしている。

アウトドア
14　買い物の時は袋を持参している。
15　過剰包装は,極力断っている。
16　次のマークの意味を知っている。(マークが 4 つ提示してある)
17　車を運転するときは,不要なアイドリングをしない。
18　自分が住む地域のゴミの分別方法を知っている。

(安田火災保険株式会社「ひまわりさんちのエコライフシート」)

には「あなたのまわりにもエコライフを広めて下さい」といった診断がなされるようになっている。このようなタイプの環境家計簿には，質問項目を読み，自省することによって，記帳者に新たな意識や行動を促す効果もある。このタイプの環境家計簿は，小さな子どもでも記入することができる。一方，中・高校生や成人にはあきられやすい。また，詳細なデータを得ることはできない。

二酸化炭素の排出量を計算する「計量タイプ」の例を表5－6－2に示す。これは，電気，ガス，水道，ガソリン等の使用量から二酸化炭素の排出量を計算し，その数値から自分の家庭の環境度を診断するものである。このようなタイプの環境家計簿によって，自己のライフスタイルを明確に診断することができる。しかし，小さな子どもでは計算がむずかしい。また，数値の記入に手間がかかるので，継続記帳が容易ではない。

では，現在の環境家計簿には，どのような特徴と問題点があるか，現行の環境家計簿26種を取り上げ，記入方法と記入内容を，もう少し詳しくみてみよう。

環境家計簿には，上記の「チェックタイプ」と「計量タイプ」以外に，これらの「混合タイプ」がある（表5－6－3）。このうち，「混合タイプ」が13種と

表5－6－2 「計量タイプ」の家計簿

項　　目	CO_2排出係数	1カ月目			2カ月目			3カ月目		
		使用量	排出量(kg)	金額(円)	使用量	排出量(kg)	金額(円)	使用量	排出量(kg)	金額(円)
電気(kwh)	0.12									
都市(LPガス)(m³)	0.64(1.8)									
水道(m³)	0.16									
灯油(ℓ)	0.69									
ガソリン(ℓ)	0.64									
アルミ缶(本)	0.05									
スチール缶(本)	0.01									
ペットボトル(本)	0.02									
ガラス瓶(本)	0.03									
紙パック(本)	0.04									
食品トレー(枚)	0.002									
ゴミ(kg)	0.24									
合　　計										

（環境庁「環境家計簿」）

154　第5章　家計簿の内容

表5－6－3　環境家計簿（26種）の記入方法と内容項目

	方　　法	環境家計簿の数		
記入方法	「チェックタイプ」	8		
	「計量タイプ」	5		
	「混合タイプ」	13		
	項　　目	「計量タイプ」	「混合タイプ」	合　計
記入項目	電気	4	11	15
	水道	4	12	16
	ガス	4	9	13
	ガソリン	1	8	9
	ごみ	1	8	9
	灯油	2	2	4
	アルミ缶，スチール缶，ペットボトル，瓶，食品トレー等	1	3	4
	紙パック	0	3	3

　最も多く，次に「チェックタイプ」が8種である。「計量タイプ」は5種にすぎない。「チェックタイプ」の環境家計簿は，記入の仕方が簡単である。しかし，データを処理した結果に対して，明確な判断の基準がなく，結論がでにくい。一方，「計量タイプ」の環境家計簿では，結果を数値ではっきりと示すことはできるが，作業に時間と手間がかかるため，環境家計簿をつけ続けることがむずかしい。したがって，記帳者が，2つのタイプのどちらか，あるいは両方を選択することが可能な「混合タイプ」の環境家計簿が最も多くなっている。

　環境家計簿の記入方法には，手書きで記入するものと，コンピュータによるものとがある。手書きで記入するものは24種，コンピュータによるものは2種であり，手書きで記入するものがほとんどである。手書き記入は簡便であるが，項目が多くなると時間がかかる。また，計算処理やデータの視覚化なども容易ではない。コンピュータによるものは，これらの点をクリアーできるが，コストやソフトの柔軟性に問題がある。

　記入内容に関しては，「チェックタイプ」の環境家計簿のほうが，多くの項目を扱っている。家庭生活に関わる電気や水などの資源の利用法や買い物の仕

方，リサイクル活動，ゴミの処理方法など，日常生活の事柄を取り上げ，質的にチェックするのである。一方，「計量タイプ」の環境家計簿で扱われる事柄は，電気，水道，ガスなど，光熱・水道関連に集中している。計量タイプの環境家計簿では，これら直接消費するエネルギーを記入，計算する場合がほとんどである。しかしながら，実生活では，直接消費するエネルギーだけでなく，モノの消費を通じてエネルギーを間接的に消費している。例えば，車を使う場合，ガソリンを消費するだけでなく，鉄鋼，プラスチック等の生産に費やされたエネルギーや組み立て，運搬にかかるエネルギーも消費していることになる。また，温室トマトは暖房，流通などにかかるエネルギーのかたまりである。さらに，廃棄にもエネルギーが消費される。このため，モノ（生活財）が生産され，廃棄されるまでにかかる「ライフサイクルエネルギー」を考慮し，直接エネルギー以外に，家庭で使用される多くのモノの間接的な消費エネルギーも計量できるよう，計量内容を充実させることが望まれる。

以上，現在の環境家計簿が広く使われ，意味のあるものとなるためには，少なくとも以下のような点が満足される必要がある[5]。

① 電気・ガス・ガソリンなどの直接消費されるエネルギーだけでなく，電化製品，衣服，食品などについても，モノのライフサイクル全段階で消費されたエネルギーを入力，処理できること。
② 二酸化炭素の排出量がわかること。
③ モノの使用計画を立て，消費されるエネルギーや二酸化炭素の排出量の予測をして対策が立てられること。

(3) これからの環境家計簿

これからの環境家計簿を考えた場合，環境家計簿の活用が最も大きな課題である。活用には2つある。自分の家庭が環境的にどのような状況にあるかという現状の把握と，環境を通じて自分の家庭が他の社会システムとどのようにつながっているかという関係の把握の2点である。

自己の家庭の現状把握と他の社会システムとの関係性の把握という2つを手

がかりにして，今後の環境家計簿のあり方を考えてみよう。

1）環境家計簿による現状把握

自己の家庭の現状把握には，それぞれの家庭状況の把握と，地域や国家など多くの家庭集合内での自己の家庭の位置の把握とがある。

さまざまな生活財の使用による二酸化炭素排出量が計量可能な新しい環境家計簿を用いて，家庭の現状把握の方法を考えてみよう。

上述のように，これまでの「計量タイプ」の家計簿は，電気やガスなど直接消費されるエネルギーのみを対象としていた。しかし，家計消費に関わるすべての商品・サービスを対象とする新たな家計簿を，間接エネルギーをもとに作成することができる。すなわち，自動車や衣服など，ある生活財が生産されるのに要したエネルギーを二酸化炭素の排出量に換算すれば，その生活財当たりの二酸化炭素排出量が求められる。それを生活財の消費金額で割れば，各生活財に対して消費金額当たりの二酸化炭素排出量を定めることができる。もちろん電気やガスなど，直接消費するモノから排出される二酸化炭素の量も，同様に消費金額から算出できる（表5－6－4）。具体的には，まず通常の家計簿のように，各品目の消費支出を記録する。そして，品目別に消費金額当たりの二酸化炭素排出量を掛け合わせると，各品目の消費による二酸化炭素の排出量を求めることができる。このようにして，すべての家計消費に対応した品目や費目別の二酸化炭素の排出量を算出することができるのである。

この家計簿を用い，二酸化炭素の排出量が少ないA世帯，平均的なB世帯，多いC世帯の三世帯（4人家族）を例示して，各家庭の現状をみてみよう。

表5－6－5に示したのが，A，B，Cの3世帯，1カ月の消費支出金額と二酸化炭素の排出状況である。少排出世帯（A世帯）は，夫29歳，妻26歳の夫婦に2歳と0歳児のいる家庭である。平均排出世帯（B世帯）は，夫34歳，妻33歳の夫婦に5歳と4歳の私立幼稚園に通う子どもがいて，妻は専業主婦である。多排出世帯（C世帯）は，夫49歳，妻45歳の共働き夫婦で，大学に通学する20歳の男子と専門学校に通う19歳の男子がいる。A世帯は，収入も少なく消費支出も少ない。したがって，二酸化炭素の総排出量は少ない。また，このうち，食

表5-6-4 消費支出(1万円)当たりの二酸化炭素排出量

費目・品目	排出量（kg）
第1費目　食料・飲料・煙草費	
イモ類	16
豆類	13
野菜	18
果実	14
採鶏卵	27
麺類	21
パン・菓子類	17
農産びん・缶詰	25
砂糖	24
でんぷん	33
〜〜〜〜〜〜〜〜〜〜〜〜〜〜〜	〜〜〜〜
第8費目　その他	
電気照明器具	27
時計	19
筆記具・文具	24
雑貨品	19
その他の製造工業製品	23

(吉岡完治, 早見均, 池田明由, 菅幹雄「環境分析用産業連関表の応用(2)―環境家計簿作成のためのCO_2排出点数表―」イノベーション＆Ｉ－Ｏテクニーク, 4巻1号, 1993)

表5-6-5 消費支出と二酸化炭素の排出量（4人世帯, 1カ月）

項目	消費支出（円）			二酸化炭素排出量（kg）		
	A世帯の消費支出(円)	B世帯の消費支出(円)	C世帯の消費支出(円)	A世帯の排出量(kg)	B世帯の排出量(kg)	C世帯の排出量(kg)
食料	47,730(69.8)	67,676(24.8)	10,1745(27.5)	129.0(77.7)	173.0(18.3)	229.0(3.6)
住居	0(0.0)	0(0.0)	192,747(52.1)	0.0(0.0)	0.0(0.0)	5,711.0(89.1)
光熱・水道	0(0.0)	16,020(5.9)	17,649(4.8)	0.8(0.5)	339.0(35.8)	376.0(5.9)
家具家事	978(1.4)	1,537(0.6)	1,836(0.5)	3.9(2.3)	7.5(0.8)	7.6(0.1)
被服	0(0.0)	8,500(3.1)	2,713(0.7)	0.0(0.0)	10.6(1.1)	0.0(0.0)
保健医療	3,550(5.2)	28,983(10.6)	3,686(1.0)	14.1(8.5)	77.4(8.2)	9.6(0.2)
交通・通信	1,510(2.2)	27,495(10.1)	8,460(2.3)	2.7(1.6)	57.3(6.1)	17.2(0.3)
教育	0(0.0)	4,166(1.5)	4,083(1.1)	0.0(0.0)	6.5(0.7)	6.3(44.7)
教養娯楽	5,590(8.2)	69,284(25.4)	6,485(1.8)	13.6(8.2)	267.4(28.3)	44.7(0.7)
その他	9,000(13.2)	49,350(18.1)	30,250(8.2)	1.8(1.1)	7.3(0.8)	10.4(0.2)
総計	68,358	273,014	369,656	166.2	946.3	6,413.4

（　）内の数値は％

料からの排出が全体の7割以上を占めている。一般的に，二酸化炭素の排出に対する寄与は光熱・水道と交通・通信からが大きいが，A世帯の場合，これらによる排出はほとんどない。保健医療と教養娯楽からの排出量が大きいのは，小さな子どもをかかえている世帯の特徴である。子どもの年齢とともに，この分野の排出量は削減できる。B世帯は，保健医療，交通・通信，教養娯楽からの二酸化炭素排出が多排出のC世帯よりも多い。しかし，住居からの排出がないため，全体の排出量が抑えられている。教養娯楽は選択的な費目であるので，今後排出量はもっと減少できるだろう。また，光熱・水道からの排出量が全体の35%を占めているので，今後家電製品の利用法などを再考する必要がある。一方，C世帯は，育ち盛りの子どもがいるため，食料からの排出量がA，B世帯に比べて多い。また，C世帯は，住居関係からの排出量がきわだっており，消費の89%を占めている。建て替えが行われ，設備修繕に多く消費したからである。住居から多くの排出がなければ，C世帯の排出量は平均世帯とそれほど変わらない。したがって，建て替えが終了し，子どもが独立すれば，排出量を減らすことができるだろう。このように，環境家計簿によって，それぞれの家庭の生活内容と二酸化炭素排出の関係が把握できるため，自己の生活を見直し，排出量を減少するための方法を考え，実践することができる。

　次に，家庭と家庭集合体のなかでの自己の家庭の位置の把握についてみてみよう。図5－6－1は，消費支出から求めた二酸化炭素の月間排出量の分布（4人家族，1265世帯）を示したものである[6]。A世帯と同じような世帯はほとんどなく，排出量が300 kg以下の家庭も7世帯しかない。このように，A世帯は，全体の中でも，排出量が極端に少ない世帯であることがわかる。B世帯の二酸化炭素排出量は，平均値（946kg）に近い。世帯分布図では，最頻値（700～900 kg）までに全体の70%が含まれているが，B世帯はそれよりも排出量が多いところに位置している。また，C世帯のように多くの二酸化炭素を排出している家庭はほとんど存在していない。このように分布図と自己の家庭の二酸化炭素の排出量がわかれば，同じ集合体（4人家族）の中で，自己の家庭がどこに位置しているのかを知ることができる。そして，自分よりも二酸化炭素の排出が少

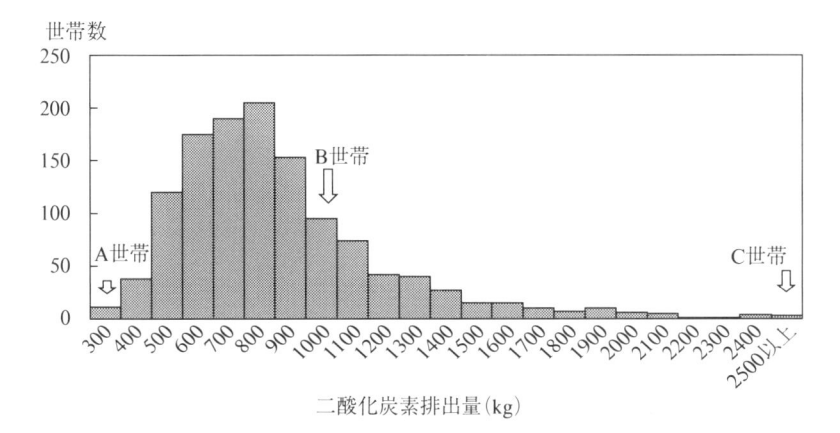

世帯数
図5－6－1　二酸化炭素排出量の分布（4人世帯，1カ月）

ない家庭のライフスタイルを参考にして，モノの使用計画を立てたり，対策をたてることができる。このように，自分の家庭のライフスタイルを変更するためのツールとして新たな環境家計簿は機能し得るのである。

2）環境家計簿による関係性の把握

これまで紹介した環境家計簿は，それぞれの家庭からの二酸化炭素の排出量を記録し，評価するものであり，家庭の活動が，他のシステムとどのように関係しているかを示すものではない。そこで，地球との関係を中心とした新たな環境家計簿を紹介する。個人，家庭，地域等，各システムと地球との関係性を表す Ecological Footprint である。

Ecological Footprint の概念は，カナダの M. Wackernagel と W. Rees によって，1996年に提唱された[7]。これは，地球全体が，持続可能であるような社会に向けて，自己の生活をチェックするエコロジカルな会計簿である。Ecological Footprint は，家庭，コミュニティ，国家，地域において人間1人が消費したエネルギー量を，それ相応分を生産するのに必要な土地の面積に換算したもので，その数値を地球上に「消費の足跡」として示す点が斬新である。

52カ国の調査の結果，最も Footprint が大きいのはアメリカであり，1人当たり9.6ヘクタールである。日本は1人当たり4.2ヘクタール，世界の平均は1

160　第5章　家計簿の内容

表5－6－6　カナダ人の Ecological Footprint

(単位, ヘクタール)

消費項目	化石燃料用地	利用地	耕作地	牧草地	森林	海	合計
1. 食料	0.6		1.1	0.7	0.0	0.1	2.7
1.1　野菜	?		1.0				1.1
1.2　肉類	?		0.1	0.7		0.1	1.1
2. 住居	0.2	0.4			0.8		1.4
3. 交通	1.4	0.2				0.1	1.6
4. 消費財とサービス	1.3	0.1	0.1	0.0	0.1	0.0	1.6
4.1　紙製品	0.0				0.1		0.2
4.2　衣服（非合成繊維）	0.0		0.1	0.0			0.1
4.3　タバコ	?		0.1				0.1
4.4　その他	1.3		0.0				1.2
合計	3.5	0.7	1.3	0.7	1.0	0.1	7.2

(M.Wackernagel & W.Rees, How Big is our Ecological Footprint?, p.3, 1993)

人当たり2.2ヘクタールとなる。カナダの場合，個人消費に必要な土地の広さは，7.2ヘクタールである（表5－6－6）。もし，地球上の人々がカナダ人と同じ生活をしようとすれば，あと地球4個分もの土地が必要になる。このように Footprint から，それぞれの国の人々と地球との関係がわかる。さらに，家庭やコミュニティ単位で Footprint を計算することによって，それぞれのシステムと地球との関係を把握することができる。Ecological Footprint は，現在のライフスタイルを地球規模で再考するためのツールなのである。

3）環境家計簿から環境共同書へ

近年，企業の活動が環境に及ぼす影響を示すための「環境報告書」や，自治体がゴミの収集・処理，廃棄に関する情報を報告書の形にまとめた「環境カルテ」等，家庭の環境家計簿に類似したものが多く発行されるようになってきた。企業の「環境報告書」からは，企業の環境活動を知ることができるが，報告書の内容や質に関して，まだ多くの問題が残されている[8]。「環境カルテ」も，地域の実態や問題を明らかにし，解決策を見出すためのものとしては十分ではなく，統計データにすぎないのが現状である[9]。

特に重要なのは，これらの報告書は，それぞれが独自に発展していて，シス

テム間の関係性を意識して作成されてはいないという点である。一方，人間社会をつくり上げている各種の社会システムは，環境を通して密接に結びついている。したがって，各システムのもつ環境情報を他のシステムに提供し，情報を共有し，新たな環境実践へとつなげていく必要がある。いわば，環境情報を通じて相互に関係し合う環境情報ネットワークを可能とする「環境共同書」[10]が必要と考えられるのである。今後，それぞれのシステムをつなぎ，新しい「環境家計簿」，「環境報告書」，「環境カルテ」，そしてさらに Ecological Footprint を組み合わせ，新たな「環境共同書」をつくり出し，それを用いることによって，われわれ一人ひとりが，持続可能な社会を実現するためのライフスタイルを築いていくことが望まれるであろう。

◇引用文献◇
1) 盛岡 通『身近な環境づくり―環境家計簿と環境カルテ―』日本評論社, 1986
2) 山田国広『一億人の環境家計簿』藤原書店, 1996
3) 杉原利治・大藪千穂「持続可能な社会のための環境家計簿」『消費者教育』2000, pp. 41〜50
4) 堀田剛吉監修・杉原利治編著『21世紀の生活シリーズⅠ 21世紀の生活デザイン』大衆書房, 2000, pp.166〜168
5) 大藪千穂・杉原利治「持続可能な社会のための「生活経済指標」―「生活経済指標」としての環境情報―」『家庭経済学研究』No.14, 2001, pp. 2〜7
6) 大藪千穂・杉原利治「家計消費にともなう CO_2 排出量の分析」『岐阜大学教育学部研究報告』25巻1, 2000, pp.55〜62
7) Mathis Wackernagel & William Rees, Our Ecological Footprint:Reducing Human Impact on the Earth, New Society Publishers, 1996
8) 杉原利治・大藪千穂「環境報告書の分析」『家庭経済研究』投稿中
9) 大藪千穂・杉原利治『環境家計簿・環境報告書・環境カルテと生活・地域実践, 生活の経営と福祉』朝倉書店, 2002（予定）
10) 杉原利治『21世紀の情報とライフスタイル―環境ファシズムを超えて―』論創社, 2001

第6章 豊かさの診断指標と基準の作成

1. 家計診断の内容と方法

（1） 豊かさの理念

　一般に家庭経済が豊かに運営されているかどうかは，家計の分析を中心に判定される。本章においては家庭経済の現状を分析し，改善方向を摘出する具体的診断の方法を検討した。この診断の実践のためには，まずそこで用いる診断指標と判断する基準の作成が必要となる。またこれは，個別家計と地域経済の2面に分けて整理することが好ましい。

　まず個別家計の分析には，診断指標とライフステージ別の基準をつくる必要があるが，これは物量・貨幣量のみでなく，ライフスタイルに合う精神的豊かさ（満足度）なども考えていくべきであろう。

　次に地域生活の診断としては，新国民生活指標（PLI）などで代表されている指標が多く使われて診断しているが，従来出されている指標には，一般に次の問題がある。

①個別家計分析の視点がないこと。
②家庭生活者重視の観点がつかみにくいこと。
③個別家庭の立場では重要な問題である，家族構成・ライフステージ，さらには生活の考え方をみるライフスタイルの考え方が弱いこと。
④地域診断では対象が国・県段階であり，市町村段階では比較しにくいこと。

　次に，診断を行う前に生活の豊かさとは何かを検討しておく必要があろう。
　一般に筆者たちは，次の条件を考えてみた。
①生活水準（実収入・消費支出）が高く，しかも安定している。
②生活（経済）の無駄が少なく能率がよい。

③長期的にみて生活が向上（発展）している。
④家族間は公平な消費ができていて，各人は生活にほぼ満足している。
⑤社会的にみて生活の保障がされている。

したがって豊かさの分析には，これらの診断が簡単明快にできることが望まれる。

（2） 家庭経済診断とは

一般に家庭経営診断とは，家庭生活の実態を把握し，経営の目標に合わせ改善すべき方向を把握することである。このなかで家庭経済診断は，特に貨幣価値を中心に問題をつかまえることになる。

ところで家庭経済を長期にわたり合理的に運営するためには，まず現状の家庭経済を診断することが必要となる。これは具体的経済診断指標と基準により検討するが，その診断とその後に出る設計のプロセスを整理すると，図6－1－1のごとくなろう。

まず生活診断には，家庭経営者の強い必要性の認識が必要となる。これは経営診断者の生活改善認識や意欲に関わる問題である。

第2に，経営の改善目標をもつことが大切となる。家庭経営を動かす家族の

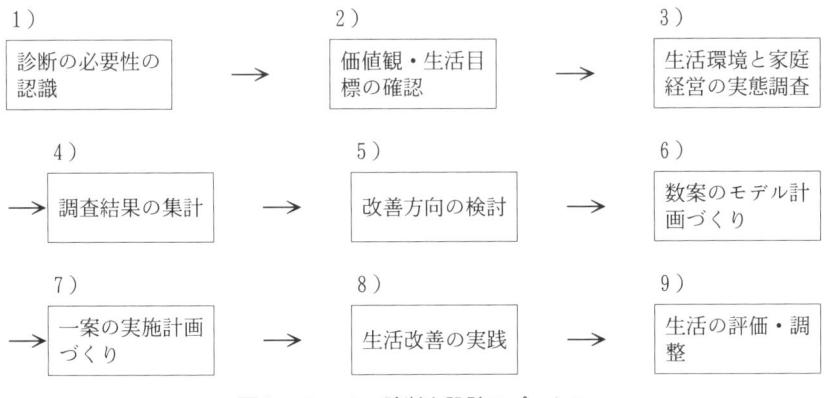

1) 診断の必要性の認識	→	2) 価値観・生活目標の確認	→	3) 生活環境と家庭経営の実態調査
→ 4) 調査結果の集計	→	5) 改善方向の検討	→	6) 数案のモデル計画づくり
→ 7) 一案の実施計画づくり	→	8) 生活改善の実践	→	9) 生活の評価・調整

図6－1－1　診断と設計のプロセス

価値観は，行動の判断基準として大切であるし，これに合わせ具体的生活の目標を確認する必要がある。

　第3に，とりまく生活環境の調査が必要となる。これは自然的環境，人文的環境など広くみる必要もあるし，社会・経済的条件として家計問題や商品の流通や物価問題，消費生活，行政問題なども重要となる。さらに，これらは現状のみでなく，将来の発展方向なども予測する必要がある。また，家庭経営の実態調査としては経済，家族，時間・エネルギー問題などを含むが，そのなかで経済問題は一般に家計簿の分析によって把握される。しかも記帳していない家庭は，不完全でも家計聞き取り調査などを行っていく必要がある（注：筆者作成の家計聞き取り調査簿参照）。また，具体的な家庭経済の実態を分析するには，とりまく経営環境問題も併せて調査分析する必要がある。これらは分析目的に合わせて調査項目を整理し，調査票にして聞き取ることが望まれる。

　第4に，調査結果は，集計分析する必要がある。これは単純な集計のみでなく，経済的課題を理解しやすいように整理分析しなければならない。ここには診断の指標と比較基準の活用が問題となる。この結果を用いて，第5の生活改善の方向を明確にすることが必要となる。これは生活診断であり，6），7）の生活設計づくりに結びつく。

（3）　家庭経営経済診断の内容

　一般に生活診断対象は，個別家政と地域に分けてみるのが有効であろう。

　まず個別家計の問題は，家族のもつ価値観や改善目標とともに，ライフステージ別やライフスタイル別に，診断基準値を分けて整理すべきであろう。これは具体的には家計簿の分析などに加えて，家族属性に関する条件を補足調査する必要があろう。また，生活年次別の変化なども経年的にみる必要があるし，正確に調査するにはできるだけ家族の協力が必要となる。さらに，家庭生活全般の診断は，経済的分野に加え，より幅広く経営的分野をも併せて考える必要がある。これらは具体的に診断し，その改善方向を出し，これを生活設計に結びつけていくことになる。

次に地域生活経済の診断では，できるだけ統計資料に出ている生活分野の指標と基準を用いて，分析することにしたい。ただ現在は国・県段階の資料はあっても，市町村別では出ていないものが多いし，より小さい集落などの分析には，ここでも独自の調査が要求されよう。また地域の生活環境条件の変化は，すでに家庭の生活を変えてきているが，今後は特に男女共同参画型家庭としてあるべき姿を考えて，診断指標と基準値を作成していきたい。

　このように生活の実態を正しく理解するためには，診断の内容と方法の特徴を整理しておく必要があろう。

① まず，診断は細かい診断の精密診断と，簡易な方式で行う診断に分けることができる。例えば一戸の生活を多面にわたって調査整理する場合と，簡単な形式にそって短時間で処理する場合もある。地域診断も同様である。

② すでに論じてきたごとく，地域住民の総合的生活診断と個別家計診断に分けられる。前者は地域計画作成に結びつくし，後者は個別文献の生活設計に結びつく。

③ 一般には現状の改善課題をみつけるための診断であるが，現状をもとに同時に将来の予測も診断する場合がある。

④ 生活診断の内容により，経営・経済診断，時間・エネルギー診断，家族関係診断と生活領域（食・衣・住・教育など）の診断もあり，これらの総合としての生活診断に分けられる。

⑤ 自分の地域または家庭を生活者自身が行う自己診断と専門家に頼んで行う依頼診断に分けられる。

　なお，このほか個人の生活を中心にみる場合と，家族集団や地域集団を構造的に診断する場合もある。

　これらは現状の診断から改善方向を出し，さらに生活設計に結びつけていくことになる。しかし，家庭経済の実態を分析にするには，とりまく経営環境も併せて診断する必要がある。

　次にこれを用いてつくる生活設計は，まず診断結果から出た改善方向を確認することから始まる。特に改善課題を明確にし，それを修正するための方法を

考え,最も有効とするものを一案つくり,実践可能な精緻な案をつくる。

これらを有効に使うためには,的確な指標づくりが必要であり豊かさを生活領域別にみることが必要である。また診断と設計に利用できる指標と基準値が大切となる。特に各家庭のもつ目標をより具体的にみるために,各家庭のもつライフスタイルの分析が必要となる。またこれらは全体を通してみることも必要だが,具体的なライフステージに合わせ,指標や基準を考えることが大切となる。

2. 家計診断の指標と基準

家計診断は,家計管理の範疇である金銭の管理,収支の管理,財産の管理など金銭の質・量や経済行為の経済的な側面から,相互に関わり,循環を成しながら,生活の目的である生命の維持発展に有効かどうかを検討する行為である。具体的には,家計の実態を分析し,把握することで問題点を見出し,その改善のための方策を立てる拠り所となるものである。家計診断の内容や方法は,診断担当者や生活領域,評価尺度などにより多様に分類される[1]。しかし,いずれの場合も『豊かさ』を生活目標に,より合理的に達成するための診断であるから,地域の環境条件や家族属性のみでなく,家族のもつ主観的価値観やライフスタイルも含めて,生活構造の変化に対応しながら生活実感と乖離しない診断指標が必要となる。

(1) 診断指標について

診断指標は,生活者の立場[2]から,生活の多様な豊かさがどのように変化しているかに関し,
　①厚生の分析が複眼的立体的な物差しで行える。
　②生活構造の変化に対応し,分析が生活実感と乖離しない。
　③家庭経営の側面から整理する。
の考え方のもと,生活活動の領域と評価尺度から作成する。生活活動の領域は,

表6−2−1　家庭生活重視の指標

家族生活の把握		評価尺度	
収入関連生活	稼ぐ	家庭経営的側面	個別
	働く	安定	地域
基礎的消費生活	食べる	能率	属性
	住む	発展	ライフスタイル
	消費支出(「着る」を含む)	満足	
家族の向上生活	癒す／育てる	総合	
	学ぶ		
	交わる		
生活の保障	貯える		
	社会からの保障		

表6−2−1のように『収入関連生活』『基礎的消費生活』『家族の向上生活』『生活の保障』の4つの活動側面と『稼ぐ』『働く』『食べる』『住む』『消費支出（「着る」を含む)』『癒す／育てる』『学ぶ』『交わる』『貯える』『社会からの保障』の10分野から示される。その内容を具体的に整理すると，次のとおりである。

① 『収入関連生活』は，消費生活の収入の基盤部分とし，実収入を得る活動の『稼ぐ』と実収入獲得活動のための就業活動の『働く』の2分野である。

② 『基礎的消費生活』は，衣・食・住を主体と考えるが,「着る」の消費割合が『食べる』『住む』の1／5程度であることから『食べる』および『住む』と『消費支出（「着る」を含む)』の3分野である。なお，この領域を3分野としたのは，自分の意思・努力がかない，変革が容易であることによる。

③ 『家族の向上生活』は，個人や社会における生活の部分とし,『癒す／育てる』と『学ぶ』および『交わる』の3分野である。『癒す／育てる』の分野について,『育てる』と『癒す』は,「保護し全面的支援が必要」の撫育生産的なとらえ方から一緒と考えて,『癒す／育てる』とする。ただ,「少子・高齢化」というメディア等，報道のとらえ方と対応する『癒す／育てる』は，

議論のあるところである。この点については,「撫育生産というとらえ方」,および「一緒にすることで生活構造の変化に対応し,指標が生活実感と乖離しない」の2点から検討した結果である。また,主として学校教育は『学ぶ』,社会活動は『交わる』とする。

④ 『生活の保障』は,生活の保全や補償の部分とし,資産の運用・貯蓄などは『貯える』,給付の受給は『社会からの保障』とする2分野である。

次に評価軸については,家庭生活の豊かさの変化を多様な視点からとらえるために『家庭経営評価軸』を設けて,5つの評価軸に整理する。具体的には,家庭経営的側面から経済的面,健康的面,人間関係的面からみて,

①長期・短期いずれにおいても安定していることが望ましいことより『安定』の評価尺度

②効率の重要性を考えた『能率』の評価尺度

③経済・保健・情緒などの要求を5年間の変化からとらえる『発展』の評価尺度

④実態との乖離を小さくすることと,家庭経営の特徴からとらえる『満足』の評価尺度

⑤①から④までの全体からとらえて『総合』の評価尺度

の評価尺度を設ける。ただし,『満足』については,『豊かさ』と置換できるとするものも存在するが,ここでは,

$$\boxed{『満足』} \neq \boxed{『豊かさ』}$$

すなわち,『満足』は『豊かさ』の必要条件ではあるが十分条件ではない,の考え方である。また,『満足』はデータ選択上に,次の2つの問題をもつ。

①不完全なものでも代表させることで,他の評価尺度と同一視点でとらえるようにする。

②調査による主観的な評価尺度を用いて他の評価と切り離して考える。

ここでは①のとらえ方である。

（2） 診断プロセス

　家計診断を展開するには，個別セルに相応しい指標を選択するが，表6－2－2に示すように個別セルには生活者本位の客観性のある capability rest から選択していくことになる。

　（注）　capability：人間が財やサービスを用いて，何かを達成できる能力。「モノ」だけでは有用ではない。人々の関わりの中で初めて有用性を発揮するという考え方。

　この個別セルは，1つの個別指標とする。これは平均的生活者の日常性を把握する場合に，生活指標の目的に合致する指標群のみ採用することは多様な情報の一部しか用いない欠点をもつが，家計診断の場合，容易に特徴をとらえられると考えるからである。例えば，『収入関連生活』における『稼ぐ』の項における評価軸の『安定』および『発展』は，両方ともに「世帯当たりの可処分所得」である。これは，可処分所得が多ければ世帯の『安定』は図れるし，5年間の平均により求める『発展』からは可処分所得のプラスまたはマイナスの増加の状態がつかめるとの意図である。また，『基礎的消費生活』領域の指標セルでは，「消費単位当たり」で求めるようになっている。これは，成人男性を1.0の消費とし，既婚女性0.8，未婚女性1.1，乳児0.3程度の比率で考えるとらえ方である。

　次に，求める個別セル値は単位が異なるので，標準化する。ただ，基準値の値が小さいので，偏差値化して求める。

　そして，活動領域は個別セルの標準化の後，家庭経営的評価軸の評価尺度を横に加算し，『総合』を求める。活動領域では，分野ごとに細目加算を行う。最後に，活動領域の総合指標を求めるが，各々生活活動領域ごとに領域指標の重要度を生活者のニーズに基づいてウェイトを設定し，総合化する。留意すべきことは，個別指標には主観とシステムをミックスしており，これらの総合化に，階層分析法等（Analytic Hierarchy Process；AHP）も活用して分析することが望ましい。さらに，ライフステージ別やライフスタイル別に診断基準値を分けて整理すべきである。なお，これらの有効性を増すには，家計簿の分析などに加えて，補足の調査が必要である。

表6－2－2　家庭生活の豊かさ指標（個別）(注1)(注2)

分野(総合指標)／生活の活動領域		家庭経営評価軸				総合
		安定	能率	発展(注3)	満足	
Ⅰ 収入関連生活	稼ぐ	可処分所得／世帯	可処分所得／世帯員で勤労者数	可処分所得／世帯	可処分所得／世帯員	
	働く	労働収入／世帯員で勤労者数	労働時間(注4)／15歳以上の世帯員	勤労者の勉学時間／世帯員で勤労者数	休日の日数／15歳以上の世帯員	
Ⅱ 基礎的消費生活	食べる	食物費／世帯員(消費単位当たり)	エンゲル係数	食物費の増減率／世帯	外食費／世帯員	
	住む	居住面積／家族員(消費単位当たり)	住宅費／総支出	住宅費の増減率／世帯	エアコン・ハイビジョンTV・インターネット・生ゴミ処理機・浄水器，5種類中1台以上の所持種類合計	
	消費支出(「着る」を含む)	消費支出／世帯(消費単位当たり)	被服費／世帯員(消費単位当たり)	被服費／世帯	消費支出／世帯(消費単位当たり)	
Ⅲ 家族の生活向上	癒す・育てる	自己負担医療費／elder-age	医療費／世帯員	旅行の回数／世帯(1泊以上)	旅行の総金額／回数(日帰りを含む)	
		学校教育以外の教育費／子ども人数				
	学ぶ	学校教育費／世帯(消費単位当たり)	資格取得への学習費／成人人数	成人の地域生涯学習への参加回数／世帯員	学校教育費以外(注5)／世帯	
	交わる	教養娯楽費／世帯員	交際費(年間)／世帯員	教養娯楽費	教養娯楽費／世帯(1回当たり)	
Ⅵ 生活の保障	貯える	所有資産	資産の増減率(年間)	貯蓄(金融)の目標達成率	資産(金融＋固定)貯蓄の目標達成率	
	社会からの保障	生活保護費，健康診断の補助費，各種無料券などの評価額	介護保険による介護費を含む介護費	公的総保障額(増減)	公的総保障額／生活費	

注1）資料として「個別の家計簿」「貯蓄と消費に関する世論調査」「統計で見る市区町村のすがた」「地域経済総覧」「消費動向調査」「国民生活基礎調査」等
注2）原則として年間数量または年間額
注3）発展は5年間の変化からとらえる
注4）収入＋家事＋勉学とする
注5）教養娯楽費＋生涯学習への支出である

3. 地域経済診断の指標と基準

　ヒトはあらゆる生活場面のなかで尺度を求めている。尺度に照らして評価し一喜一憂しながら，その尺度を自分の生活の変化・向上させるのに役立てたいと考えているのである。現存する生活指標[3]はこの点に配慮してきめ細かな有益な指標となっているが，経済構造の変化，社会構造の変化をとらえ十分反映させているとは言い難い。ことに，自己の目的のためだけに行動する意識や価値観が世代特性として認められる状態にあるなかで，対人的コミュニケーションの機会の減少，情報の入手・活用機会面の格差拡大，地域の画一化，顕在化が進行し，情報交流の場としての社会における双方性と通信を通して人々が結びつく新しい人間関係の形成，ボランティア活動等の準公共的な社会市場の出現など地域社会生活のなかで，個の実感を伴うため，地域特性と世代属性特性の相互関連が必要であり，そのための診断指標が求められる。

(1) 地域経済診断指標について

　個別家庭と地域を一体化した診断のために，大枠は表6－2－2の個別指標と同じである。地域経済指標には，①生活が地域と切り離せないものである，②地域が生活者の生活環境参画の場，地域をつくる場である，③現在は地域のあり方の転換期である，④地域の個人生活を反映させるものである，の4点を重視する必要がある。ことに地域の実態を反映させるとは，地域の違いが表せることである。その違いが表れているものとしては，

　①国の社会資本が地方から引き上げられ，府県段階の公共投資が県都に集中され，それ以外の地方には積極的に投下されていない。
　②地方自治体が独自の地域振興策をなかなかもち得ていない。
　③民間の経済基盤は弱いけれど，『住宅事情がよい』『職住近接である』『自然環境がよい』など"暮らしやすさ"を追求する生活者のライフスタイル。
などである。しかし，同じ，地域の問題であっても過疎地では想定が異なり，

さらに、

　④基礎的な社会的生活手段がない。

　⑤生活手段が一定の範囲に存在してもその選択肢が少ない。

　⑥すべてのことを自分ないし自分たちで行わなければならない。

などが加わる。ただ実際に過疎地居住者は、"生活要求が個人の努力で満たされる"とする者が多く、「豊かさは個人、家族内で努力し獲得する」との考え方が根底にある。そこで、このような問題点も、生活の「地域」格差を表6－3－1の『市町村指標』から、また「生活のしやすさ」や「意識」は表6－2－2の『個別指標』からとらえられるように診断指標を設計したのである。

　ただ、ここでの地域経済の診断では、統計資料として公開されている生活分野の指標と基準を用いて分析せざるを得ない。現実には、国・県段階資料としては公開されていても市町村別ではないものが多いし、より細かい地域の分析では独自の調査の必要が生じるのである。また地域の環境条件の変化は、家庭という枠組みに代えている。特に21世紀は男女共同参画型社会の実現を目指している。その意味でも男女共生型家庭のあるべき姿を考えるため、診断と基準を目指して整理し、設計をしたのである。そして基本的に、「個別」と「地域」は一対のものとのとらえ方である。

（2） 地域経済指標利用の実際

1）地域経済指標による「全国」と「島根」のすがた比較

「統計で見る県のすがた」および県作成の統計書を用いて、表6－3－1の地域経済指標によりデータを家計診断に準拠して、処理したものが、図6－3－1である。ここでは生活活動の「収入関連生活」領域の『働く』の分野について「全国」と「島根」を比較する。評価軸の項の『総合』が、全国平均より高い値を示す。これは女性の労働力率が全国ではM字型を示すのに島根は20歳代後半から30歳代にかけての低下が小さく、既婚女性の就労の高さと対応しているといえよう。前述の居住地域、ことに過疎地の問題点を示したが、評価軸の『能率』の項が全国に比べてかなり低いことに示されているなど、島根が全

3. 地域経済診断の指標と基準　173

表6－3－1　家庭生活の豊かさ指標（地域）

分野(総合指標) 生活の活動領域		家庭経営評価軸[注1]				総合
		安定	能率	発展[注2]	満足	
Ⅰ収入関連生活	稼ぐ	総所得[注3]／全人口	課税対象所得額／就業者数	課税対象所得額／就業者数	総所得／世帯数	
	働く	15歳以上就業者数／全人口	15歳以上就業者数／15歳以上人口	15歳以上就業者数／15歳以上人口	完全失業者／全就業者	
Ⅱ基礎的消費生活	食べる	食料費／世帯数（1ヵ月）	食料費／全人口（1ヵ月）	飲食料品販売額	外食費／全世帯（1ヵ月）	
	住む	持ち家／一般世帯	新設住宅費／全戸数（3年間の平均）	水洗化率	水洗化世帯／世帯数	
	消費支出（「着る」を含む）	商品売上高／全人口	商品売上高／地域の消費支出	商品売上高	従業員1人当たりの販売額／全人口	
Ⅲ家族の生活向上	癒す・育てる	地域の医療費／医師数	地域の医療費／全消費支出[注4]	地域の医療費の変化／全人口	病院数／全人口	
	学ぶ	教育費／人口	教育関係職員数／人口	進路決定者／卒業者（高校生）	就職者／卒業者（大学・専修）	
	交わる	成人・一般学級講座受講者数／1000人当たり	成人・一般学級講座受講者／15歳以上人口	社会奉仕活動年間行動者数	行楽・旅行の年間行動者数／15歳以上人口	
Ⅳ生活の保障	貯える	個人預貯金残高／世帯	預貯金残高／人口	住宅土地購入のための負債／持ち家（持ち家1戸当たり）	預貯金残高／人口	
	社会からの保障	生活保障費／世帯数	社会福祉費／県支出	老人福祉費／65歳以上人口	社会福祉費／人口	

注1）特にことわりのないものは年間数量または年間額である
注2）発展は5年間の変化からとらえる
注3）雇用者所得と財産所得と企業所得などを含む
注4）可処分所得でも可

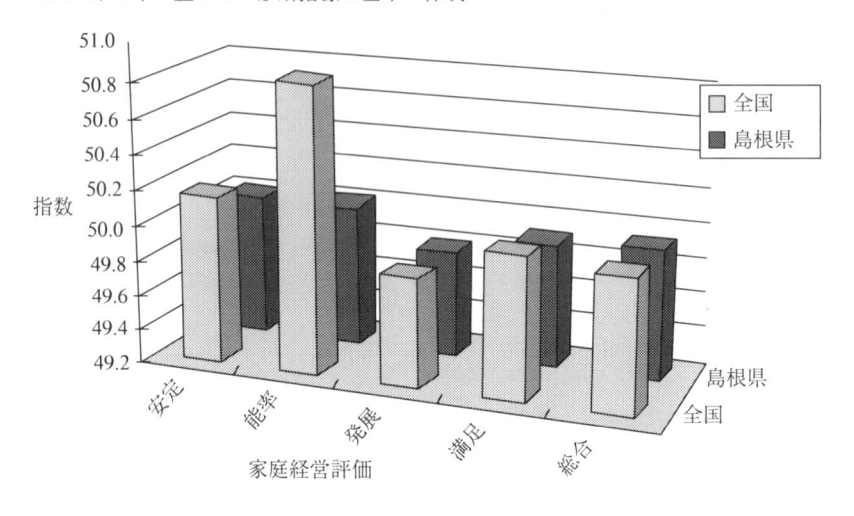

174　第6章　豊かさの診断指標と基準の作成

図6－3－1　全国vs.島根比較（働く）

国に比較して抱える問題点が明確に示され，外観比較が尺度化で実感できる。

2）地域経済指標による島根県の農業地域類型別すがた比較

　島根県を農業地域類型により，都市的地域，平地農業地域および中山間農業地域（中間農業地域と山間農業地域を併せたもの）の3類型に分けて，生活活動の「消費関連生活」活動の『住む』の分野について「全国」と「島根」の比較と同様に，データを処理してみる（図6－3－2）。評価軸の項『総合』では，「平地農業地域」が最も住みやすい。「都市的地域」では『安定』は低いが，『能率』はよい。「中山間農業地域」はいずれもやや劣るなど「都市的地域」「平地農業地域」「中山間農業地域」の違いが認められる。

3）地域経済指標の課題

　生活者の豊かさをとらえるために，全体として，①家庭生活を通した個人を重視する，②豊かさの弱い個別や地域に光を当てる，③一面的ではなく多面的にとらえる，④平均値で比較するのではなく基準値を用いた比較を行うことで生活実感からの乖離を防ぐ，⑤広く利用が可能なもの，から指標の作成を試みた。

3. 地域経済診断の指標と基準　175

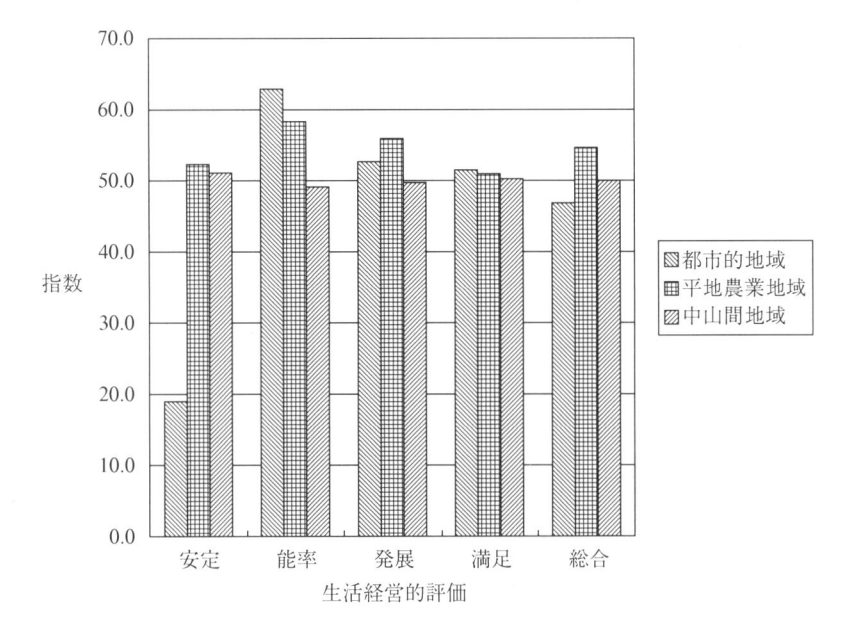

図6－3－2　農業地域類型別にみる地域経済指標（住む）

　また『指標』によりモデルを検証分析する際, 適切な項目を探すなかで, ①利用可能な市町村関連データが非常に少ない, ②調査データの採取時期が幅をもつ, ③個票データの入手・活用に制約が多い, など多くの問題点がある。
　また, データ処理過程において, ①取り込む経済指標の妥当性, ②トレンド除去後の標準化, ③地域経済指標に存在する固有含意の判断の問題が存在する, など, データの制約がある。しかし, 豊かさは生活意識のなかで, 生活満足度・生活充実度・享楽度・生活程度で示される。よって, 経済指標のみならず価値観の変化や多様化に対する不安, 環境や安全に対する不安, 人間関係に対する不安など, 社会指標の取り込みを検討し, 個々人の満足を反映した豊かさ指標となることが望まれる。

4. 簡易診断方式による個別家計と地域経済の診断

（1） 豊かさのとらえ方[4]

診断を行う前に，生活の豊かさとは何か，も検討しておく必要がある。ここでとらえる『豊かさ』を要約すると，

　①生活水準（実収入・消費支出）が高い
　②家族間の公平な消費ができている
　③長期的にみた生活の向上がある
　④生活（経済）の能率がよい
　⑤生活の保障がされている

などを問題としたとらえ方である。

（2） 簡易診断票の有用性

福田公正[5]は「生活指標はどのように改良がなされても，社会制御に資するほどは精巧なものにならない」と述べている。とすれば全体の豊かさを大まかにつかむためのモデルとなり得ることに重点を置くことで，生活の向上や主観的な固有値から居住地域や生活者の変化にすばやく対応できるものであるようなものにすべきである。このことに重点を置いて作成したのが『簡易豊かさ診断票』である。『家計診断指標』と『地域経済診断指標』からそれぞれ作成した。『収入関連生活』『基礎的消費生活』『家族の生活向上』『生活の保障』の4活動側面を，『稼ぐ』『働く』『食べる』『住む』『消費支出（「着る」を含む）』『癒す／育てる』『学ぶ』『交わる』『貯える』『社会からの保障』の10分野に分けた診断指標の各分野から2つを選び設問肢を作成している。特に狭い地域の有用性を重視し，特質が反映できるようにしたものである。まだ改善すべき点は多いが，『家計診断指標』と『地域経済診断指標』の生活活動領域を整合的に評価することで一定の役割を果たすものであると考える。

（3） 簡易診断方式による個別家計診断
1）簡易診断票の作成プロセス

　個々人の生活の豊かさでは，個別家計から現状を把握する必要性があるが，実際の家計簿記帳の割合が，金融広報中央委員会の平成12年調査[6]によると，21.2%であるという。このきわめて低い状況から，「実績」に基づく，「こうなる」の将来予測を行うことは困難である。であれば，それに代わるものとして，用いる「診断指標」と「判断する基準」の作成が必要である。そこで，生活者本位の客観性のある capability rest の必要性を感じ，簡易診断票を作成する。

　簡易診断票の基本的な考え方としては，診断指標とライフステージに基準をつけるが，これは物量・貨幣量のみでなく，ライフスタイルに合う精神的豊かさなども表現できるものとして整理する。具体的には，家庭生活豊かさ指標の『収入関連生活』『基礎的消費生活』『家族の生活向上』『生活の保障』の4活動側面と，『稼ぐ』『働く』『食べる』『住む』『消費支出（「着る」を含む）』『癒す／育てる』『学ぶ』『交わる』『貯える』『社会からの保障』の10分野および家庭経営の『安定』『能率』『発展』『満足』の4評価尺度のクロス・セルから財および意識実態に関する20の設問肢を作成する。次ページの「簡易豊かさ診断（個別家政）」ことにウエイトは，活動領域と豊かさの関連から，『収入関連生活』が40,『基礎的消費生活』が60,『家族の生活向上』が60,『生活の保障』が40としている。また，各設問における選択肢の拠り所は，貨幣量では統計調査資料より，意識実態についてはその関係領域の指導書に準拠する。こうすることで，「家庭経済が豊かに運営されているかどうか」「capability[7] から「モノ」への接続がスムーズにいくかどうか」など，個別家計の豊かさを，数量化してとらえることができる。

　次に，基準点の配点であるが，各設問は，10点満点とし，中央値を決めて，上下値を決定した。具体的には次ページの『簡易豊かさ診断（個別家政）』の基準欄に示す評価点である。

　実際の利用における判定では，最もシンプルには，全体を100点として，総計が「80点以上」「80点以下60点以上」「60点以下40点以上」「40点以下」に分け

178　第6章　豊かさの診断指標と基準の作成

「80点以上」を「豊か」,「80点以下60点以上」を「やや豊か」,「60点以下40点以上」を「普通」,「40点以下」を「要自立支援」ととらえる。ただ,一般的には,この調査票にライフスタイル,生活環境条件などを加味して判定する必要がある。また,生活活動領域ごとに値を求め,標準化する。そして,領域別の状態の把握を行うなど,多角的に家計の自己診断分析に用いられよう。

調査家庭		実施日　年　月　日

簡易豊かさ診断（個別家政）

　この診断票は,あなたの家庭生活の豊かさをはかり,改善点を把握するためのものです。むずかしく考えず,家族で家庭内状況を最も理解している人が,直感的に一番近いと思われる事項を選び評価して下さい。

徳島文理大学　家庭経営学研究室

	お聞きしたいこと	お答えいただく選択肢 （特に断りのないものは,1つに○印をつけてください）	評点基準	自己
収入関連生活	1. 1年間,家庭に入る家計総収入は,ほぼどれだけですか。	イ. 1,000万円以上 ロ. 700万円以上～1,000万円未満 ハ. 400万円以上～700万円未満 ニ. 100万円以上～400万円未満 ホ. 100万円未満	10 8 6 4 0	
	2. 勤労者の家族当りの年間,平均可処分所得は,どれだけですか。	イ. 年,400万円以上 ロ. 年,300万円以上～400万円未満 ハ. 年,200万円以上～300万円未満 ニ. 年,100万円以上～200万円未満 ホ. 年,100万円未満	10 8 6 4 0	
	3. 夫と妻の週当りの労働時間[注1]に差がありますか。	イ. 週当り夫と妻との差が20時間以上 ロ. 週当り夫と妻との差が10時間以上～20時間未満 ハ. ほぼ同程度 ニ. 時々差が大きくなる ホ. わからない	3 7 10 5 0	
	4. 家族の収入を得るために,週当り,1人どれくらいの労働時間ですか。	イ. 100時間以上 ロ. 80時間以上～100時間未満 ハ. 60時間以上～80時間未満 ニ. 40時間以上～60時間未満 ホ. 40時間未満	0 6 8 10 4	
基礎的消費生活	5. 家族の消費単位[注2]当りの食費は,1ヶ月平均いくらですか。	イ. 15,000円未満 ロ. 15,000円以上～20,000円未満 ハ. 20,000円以上～30,000円未満 ニ. 30,000円以上～40,000円未満 ホ. 40,000円以上	4 10 7 4 0	

	質問	選択肢	点	
	6. 食生活で心がけていることは，どのようなことですか。 （該当するもの全てに○を）	イ．家族や知人などとの交流時に食事を楽しんでいる	2	
		ロ．1日の食事のリズムから生活のリズムをつくっている	2	
		ハ．食文化や地域の産物を生かした料理の工夫をしている	2	
		ニ．適正体重を知り，活動に見合った食事量を摂っている	2	
		ホ．いつも食事のバランスを考えている	2	
	7. 家族員1人当り，平均住居費はどれくらいですか。 （家賃に相当するもの）	イ．10,000円未満	4	
		ロ．10,000円以上～20,000円未満	10	
		ハ．20,000円以上～30,000円未満	8	
		ニ．30,000円以上～40,000円未満	6	
		ホ．40,000円以上	0	
	8. ご家庭の住生活の環境について，お聞かせ下さい。 （該当するもの全てに○を）	イ．防災・防犯のための構造・設備が整っている	2	
		ロ．温湿度，換気，日照，採光照明等が適正な居住内環境	2	
		ハ．快適な住居内環境を得るために必要な冷暖房設備がある	2	
		ニ．使い易く十分な休息が得られる空間構成と付属設備である	2	
		ホ．機能的性能や芸術的性能を併せ持つデザインである	2	
	9. 合理的な消費支出をするためにやっていることがありますか。 （該当するもの全てに○を）	イ．毎月まず一定の貯蓄をしている	2	
		ロ．統制可能費[注3]の管理を重視している	2	
		ハ．大きな家計支出のためには別に貯蓄をしている	2	
		ニ．いざという時のため，できるだけ節約している	2	
		ホ．できるだけ計画的な買い物をしている	2	
	10. 1ヶ月，家族の消費単位当りの消費支出は，平均どれくらいですか。 （最も近いもの1つに○を）	イ．24万円以上	5	
		ロ．14万円以上～24万円未満	9	
		ハ．9万円以上～14万円未満	10	
		ニ．6万円以上～9万円未満	7	
		ホ．6万円未満	0	
家族の生活向上	11. 家族の疲労を癒すために，注意していることは何ですか。 （該当するもの全てに○を）	イ．良質のたんぱく質が摂取できるようにする	2	
		ロ．ビタミン，ミネラルの補給に気をつける	2	
		ハ．くつろげ，会話がはずむ環境をつくる	2	
		ニ．健康の定期検診をしている	2	
		ホ．気分転換のため時々家族で一緒に旅行をする	2	

	設問	選択肢	点数	
	12. 家族の自己負担医療費は，1ヶ月当りどの程度ですか。	イ．5,000円以上 ロ．3,000円以上〜5,000円未満 ハ．2,000円以上〜3,000円未満 ニ．1,000円以上〜2,000円未満 ホ．1000円未満	0 4 7 9 10	
	13. 成人の教養活動として，特に行っていることはありますか。 （該当するもの全てに○を）	イ．講演・研修などに積極的に参加している ロ．読書を週10時間以上している ハ．パソコンなどの勉強をしている ニ．テレビの教養番組をみている ホ．図書館に行っている	2 2 2 2 2	
	14. 1ヶ月，子ども・成人の教育（教養）への支出は，1人当り，平均どの程度ですか。	イ．5,000円未満 ロ．5,000円以上〜10,000円未満 ハ．10,000円以上〜20,000円未満 ニ．20,000円以上〜30,000円未満 ホ．30,000円以上	6 10 8 4 0	
	15. 家族が生活を豊かにするためやっていることは何ですか。 （該当するもの全てに○を）	イ．時々スポーツをしている ロ．時々旅行をしている ハ．ガーデニングや観賞・観劇などの趣味をしている ニ．時々絵画や書道・彫刻などをしている ホ．時々，マージャンなどのゲームをしている	2 2 2 2 2	
	16. 1ヶ月，家族が教養娯楽費として使う額は，1人平均どれだけですか。 （2歳以下は除く）	イ．15,000円以上 ロ．10,000円以上〜15,000円未満 ハ．5,000円以上〜10,000円未満 ニ．5,000円未満 ホ．ほとんどない	10 8 6 4 0	
生活の保障	17. 老後の生活のために，家族が自助努力していることは何ですか。 （該当するもの全てに○を）	イ．常に親子関係を緊密にしている ロ．近所の人とのつきあいを大切にしている ハ．別居の子どもとも時期を決め集まっている ニ．老後の生活を考え保障できる貯蓄に努めている ホ．自分で生きがいをもっている	2 2 2 2 2	
	18. 老後の生活安定のための貯蓄目標への自助努力はなされていますか。	イ．十分できている ロ．まあまあできている ハ．やや不足している ニ．きわめて不足である ホ．わからない	10 8 6 3 0	
	19. 地域の生活環境は，優れていますか。 （該当するもの全てに○を）	イ．自然環境はすぐれている ロ．他地域と比べ，一般に物価は安い ハ．交通の便はよい ニ．人的環境がよい ホ．公共施設が便利である	2 2 2 2 2	

20. 住んでいる地域の社会保障的問題は、進んでいますか。 （該当するもの全てに○を）	イ．老人介護事業は円滑に進んでいる	2	
	ロ．住民の生活の安全が守られている	2	
	ハ．公共施設はハートビル法[注4]に基づいた整備がされている	2	
	ニ．生活保護も正しくやっている	2	
	ホ．住民の健康管理をしている	2	

記入上の注意点
1. 『地域』は普通市町村で，時には集落を考えてもよい。『個別家政』は，1戸の家庭の生活を考える。
2. 『個別家政』の対象は，標準世帯としている。単身者や2人世帯の場合は，加重後分析の必要がある。

注1　ここでの労働時間は，籠山京の収入労働時間と家事労働時間と勉学を総合計した時間をいう。
注2　消費単位とは，成人男子を1.0の消費とし，例えば，無職女性・男性 0.8，未婚の就業女性・就業男性 1.1，乳児 0.3 程度の比率と考えるとらえ方である。（これは総合消費支出と飲食物費と飲食物以外とに分けて労働科学研究所は出している。）
注3　統制可能費とは，家賃や電気代などのように必ず支払うべき費用を除き，食物費や日用雑貨品などのように調整できる費用をいう。
注4　ハートビル法は「高齢者，身体障害者等が円滑に利用できる特定建築物の促進に関する法律」のこと。

（4）簡易診断方式による生活者重視の地域経済診断票

狭い地域の有用性を重視し，以下のように作成したものである。検討結果，今後の地域生活のあり方を考える手引きとすることが望ましい。

整理番号		実施日　年　月　日		

簡易豊かさ診断（地域）

この診断票は，この地域が他の地域に比べ豊かであるかどうかを，調査するためのものです。正確には答えにくいものもあるかもしれませんが，調査をするか，それで解らない場合は，より近いと思う項目に○をつけて下さい。

徳島文理大学　家庭経営学研究室

	お聞きしたいこと	お答えいただく選択肢 （特に断りのないものは，1つだけ○印を）	評価	
			基準	自己
収入関連生活	1. 地域全般からみて，1戸当りの家計の平均総収入はいくらでしょうか。	イ．800万円以上 ロ．600万円以上〜800万円 ハ．400万円以上〜600万円未満 ニ．300万円以上〜400万円未満 ホ．200万円以上〜300万円未満 ヘ．200万円未満	10 8 6 4 2 0	

182　第6章　豊かさの診断指標と基準の作成

	2. 地域の勤労者1人当りの平均可処分所得は、どれだけですか。	イ．350万円以上 ロ．300万円以上～350万円未満 ハ．250万円以上～300万円未満 ニ．200万円以上～250万円未満 ホ．200万円未満	10 8 5 3 0	
	3. 成人の労働時間(注1)(週当り)は、1人平均何時間くらいですか。	イ．100時間以上 ロ．100時間未満～80時間以上 ハ．80時間未満～60時間以上 ニ．60時間未満～40時間以上 ホ．40時間未満	3 7 10 5 0	
	4. 地域住民（15歳以上）の完全失業率は現在何％くらいですか。（学生は除く）	イ．6％以上 ロ．5％以上～6％未満 ハ．4％以上～5％未満 ニ．3％以上～4％未満 ホ．3％未満	0 3 5 7 10	
基礎的消費生活	5. 地域住民の食生活は、平均的に豊かですか。 （該当するもの全てに○を）	イ．外部化が進んでいる ロ．食材が豊富である ハ．地場の食材を活用している ニ．核家族高齢者への給食サービスをしている ホ．栄養バランスと健康に関する研修をしている	2 2 2 2 2	
	6. 世帯当りの食料費は、1ヶ月平均どれくらいですか。（3～5人家族）	イ．10万円以上 ロ．8万円以上～10万円万円以上 ハ．6万円以上～8万円未満 ニ．4万円以上～6万円未満 ホ．4万円未満	0 5 10 8 3	
	7. 地域住民の住生活条件は整備されていますか。 （該当するもの全てに○を）	イ．持ち家率は、80％以上と高い ロ．安全等の自然的な立地条件が整っている ハ．交通手段、施設等の社会的立地条件が整っている ニ．ハートビル法にのっとった生活設備環境が整っている ホ．廃棄物処理環境が整っている	2 2 2 2 2	
	8. 地域の水洗化率は、何％くらいですか。	イ．100％ ロ．70％以上～100％未満 ハ．40％以上～70％未満 ニ．20％以上～40％未満 ホ．20％未満	10 8 5 3 0	
	9. 日常の消費生活は豊かですか。 （該当するもの全てに○を）	イ．一般に生活費にあてる額は高い ロ．物価は全般的に安い地域である ハ．家族一緒に買い物する機会は比較的多い ニ．世帯当り所有貯蓄は平均1,500万円以上である ホ．住民には計画的な生活を指導している	2 2 2 2 2	

4. 簡易診断方式による個別家計と地域経済の診断

家族の生活向上

10. 当地の1世帯当りの消費支出（生活費）は、1ヶ月当りどれくらいですか。（教育費を含む）	イ．35万円以上 ロ．30万円以上〜35万円未満 ハ．25万円以上〜30万円未満 ニ．20万円以上〜25万円未満 ホ．20万円未満	0 4 8 10 6	
11. 地域では住民が楽しめるイベントをしていますか。（該当するもの全てに○を）	イ．祭りなどのイベントを色々企画している ロ．商店街が活気づく催しを行っている ハ．地域住民が全員参加できる運動会・文化祭をしている ニ．地域単位の施策を重視している ホ．地域のリーダーづくりを積極的に行っている	2 2 2 2 2	
12. 1ヶ月当りの世帯医療費は平均どれくらいですか。	イ．25,000円以上 ロ．20,000円以上〜25,000円未満 ハ．15,000円以上〜20,000円未満 ニ．10,000円以上〜15,000円未満 ホ．10,000円未満	0 3 5 8 10	
13. 地域の進学率は、どの程度ですか。（該当するもの全てに○を）	イ．幼稚園・保育園に行く人が90%以上 ロ．高校進学率 97%以上 ハ．大学などの進学率 48%以上 ニ．シルバー大学校の参加率 50%以上	4 4 2 2	
14. 地域の教育文化施設は、整備されていますか。（該当するもの全てに○を）	イ．図書館や博物館が充実している ロ．学校は整備されている ハ．公民館は充実している ニ．中央の運動場がある ホ．ちびっ子広場は各地区にある	2 2 2 2 2	
15. 住民同士または家族間の交流は、活発ですか。（該当するもの全てに○を）	イ．家族は買い物や旅行などで親子交流をしている ロ．地域住民は多くの交流の場をもっている ハ．高齢者大学校などを積極活用して交流している ニ．老人クラブが活発である ホ．若・中・高年共，婦人会など活発に活動している	2 2 2 2 2	
16. 住民は、地域のボランティア活動には参加しますか。積極的なものを選んで下さい。（該当するもの全てに○を）	イ．自然被害などを受けた家庭への支援に協力的である ロ．幼児・老人介護などへの支援に協力的である ハ．子どもの教育などに協力的である ニ．地域の清掃などに積極的に協力する ホ．困った家庭への支援に積極的協力がある	2 2 2 2 2	

生活の保障	17. 住民の蓄えは進んでいますか。年代別に考えてください。（身近なものイ．ロ．ハ．の1つに○を）	年代	イ	ロ	ハ	イ 10 ロ 5 ハ 0
		1. 30歳未満	1,000万円以上	300万円以上	0	
		2. 30歳以上～50歳未満	2,000万円以上	1,000万円以上	0	
		3. 50歳以上～65歳未満	3,000万円以上	2,000万円以上	500万円未満	
		4. 65歳以上	5,000万円以上	3,000万円以上	1,000万円未満	
	18. 地域住民の家族近隣などの交流は活発ですか。（該当するもの全てに○を）	イ．家族間相互の交流は活発である ロ．親戚との付き合いは活発である ハ．隣近所の住民間の付き合いは活発である ニ．地域での祭り，その他の行事に伴う交流は盛んである				4 2 2 2
	19. 地域の1戸当り保有貯蓄額はどのくらいですか。（該当するもの全てに○を）	イ．2,000万円以上 ロ．1,000万円以上～2,000万円未満 ハ．500万円以上～1,000万円未満 ニ．500万円未満				4 2 2 2
	20. 地域の生活保障は，充実していますか。（該当するもの1つに○を）	イ．高齢者の介護支援は進んでいる ロ．高齢者医療対応は進んでいる ハ．高齢者大学など生きがいづくり事業を行っている ニ．地域の生活保障は県内で高いレベルにある ホ．生活保障全般に住民一体で，細かな配慮をしている				2 2 2 2 2

5. 家庭経営診断の指標と基準

（1） 家庭経営の診断

　家庭経営は家庭生活の維持と向上を図る精神的な営みである。新たな家庭を創設したり，家庭生活のなかで問題が発生した場合に，個人・家族は希望や不満など何らかの欲求を抱く。そのときに経営が始まる。経営の過程は，第1に，個人・家族が望む生活目標を明らかにすることであり，第2に，設定した生活目標を吟味することにより自らの生活価値意識を確認することであり，第3に，目標実現のために利用可能な資源を明らかにし，第4に，資源を用いて欲求を充足し，第5に，充足した欲求を吟味することである。

こうした一連の過程の一局面として家庭生活の診断が行われる。診断は，生活主体である個人・家族が実現したいと望む生活目標に照らして，現状を把握するために行われる。したがって，生活診断を行ううえで必要なことは，個人・家族が望む生活目標を明らかにすることである。

（2） 生活目標

生活目標は，短期かつ個別的なものから長期かつ一般的なものまで，さまざまに設定することができる。さらに，近年，生活における物質的充足と個人の自由拡大に伴い，価値意識の多様化が進んだため，生活目標は個人・家族にとって多様であり得る。しかし，個別的で具体的な，それゆえに多様な生活目標を設定して診断を行うことは正しくない。生活の部分に目を奪われて生活の全体を見失うからである。したがって，生活目標は，長期かつ一般的なものに限られる。

抽象的な生活目標のなかには，いつの時代にも，また，あらゆる地域，年代，性別の個人と家族にとって望ましいとされる共通の目標がある。それは，①「生活の安定」，②「生活の能率」および③「生活の発展」である。また，同じく，抽象的な目標とはいえ，現代という時代が要請する生活目標がある。21世紀には生活の枠組みがこれまでとは大きく変化する。まず，男性と女性との関係が，家庭生活においても社会生活においても，男女共同参画型に変わり，また，人間と自然との関係も，資源浪費型から資源循環型へと変化する。こうした共生型生活を実現するためには，④「男女の平等」と⑤「環境への配慮」が生活目標としてあげられる。

なお，これら5つの生活目標を，個人・家族の発達段階において位置付けるとき，成長期には③「生活の発展」という目標が相対的に強調されるが，成熟期になると①「生活の安定」が求められる。

（3） 生活領域と生活目標

家庭生活は，第1に金銭に関する家計の領域，第2に人間関係に関する家族

の領域,そして第3に生活物資に関する衣食住の領域,という3つの生活領域に分けることができる。

これら3つの生活領域を,上で述べた5つの生活目標に関連付けると,①「生活の安定」,②「生活の能率」および③「生活の発展」の3つの目標は,主に,第1の金銭に関する家計の領域で実現される。それに対して,④「男女の平等」は,第2の人間関係に関する家族の領域において,そして⑤「環境への配慮」の目標は,第3の生活物資に関する衣食住の領域で実現される。なお,このうち,家計の診断については,すでに第2節で考察した。したがって,ここでは,家族の領域と衣食住の領域を対象にした家庭経営の診断を取り扱う。

(4)「男女の平等」を目標とする家族生活の診断

「男女の平等」を目標とする家族生活の診断を行うために,家事・育児・介護・その他の生活場面から,特徴的な生活状態と価値意識を診断指標として抽出して,表6-5-1に示す。なお,診断の指標作成にあたっては,東京女性財団「ジェンダーチェック　家族・家庭生活編」などを参考にした。

表6-5-1　「男女の平等」を目標とする家族生活の診断

診断の指標（生活状態や価値意識）	回答
1. 炊事や洗濯の家事は,妻がしている。	はい　いいえ
2. 妻が家をあけるときは,夫と子が食べられるように食事の用意をしておく。	はい　いいえ
3. 妻が帰りが遅くなっても,夫が夕食の支度をすることはない。	はい　いいえ
4. 良い妻の第1条件は,料理が得意なことである。	はい　いいえ
5. 夫が洗濯物を干すのを見られるのは隣近所に恥ずかしい。	はい　いいえ
6. 日常生活に必要な食料や雑貨,下着などの衣類は,妻が買い物をする。	はい　いいえ
7. 自動車や家のように,金額の大きな買い物は夫が決める。	はい　いいえ
8. 貯金や家は夫の名義である。	はい　いいえ
9. 妻がいれないと,夫が自分でお茶を飲むことはない。	はい　いいえ

10.	妻が働く場合は，家事や子育てに支障がないようにしなければならない。	はい　いいえ
11.	子どものしつけは母親の責任である。	はい　いいえ
12.	子どもが小さいうちは，母親は外で働かないほうがよい。	はい　いいえ
13.	夫は家事をしないが，家計を支えてくれているので仕方がない。	はい　いいえ
14.	子どもが発熱したという連絡が保育所から職場に入ったら，共働きであっても母親が迎えに行くのが当然である。	はい　いいえ
15.	育児は，平素は母親が担当し，重大なときだけ父親が参加すればよい。	はい　いいえ
16.	育児休暇を取ることができても，男性は取らないほうがよい。	はい　いいえ
17.	親の介護は，男性がするよりは娘や妻がしたほうがよい。	はい　いいえ
18.	食事や排泄など，老親の世話を男性がするのはむずかしい。	はい　いいえ
19.	男の子は，家の手伝いをするより勉強をして，良い成績をとってほしい。	はい　いいえ
20.	女の子は，勉強より家の手伝いをして家事ができるようになってほしい。	はい　いいえ
21.	女の子は優しくてしとやかに，男の子は元気でたくましく育てたい。	はい　いいえ
22.	夫が転勤したら，夫の赴任先に妻がついていくのは仕方がない。	はい　いいえ
23.	夫が帰宅するときには，妻は家にいるべきである。	はい　いいえ
24.	結婚後，夫婦は夫の姓を名のるのがよい。	はい　いいえ
25.	「主人」「奥さん」という呼び方に違和感はない。	はい　いいえ

「はい」の回答数を診断の基準とする。
「はい」の回答数が 0～ 3 の回答者……男女の平等度がとても高い
「はい」の回答数が 4～12の回答者……男女の平等度がやや高い
「はい」の回答数が13～21の回答者……男女の平等度がやや低い
「はい」の回答数が22～25の回答者……男女の平等度がとても低い

（5）「環境への配慮」を目標とする衣食住生活の診断

　「環境への配慮」を目標とする衣食住生活の診断を行うために，衣生活・食生活・住生活・その他の生活場面から，特徴的な生活状態と価値意識を診断指標として抽出して，表 6 ― 5 ― 2 に示す。なお，診断の指標作成にあたっては，高月紘「自分の暮らしがわかるエコロジー・テスト」を参考にした。

表6－5－2 「環境への配慮」を目標とする衣食住生活の診断

診断の指標（生活状態や価値意識）	回	答
1. 流行の服を衝動買いしないようにしている。	はい	いいえ
2. 冷暖房の温度調節をする前に衣服で調節している。	はい	いいえ
3. タンスに眠っている衣類は，工夫して着るように心がけている。	はい	いいえ
4. 着られなくなった服は，フリーマーケットやバザーに出している。	はい	いいえ
5. 風呂の残り湯は洗濯に利用している。	はい	いいえ
6. 汚れた衣類の洗濯はまとめ洗いしている。	はい	いいえ
7. 食事を作りすぎて，残り物を出さないように心がけている。	はい	いいえ
8. 冷蔵庫の中を時々点検して，食品を賞味期限内に使用している。	はい	いいえ
9. 流しに水切り袋を利用し，生ごみは流さない。	はい	いいえ
10. 残った油を流しに捨てない。	はい	いいえ
11. 食器やフライパンに付いた油は古紙で拭き取ってから洗っている。	はい	いいえ
12. 生ごみでたい肥をつくっている。	はい	いいえ
13. 湯沸かし器はなるべく低い温度にしている。	はい	いいえ
14. ペーパータオルは使わずふきんやぞうきんを使っている。	はい	いいえ
15. 買い物袋を持参して，レジ袋はもらわない。	はい	いいえ
16. 環境に優しい製品を買うように心がけている。	はい	いいえ
17. 詰替用商品を選び，使い捨て容器を少なくしている。	はい	いいえ
18. 環境に配慮した商品を積極的に購入している。	はい	いいえ
19. すぐに流行遅れになりそうなものは買わない。	はい	いいえ
20. 長持ちする製品を選ぶ。	はい	いいえ
21. ごみは分別して指定された場所に出している。	はい	いいえ
22. 新聞，牛乳パック，びん，ペットボトルなどはリサイクルに出している。	はい	いいえ
23. びん，ペットボトルは洗って出している。	はい	いいえ
24. トイレットペーパーは古紙のものを使っている。	はい	いいえ
25. 歯磨きや洗面のとき，水を流しっぱなしにしない。	はい	いいえ

26.	テレビや照明はつけっぱなしにしない。	はい	いいえ
27.	外出時や寝る前には必ずテレビの主電源を切っている。	はい	いいえ
28.	家電製品, 家具, 自転車などは壊れたら修理して使っている。	はい	いいえ
29.	外出するときは, なるべくマイカーを使わず, 公共交通機関を利用している。	はい	いいえ
30.	駐車するときは自動車のエンジンを切っている。	はい	いいえ
31.	自動車タイヤの空気圧を定期的にチェックし, 使用するタイヤの規定内で高めに設定している。	はい	いいえ
32.	車を運転するときは, 不要なアイドリングをしない。	はい	いいえ
33.	車を運転するときは, 急発進や急加速をしない。	はい	いいえ
34.	自動車のトランクには, 不要な荷物を入れないようにしている。	はい	いいえ
35.	環境家計簿をつけている。	はい	いいえ

「はい」の回答数を診断の基準とする。
「はい」の回答数が 0～ 4 の回答者……環境への配慮がとても弱い
「はい」の回答数が 5～22の回答者……環境への配慮がやや弱い
「はい」の回答数が23～30の回答者……環境への配慮がやや強い
「はい」の回答数が31～35の回答者……環境への配慮がとても強い

◇引用文献◇

1) 家庭経済学研究参照
2) 御船美智子『生活経済学入門』東洋経済新報社, 1997, pp.67～68
3) 東　珠美「家庭経済学研究」No.12, 1999
4) 堀田剛吉の提案による
5) 福田公正『日本を豊かにする方程式』日本評論社, 1995, p.212
6) 金融広報中央委員会「平成13年版暮らしと金融なんでもデータ」2001.5, p.24
7) 原　司郎, 酒井泰弘編著『生活経済学入門』東洋経済新報社, 1997, pp.41～45

◇参考文献◇

- 全労済「Life Design Text」1986.9
- 郵政省・郵政研「「地域の豊かさ指標」に関する調査研究報告」1997.3
- 生活文化センター「新ライフプランガイドブック」2001.10
- 総務庁統計局「統計で見る県のすがた2000」2000.2
- 島根県企画振興部統計課「平成 9 年　島根県統計書」2000.1

- 島根県企画振興部統計課「平成9年度　しまねの市町村民経済計算」2000.3
- 島根県企画振興部統計課「平成9年度　しまねの県民経済計算」2000.1
- 中国電力㈱「中国地域市町村別データ総覧」1999.3
- 総務庁統計局「平成10年　住宅・土地統計調査報告」第5巻その32, 2000.1
- 東洋経済新報社「地域経済総覧2000」1999.10.20
- 朝日新聞社「民力1997年版」1997.6.30
- 堀田剛吉編著『家庭経営学通論』家政教育社, 1995.4.15
- 日本家政学会編『家庭経済学』朝倉書店, 1998.10.15
- 馬場康彦『現代生活経済論』ミネルヴァ書房, 1997.4.30
- 東京女性財団「ジェンダーチェック　家族・家庭生活編」1995
- 東京女性財団「ジェンダーチェック　男女平等への指針　大人編」1997
- 高月　紘「自分の暮らしがわかるエコロジー・テスト」講談社, 1998

第7章 生活設計とは

1. 生活設計概念と生活設計指標

(1) 現代社会に生きるキーワードとしての生活設計
──生活設計概念の体系化

1) 生活設計の現在

　現代社会において，生活を充実させるために生活設計はどのような意義をもつのであろうか。このことを考えるにあたり，はじめに，実際，どのくらいの人々が，どのように生活設計をしているか，実態を確認しておきたい。

　現在,「生活設計を立てている」人は34.4％,「現在生活設計を立てていないが，今後は立てるつもりである」人46.2％を合わせると8割の人は生活設計に関心をもっており，特に，今後は立てるつもりの人が多くなっている。世帯主年齢50歳台までに限ると9割が関心をもっている。生活設計を策定している人の策定期間は1～2年までは5.3％と少なく，3～5年23.6％，10年先まで37.9％と3～10年先までが6割を占める。生活設計を立てている場合は，資金運用計画も立てている場合が多く，49.8％が立てている。現在は資金計画を立てていないが今後は立てるつもりの39.0％を合わせると，生活設計は資金計画を伴うものと考えられている（金融広報中央委員会：2001；79～80）。

　どのような生活設計が立てられているのか，別の調査でみると，将来の資産形成や保障準備の計画（資産形成・保障計画）については39.6％，将来の就職や転職，自立，引退時期などの計画（就業設計計画）については30.4％，結婚や，出産，住宅取得など今後のライフイベントの選択（ライフイベント選択計画）については28.1％，将来の資格や技能の取得（職業能力形成計画）については19.2％と，資産形成・保障計画が中心となっている（生命保険文化センター：2002；

154〜159)。このように生活設計に関心は高いのであるが，実際に生活設計を立てている人は3〜4割，その割合も低下傾向にあるのは，生活設計の意義や有効性，必要性，方法について把握されていないことにも原因があると思われる。また，生活設計が，生命保険の保障額算定のためのツールとして普及した経緯があることから，お金に関する計画だと認識されているためとも思われる。以下でみるライフデザインなども含めた場合は，設計している人の割合はこうした数字より高くなると予想される。

人々が現在の生活にとっていちばん重要と思っていることは「家族」，そして「お金・経済的基盤」が続く。将来の生活にとっても，同様に家族，お金・経済的基盤がいちばん重要と思っているが，現在の生活に比べてお金・経済的基盤を重視する割合が高まる。現在と将来の生活にとって重要と思うことをどのように実現するかは，生活経済にとって最も重視すべき課題であり，特にお金・経済的基盤については経済生活設計がその課題に独自に位置付けられる。

2）成熟社会における生活設計——多様化社会への対応

経済的自由をベースにグローバル化している現代日本社会は，経済の発展段階としては成熟段階にある。成熟段階とは，所得水準は総じて高いがその伸び率は低く，格差が拡大しつつあること，多様な商品（財・サービス）の供給とそれに対応して労働形態が多様化・流動化すること，そしてサービス化・情報化が進み，ストック化した段階である。成熟社会ではどのような生活設計が有効なのであろうか。成熟経済社会がニーズを変化させながら生活に深く関わる特徴は，多様化社会，高度情報社会，金融経済社会，不安社会である。

多様化社会は，多くの選択肢があり，それを選択する能力が必要であるといわれる。しかし，自然に当たり前に「多くの選択肢がある」のではなく，多くの情報の中から，「選択肢」として編集し，選択肢として自らに提示して初めて「多くの選択肢がある」状態になり，それによって選択能力も磨かれる。選択肢が多くあることが生活の充実につながるためには，それが個性的な生活へと組織化され生活が創造される必要がある。受身でいては誰も教えてくれない選択肢を，能動的に求めて社会の中から引き出してくる。多様化社会では選択

肢を自らに提示しなければ個性的な生活は創造できない。個性的な生活を探し当てる，自分らしく創造するという生活ニーズ・課題があり，それを満たすためには生活設計が有効である。多様化社会では選択方法により生活資源の有効活用に差が生じ，結果的に生活満足度に影響する。

3）高度情報社会への対応

高度情報社会は，さまざまな情報を用意するが，あふれる情報の中から厳選して役立てたいというニーズが生じる。それには取捨選択する能力が必要であるといわれる。では取捨選択する基準は何であろうか。あふれる情報の中から自分に必要かつ有効な情報を選ぶためには「自己情報（自分についての，自分による，自分のための情報）」が不可欠である（御船：2001；4）。生活設計は，生活史，現在の自己認識のうえに立てるものであり，自己情報を編集する有効なツールとなる。自己情報が編集されれば，自分を起点に社会情報を編集できる。もちろん自己情報と社会情報の相互作用によって編成され，自分探しと社会認識を形成しながら生活設計をすることになる。

4）金融経済への対応

経済生活がストック化し，金融経済が多様化，情報化を伴って発達し，現代は金融経済社会となっている。2000年の全国・勤労者世帯の実収入のうち，16％は税金・社会保険料で，残りの84％が可処分所得である。消費支出は実収入の61％，黒字は24％である。消費支出の中の食料費は，実収入の13％，黒字は今や食料費の1.8倍なのである。黒字はいわばネットの金額なので，金融経済との関係を示す数字としては過少となる。金融経済との関係は，預貯金，預貯金引出，保険掛金，保険取金といった黒字を構成する実支出以外の支出や実収入以外の収入の金額を合計したものである。その金額は2000年の勤労者世帯では936,141円，食料費の12.5倍，実収入の1.7倍である。金融経済との関係はさらに高額化したストックに及ぶ。2000年の全国・勤労者世帯の金融資産は1,355.8万円，年間実収入の1.76倍，負債が579.8万円，年間実収入の0.75倍であるから，ストック面での金融経済との関係は実収入の2.5倍である。先のフロー面，収支でのそれが1.7倍であるから，現代家計における金融経済との関係は年

間実収入の4.2倍にもなる。食料費が年間実収入の0.13倍であるから、現代家計がいかに金融経済に組み込まれているか、そして、その活用が重要かがわかる。しかも、先にみたように将来の生活で「お金・経済的基盤」が重要と考えられており、経済生活設計とリンクすべきものなのである。現在の金融自由化のもとでは、社会は多様な金融商品を生み出すため、生活資源の中でも特にお金の有効活用に差を生じさせる。「有利な金融商品」の基準は資金計画であり、それを決定付けるのは経済生活設計である。

5）不安社会での生活設計――危機管理

現代は不安社会である。なぜか。それにはいくつかの要因が考えられるが、第1に事件・事故の数が多くなり安全な社会でなくなっていることがある。第2に生活費水準が上昇したため、高い生活水準を支える条件がなくなった場合の生活水準の低下があまりにも大きいからである。第3に、福祉社会を支える人口構造や財政上の変化によって、最低水準以上の生活保障が「自己責任」に再配置されたためであり、第4に、社会の変化、特に産業、働く前提が変化するスピードが速いため、所得の源泉となる自分の労働力に対する不安が大きくなっていると考えられる。不安は、リスクが大きいこと、準備不足、リスクに敏感であることで生じるものであり、リスクは事故の可能性、損失の大きさに左右される。不安解消ニーズを満たすためには、不安の原因になっている社会動向や自らの現状分析をし、危機管理によってリスク認識を高め、社会と自分の見通しを立てる生活設計が必要となる。

（2）生活設計の意義と意味――何のための生活設計概念か

1）生活設計の意義――ニーズを満たす方法としての生活設計

このような現代社会の特徴をふまえると、現代は、標準的な商品・サービスで受身に生活ニーズを満たせる時代ではなく、情報、お金、時間、そして人間関係、空間なども含めた媒介を用いて、生活設計でニーズを満たす時代になっている。現代社会での生活設計は、グローバル化し、高速で変化する社会のなかで、生涯生活を自分らしく送るために、自分の発達段階に応じた生活に社会

制度を活かし，自分の能力を社会のなかで活かす方法を具体的に提示し，その実現を確実にする考え方とツールである。現代社会の生活設計には，①自らの生涯生活と経済社会・変化を接続すること，②かけがえのない生涯を社会のなかで送っていく方法について見通しを立てること，③遂行プロセスに応じて方法を変化させ続けることなどの特徴がある。したがって，生活設計は，自らの生活を社会との関係のなかで把握することへの気付きと，現在の生活を過去や未来との関係のなかで把握することへの気付きの契機となる。

2）生活設計の意味

生活設計は，かけがえのない個人の生涯をできる限り充実させるための考え方とツールである。生活設計については，それをしても実現するかどうかわからないから立てないといわれることがある。生活設計の意味は，それをすることによる目標実現の可否ではなく，目標実現のために自らを動員する営みそのこと自体にある。自分の可能性の模索，「不可能」への挑戦であり，それは自分を知ることであり，自分を動かすことである。生活設計は，自分の，自分による（自分にしかできない），自分のための思索となる。その意味では「日記」「自分（生活）史」と近似しているが，生活設計は，これからの自分に対する考え方に関わるため，自分への操作性が高いことを特徴とする。操作性が高いことが意味をもつのは，社会における生活価値観が多様であり，資源が流通し，生涯が長い現代社会ならではのことである。

（3） 生活設計指標

1）生活設計指標の考え方

生活設計指標の枠組みには，前提となる①生活主体，②ニーズ（欲求や責任も含む）や価値観，状況把握のうえでの生活目標——ライフデザイン，③それを実現するための生活資源——生活資源管理，④生活リスクに対する保障——危機管理，⑤生活設計期間が考えられる。

①生活主体としては，まず自分があり，生活単位である例えば家族がある。個人の生活設計と家族の生活設計は相互に関係することが多い。②生活目標と

しては、さまざまな項目が考えられるが、主体の発達の側面と生活課題の側面の2つに大別できる。③生活資源としては、能力・技術、時間、人間関係、情報、お金、空間が考えられる。④生活リスクには、病気、事故、災害、失業、望まない妊娠、離婚、家庭内暴力など、多くの項目が考えられる。従来、「縁起でもない」として正面きって取り組まれてこなかった危機管理であったが、現代の不安社会に対応した生活設計の重要な指標と考えられつつある。

⑤生活設計は必ず時間軸を伴うため、設計期間が重要である。設計する主体によって、発達課題・生活課題によって、あるいは生活資源によって、1年くらい先まで、2～3年先まで、5年くらい先まで、10～20年くらい先まで、あるいは生涯という場合もあり、生活設計は重層的なものとなる。

2）生活主体の設計――個人と家族の生活設計

従来は、生活が家族を中心とした世帯で営まれていたため、生活設計は、子どもの教育や主たる家計維持者の万一の場合の遺族の生活保障、さらに家族の介護など、家族のライフイベントとリスクを考えてきた。しかし、晩婚化、少子化の現代社会では家族は所与のものではなく、雇用の流動化を背景に、特に個人の発達に関わる就業設計や、職業能力形成が重視されるようになり、生活設計は個人の発達を基本とするようになっている。また家族・家庭も個人が家族員として形成するものととらえられるようになり、生活設計の起点は個人の生活設計、そのなかで家族の生活設計が考えられるようになりつつある。

こうした意識は生命保険の加入理由にみられる。死亡保障重視、医療保障重視、老後保障重視の理由の各8割、7割、7割は「家族に迷惑かけたくない」ため（生命保険文化センター：2002；174～179）であることからわかるように、家族のための個人の生活設計という形も多い。

3）ライフデザイン――生活目標の設計

生活目標としては、ⓐ主体の発達の側面とⓑ生活課題の側面の2つに大別できる。ⓐ主体の発達の側面からは自分の自分らしい発達・楽しみ（自己啓発、生きがいや趣味など）、職業選択と職業人としての発達、家族選択と家族員としての発達、地域の一員としての発達、健康など、生活領域やライフイベントが

考えられる。ⓑ生活課題（他の人に対する責任や発達の条件・環境づくり）の側面から子どもの教育，住宅，家族の介護，老後が考えられる。もちろんこれは便宜的な区分で，発達と生活課題は不可分の関係にある。

　自分らしい発達は，興味・関心をもったり，好きであること，他の人よりわずかに優れていることに気付く，他の人からの賞賛や与えられた課題などさまざまなきっかけで，「自分らしさ」の芽を発見して，それを育てることであり，これが生涯続けられる。こうした発達の条件づくりや他の人に対する責任も重要な生活目標となる。例えば，老後の経済的な安定や住宅などは，現在も重要な生活設計項目とみなされている。

4）生活資源管理

　生活設計の特徴は，目標実現のための具体的な方法を，資源を動員して探る，生活資源管理にある。このことが，単に将来を思い描いたり，夢を語ることと異なる，生活設計たる所以である。同時に，生活資源の制約によって目標を変えるといった，フィードバックもあり，相互規定的な関係にある。

　生活資源には，原初的には能力・技術，時間，人間関係，情報，お金（お金との交換が可能なモノも含む），空間などが考えられる。生活資源を目標に充当することと同時に，能力をお金に，時間をお金に，お金を時間にというように，生活資源を別の生活資源に変換することも管理の中心となる。資源にはそれ自身に制約がある場合が多く，例えば1日は24時間，1年365日，生涯の年数，発達するものの一定の限界があり，それが制約となる能力や技術，人間関係，情報も入手可能な限界がある。管理は，制約があるなかで，その可能性を伸ばしていく，あるいは先にみたような社会的な資源転換の制度を活用していくことになる。生活資源の面から，例えば，お金と時間の生活設計，関係とネットワークの生活設計，能力の生活設計という個別の生活設計も考えられる。

　生活資源管理で重要なことは，個人レベルの管理が，家族・家庭・世帯，職場，企業，サークル・団体，地域社会，地方公共団体，国家，国際社会，地球規模での社会的管理のあり方に関わり，また社会的管理のあり方（制度や取り決めなど）が個人の管理を規定する，相互規定的な関係にあることである。制度や

5) 危機管理の生活設計

　生活リスクには, 病気・けが, 事故, 災害, 要介護, 失業・転職, 収入の減少, 事件に巻き込まれる, 望まない妊娠, 消費者問題にあう, 配偶者や子どもの死, 離婚, 家庭内暴力, 親族間の争いなど, 多くの項目が考えられ, 近年では, 長生きもチャンスとしてだけでなくリスクとしても対応をする必要がある。

　危機管理の指標としては, ①リスクの確認, ②リスクの評価, ③リスクの処理があり, リスク処理にはさらに損失をもたらす事柄の回避（リスクコントロール）, 損失に対する経済的補填（リスクファイナンス）, 損失からの回復（ポスト・ロスコントロール）がある（藤田由紀子：2001；56）。

　従来, 危機管理の生活設計は, お金という生活資源を充てた保険加入などリスクファイナンスの手法が中心だったが, 現代の不安社会における危機管理の生活設計には, 危機管理能力を高めることが不可欠であろう。原ひろ子が示している危機管理能力は, ①状況を把握する, ②「これはこうなる」という判断を下す, ③各人の立場や状況によって危機的状況をどう把握しているかの認識が違う, ということを想像する, ④今の状況が今後どうなっていくのかを想像する, ⑤今までに想像したこともない状況に遭遇した場合に, そこから何ができるか（復興, 復元・治癒）を判断する, ⑥危機的状況に置かれたときに欲望とどう付き合うかを調整する, ⑦地域社会全体の危機管理（苦しんでいる人を地域としてどのように支えていくのか, 個人の生活をどのように位置付けていくのか）を調整する, ⑧国際的な交流において危機的状況に遭遇したときに意見調整をする, ⑨すべての事態で的確な行動を迅速にとることができる, ⑩長期展望に立った対処のシステムを創造的に工夫する, ⑪情念に流されず, クールに状況を分析・評価し, その結果をその後の対応方針に反映させる, ⑫チームワークの形成・維持や次段階への展開を助長する, などの指標からなる（原ひろ子：2001；172）。

6) 生活設計の実現プロセスと媒介指標——マネープランを例に

　生活設計は, 指標のいくつかを組み合わせた具体的なプランを, 目的に応じ

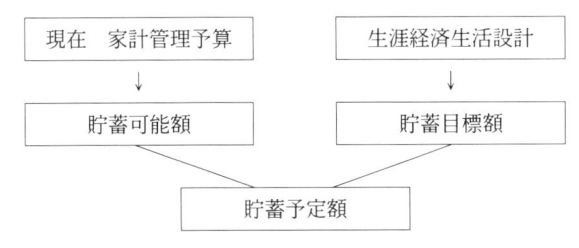

1. 生活設計概念と生活設計指標　199

```
┌─────────────────┐         ┌─────────────────┐
│ 現在　家計管理予算 │         │  生涯経済生活設計 │
└────────┬────────┘         └────────┬────────┘
         ↓                           ↓
┌─────────────────┐         ┌─────────────────┐
│   貯蓄可能額     │         │   貯蓄目標額     │
└────────┬────────┘         └────────┬────────┘
          \                         /
           \                       /
            ┌─────────────────┐
            │   貯蓄予定額     │
            └─────────────────┘
```

図7－1－1　家計管理予算と生涯経済生活設計とのリンク

て作成することになる。ここではマネープラン（お金という資源を媒介にしたプラン）を例に，その留意点を示しておく。お金は，収入，支出というフローとその蓄積であるストックの2つの側面をもち，負債というマイナスの世界ももっている。また労働時間をお金に，お金をモノやサービスに変換できるため，多くの選択肢を提示できる管理対象となるため，その設計も多様に展開できる。

　まず現在の収入と支出，資産・負債があり，収入を，現在の生活目標（負債の返済，消費支出），将来の生活目標（預貯金，保険など）に対応させる（支出する）。収入は，現在までの労働能力や資産からの財産収入，社会保障制度からの社会保障給付（公的年金や失業給付など）に規定される。

　マネープランは，図7－1－1のように，現在（今年の家計管理予算）の貯蓄可能額と生涯経済生活設計から計算された貯蓄目標額とを同額にする（貯蓄予定額）ように，予算と生涯設計をリンクさせながら，今年の予算と生涯設計を同時決定する。生涯設計を可能にし，予算からも太鼓判を押された貯蓄予定額は，実現のための媒介指標なのである。さらに，マネープランはマネー管理と対応させ，どのような金融商品に充て運用するのか，どのような金融商品で資金調達・返済するのかを決定し，財務を遂行する必要がある。先に述べたように，どの金融商品を選ぶかは，このマネープランを基準にして決定できるのである。

7）生活設計の課題

　生涯生活設計は，1人の人間が生涯を意識するための考え方やツールであり，これを中心にみてきた。しかし生活は一個人が自分だけの範囲や期間で完結す

るのではなく，継続性，持続性が生活の本質である。とすれば，次世代を担う人々の生活にどのように配慮していくかという重要な問題がある。もちろん，養育・教育費はその一部であるが，貨幣経済に限定されない生活経済では時間，能力，人間関係，情報をどのように用いていくかという問題がある。

また地球の持続可能性への取り組みは最重要課題でもあり，生活文化・芸術の設計，特に地域の生活文化・芸術は身近な設計課題といえる。生活者の生活設計を起点にして生活文化や地球の展開・保守・持続可能性を組み立てる時代になっているといえよう。

◇参考文献◇
- 金融広報中央委員会『家計の金融資産に関する世論調査』2001
- 生命保険文化センター『生活者の価値観に関する調査』2002
- 総務省統計局『平成12年 家計調査年報』2001
- 総務省統計局『平成12年 貯蓄動向調査』2001
- 原ひろ子『生活の経営』放送大学教育振興会, 2001
- 藤田由紀子「リスクと生活設計」御船美智子・上村協子編『現代社会の生活経営』光生館, 2001, pp.49〜61
- 御船美智子『家庭生活の経済』放送大学教育振興会, 1996
- 御船美智子「21世紀の生活設計をどう考えたらよいか—自己情報の蓄積としての生活設計」『ライフプラン情報ブック』生命保険文化センター, 2001, p.4

2. 将来の社会経済予測と生活設計

(1) 将来予測の必要性とそのあり方
1) 変化・変転の速度と数理的分析

中世の封建制度の時代や資本主義発足当初，すなわち初期資本主義の時代ならば，経済や社会の変化・変転そして発展・向上にはそれなりの速度の"緩やかさ"や規模に応じた"まとまり"があった。よってそこでは〈一時期前—→現在—→踵を接する次の段階〉と，ごく自然的に，さしたる難渋を経ることなしに，時間の流れに応じて連続化して各事象を理解し，把握し，追求すること

もできたが，しかし資本主義は生産と流通の技術革新を契機に，飛躍的行動で生み出されたものであり，この勢いは加速することはあっても決して停滞はなく，この意味でまさに人類文化・社会構造・生産体制・政治機構をめぐる"革命"であった。経済は文化・文明体制の下部構造であって，そこでの変化・飛躍・激動は，体系付けられた諸々の上部構造を揺り動かさずにはおかない。このような時代の将来を，計り知ることはむずかしい。

　しかるに都合のよいことには，学問もまた各分野それぞれに急速に発展した。なかでも"数量化把握""数理的分析"は顕著に高度化した。経済学内にも取り入れられ，統計学理の活用や確率論の応用，大数法則論の導入などがみられた。資本主義の進化・発展につれて，将来予測を求める動きが頻繁となり，「将来」といわれる時間も徐々に長期化した。

　"過去をふまえて現在をみる"に加えて，"現状の把握・分析をもって将来を察する"こととなった。その将来たるやまだまだ近未来に留まっているが，それとて，はるかさ＝遠方＝未来へと及び出す。未来学や予測法などと呼ばれるものが，学術的市民権＝学問的存在是認を得るに至ろう。

2）経済学と予測

　経済学は歴史科学から，将来展望をも兼ねてそのあり方と方向を問われる政策学となった。その内容は「理論・歴史・政策」とされて，一応は現状改善の政策部分は含むものの，今日にあって経済学そのものがより正しく，適切にあるためには「理論・歴史・予測」とあるべきであろう。

　経済学が将来に向けて各部面を予測してその内容を提示すれば，それを調整し，体系化し，体制に合わせて実践することこそが政治の使命であり，本義であり，まさに"政治そのもの"とされる。予測して正しい将来を描き上げるまでが学問の領域であり，義務にして責任である。それをどう活かし，実践し，よりよく活用しながら国民の幸福・富裕・福祉の達成に努めるかが，行政・政府・国家つまり政策担当部所・部位の義務にして責任なのである。

　学問は分析し，理論化し，そして予測する。予測されたものを基礎にして活用しつつ実践に移すと，それが政治である。それらすべてが材料・素材となっ

て組み上げられ、動くところで社会が形成されてくる。社会は結果である。政治は行動である。学理は海図である。

予測は正確なる理論をもっている。概してそれは数量・数字で示しうる。漫然たる思考の遊戯の部分が多く含まれた予測は、実は予測にあらずして予想となる。予想はほとんど役に立たない。予測の部分が極端に減って、予想の部分が限りなく広まるにつれてそれは空想の域に入る。空想は一種の法螺(ほら)であり、出鱈目(でたらめ)であり、漫談(まんだん)である。正しい意味での役には一切立たない。

3）家庭経済学の将来予測

家庭経済学における社会経済の将来予測は、断じて予想であったり、空想であってはならない。人々の生活そのものであるだけに、家庭経済は健全、堅実の一路を歩まねばならず、最も学理の粋であらねばならない。

最近のわが国では長期不況、金融破局、財政破綻、経営逼迫、家庭窮乏、しかして経済・社会・政治の国際環境の悪化、つまり大恐慌発生・到来の雰囲気の高まりのなかで、各種の審議会・検討会、研究会・調査会などが多数に組まれ、活動を開始し、成果や結果を続々と提出・公表しつつあるが、そこでの社会経済・家庭生活に関する部分はとりわけ意図的であったり、作意・作為であったり、願望が多く、希望が強い。

社会経済予測においてとりわけ家庭経済学では中立公正、冷静明徹を心がけるべきであり、実態分析や諸審議結果と提出意見等の冷静な分析・批判に立つ。本稿の姿勢であり、立場である。

（2） 生活設計に求められるものと内容

1）継承と改善

現代日本社会はあまりに多様化し、高度化した。複雑かつ多面的となった。この勢いは止まるところがなく、極限に向けてひた走っている。その波及するところ、社会各層の各人の生活は混乱と錯綜を増す。この一連の不可避的現象に対し、従来から存在してそれなりに高度化しつつ、まことに有益な機能を果たし続けてはきた生活（家庭）経済論とそこでの生活設計論にも、新たな光が

さして拡大・拡充を求められながら、そこにもやはりある種の"学的革命（革命とされるには至らざるまでも改善・改正・改革であることは間違いなく、疑う余地はない）"をもたらさずにはおかないであろう。

　かくて一段と学問は進歩向上するのであるが、とはいうものの同時に従来の学術・学理の破棄や否定、ましてや忘却であってはならない。いささか月並みで平凡であるかもしれないが、「温故知新」「既定の事実から新しい未来の創造がある」。

　"生命の流れ""生活文化の継承"としての人間の営みに関わる生活設計については、「前世代と一時期前の諸成果を受け継ぎながらの持続と、それをふまえての創造・進歩」こそが正しいあり方であろう。"破壊と新奇"ではなくて、"継承と改善"であらねばならない。

2）進歩性を内在する生活設計

　生活設計は、保守的である。保全に努める部分は決して少なくない。もともと生活自身が保守性を多分に内在する。万事の設計は"諸項目・諸条件のやりくりや調整による新しい組み合わせ"であることがほとんどで、そこでは"突飛"であってはならない。突飛は生活の暴走であり、設計での暴投である。ただ保守的な行為とされる生活設計においても、そのなかに将来に向けての発展向上を期する部分、進歩拡大を試みる要素が含まれている場合には、そこに潜在か顕在かの別はあれ、創造性や前進的要素、さらに上昇志向・未来希望・将来期待が認められる。

　近代においてはただ単に過去から築き上げてきた生活内容と体制を継承して守り抜き、それを後代に送り込むだけでなく、有益・有望と思われる"何か"を付け加え、切り開き、それだけ生活と時代を"前に押し進める"ことが強く望まれだした。生活設計論は進歩性の内在を不可欠とされるに至った。

3）横と縦の効用均等

　生活設計を組み上げて実行に移すための基本的原理は、経済学でいう『効用理論』である。限られた経済力・稼得力・収入取得力・収益力・保有貨幣、または、金銭すなわち資金力そして時間をもってして、よりよい生活を築くため

には，まず第一に諸生活種目・項目の消費における限界効用を均等たるべく支出・放出すべきである。次いで各ライフステージごとの消費をめぐっての総効用を均等たらしめるように，おのおのもてる経済力等を投じて費消すべきである。これをいうならば各項目ごとの消費における限界効用と，各ライフステージごとの集計された効用を均等ならしめることである。横と縦の効用均等の達成であろう。

生活設計とあるからには，社会各人のライフサイクルについても考えなければなるまい。世間にはやたらと細かくライフサイクルを区分して考究する者もあるが，現代のように晩婚化，独身＝シングル，同棲，離婚，同性生活，そして国際結婚などが流行しだすと，しかもノーキッズが広まりだすと，度のすぎて

表7－2－1　生活をめぐる収入と支出の各費目・項目

Ⓐ収入面
1. 経常収入＝給与，家賃，地代，年金，利子，ならびに営業や自由業者の平均的・安定的・やや確定的・固定的月収または年収。
2. 臨時収入＝ボーナス，賞与，退職金，不動産売却益，贈与，遺産，ギャンブル利得，謝金または謝礼。

Ⓑ支出面
a．夫婦の日々反復の労働力再生産費，つまり生存して日々歳々働いて収入を得続けるための費用。
b．労働力の世代間再生産費，つまり〈前世代―現世代（自分たち）―次世代〉と続く労働力の受け渡し，早くいえば子女の養育費で，これをもって文化の継承を可能にし，断絶を防ぐ。
c．自己啓発・能力再開発費，つまり日進月歩の世の中に遅れないためにみずから，みずからの労働能力や技術力を高めるための自分からの追加的な教育費の投資。
d．レジャー費，つまりリラックスして能力，体力，頭脳をリフレッシュして，後日にさらに備える。
e．諸税・諸公課つまり税金や社会保障負担，組合費，地域振興拠出，ボランティア費用分担，場合によっては人間関係円滑のための費用拠出・負担。
f．不慮の災難や災害に備える費用蓄積，多くは保険料ならびに一般的貯蓄をもってする。不動産の保有もその1つ。
g．老後生活費貯蓄，長い老後生活の経済的保障のための費用，公的社会保障の不足穴埋めにも活用。

子細なライフサイクルの表示などは無用となってきた。そこで大まかにライフステージを区分し，これを一本につなげてライフサイクル構造を求めるのが正しいであろう。その総括が人生であり，人間的生存と呼ばれる。かくてできた構造表に，各人それぞれに自分の事例をあてはめて，そこでより適正にして適切な生き方を追求すべきであろう。

第1段階──被養育時，概して乳幼児期から小・中学教育期。
第2段階──社会進出のための知識・技能体得期，従来でいう修業時期。
第3段階──結婚準備期，父母・縁者・篤志家等から独立して一戸を構える時期，この時期は同時に生活の基礎固めの時期。
第4段階──新婚ならびに新家庭発足期，ここで子女が授かる。また生活の基礎固めがなされる。
第5段階──人生発展の時期，昇給もあり，昇進もある。知識・技術で長足の進歩があって，仕事がバリバリできる。自営業・自由業であってもおおかた事情は同じ。
第6段階──人生円熟そして一応の成功ならびに目的達成の時期。子女もおおかた仕上がって，独立，飛び去っていく。念願のマイホームも取得・確立。
第7段階──老年前期，引退を考えるか，引退したかの時期。レジャー・趣味追求し出す。
第8段階──老年後期，体力衰え，病気がち。今やおおかた社会の生産現場からは身を引く。自分の死と葬儀を考える。残された老配偶者のその後の生活をも考えておく時期。いわゆる孤独で孤愁が漂う。

図7−2−1　ライフサイクル図

第1段階──幼児期──未就学期──人生予感期
第2段階──児童期──義務教育期──人生発足期
第3段階──思春期──性的成熟期──人生煩悶期
第4段階──教育終了期──就業期・就職──人生目的設定期
第5段階──社会的修業期──結婚期──人生謳歌期
第6段階──子を持つ期──家庭建設期──人生充実期
第7段階──中年活躍期──家族養育期──人生最高期
第8段階──祖父母期──安定思考期──人生平安・引退期
第9段階──老年期──たそがれ期──人生"死"に面する期

図7−2−2　ライフサイクルのもう1つの図

(3) 新しい時代の生活設計とその特徴

1）生活構造論的生活設計

　家族が生き続けるための集合単位としての家庭や家計の"きりもり"にもそれぞれの時代のそれなりの合理性と計画性の追求はあった。〈近代—現代〉ともなると，一応の理性と心情ならびに常識や感性，また社会的な"しきたり"などに根差し，それぞれの家庭に内在し，緩くはあっても規制力のある慣習（それはある程度の慣性（物体が他からの力を受けない限りは，今の状態を保ち続けようとする性質）），惰性をもった生活設計らしきものを形づくってはいた。いよいよ現代は，かかる習慣的なものでは間に合わず，まさにこれからは科学的生活設計が必要とされる時代となった。そこで登場してくるのが"生活構造論的生活設計"という新しい思想であり，学理であり，方策であり，生活科学なのである。

　『生活構造論』，近代または現代における生活主体と生活環境の変化との相互関係を明確にしつつ，社会的な存在としての人間のあり方を追求する。そこには"生命の営み"と環境（社会的と自然的）の変化との相互関連のもとでの整合的適応過程を追求するものである。ただ単に生活と環境の歴史的関わりを明らかにするだけではなくて，あまりにも急激なる現代の環境激変を受けとめつつ，あるいはやむをえず，あるいは進んで各人の生活における対応・適応を考えるところに，新しい概念としての生活構造論が生まれてきた。

2）生活主体と生活構造

　生活主体としての各人は，その自己再構築を絶えず試みるものである。社会的な諸問題を受身の消極的姿勢だけでなく，積極的に，ときには自主的に克服し，活かして利用するという前進的意欲も活発なのである。このことをめぐって新しい文化体系が生みだされつつある。〈個人—親族結合体的家庭—生活主体—社会関係—社会構造—個人・家庭の社会参与—集団参与—生活構造—生活文化〉といった複雑・多角・広域の生活現象を呈するであろう。そこには個人の立場におけるライフステージ論，ライフサイクル論，そして生活設計論が生みだされ，用意され，形成されてくるのである。生活構造は個人の生活を，諸

表7−2−2　生活構造論の一例

構造的要因 生活行動の側面	時間	空間	手段	金銭	役割	規範
生産的行動 （労役）	労働・勤務・作業・活動・協労・創作・加工組立て	家庭生活の時間配分・自由時間と労働役務時間	家構造と内部広がり・住居と周囲環境・便利性	衣・食・住などの消費財所有・配置・帰属・利用	家計構造と生活水準・生活項目費用・収支関係	家族構成・家庭内役割分担・家族協力と扶助	生活態度・生活規範・生活指針・習慣的拘束
社会的行動 （連帯）	外出・交際・会合・連絡・協力・ボランティア						
文化的行動 （知脳）	教養・趣味・マスコミ成果授受・セミナー						
家政的行動 （管理）	家事管理・家族の統合・家族員融和と助け合い						
家事的行動 （実践）	家事労働・買物・調理・ゴミ処理・不用物廃棄・掃除						
生理的行動 （生存）	睡眠・休養・食事・身ぎれい・生殖・治療						

階層と諸集団と，社会環境と社会構造との絶えざる相互影響において追求するところに，社会学的新しさがある。

　生活は一個人や一家庭の思うがままに形成され，設計され，展開されるものではない。それは社会の一産物である。最近ではますます社会的要因を重視する傾向に流れてきた。むしろ生活そのものが社会の産物であるとしてもよい。社会の一細胞なるがゆえに存続しうるということもできる。社会を無視して生活はなく，社会の枠外での生活は考えられない。社会の動きを上手に受け止めて，さらに上手に整理・統合・調整して，もって社会に投げ返すときに，よりよき成果が生活や家庭に帰ってくるであろう。

3）生活構造の変化

　社会各人・社会各家庭のあり方に強く影響する諸要素を列記すると，おおよそ次のごとくなるであろう。影響されてそのもとに家庭がよりよく仕組まれて，より合理的に生活が設計されれば，それこそ生活構造なのである。

208 第7章 生活設計とは

表7-2-3 過去における「『生活の質』の要因比較」研究の例示

環境保護庁研究グループ (1972)	Moss (1968)	コミュニティおよび環境アセスメント委員会 (1972)	Dalkey および Rourke (1971)	青年の個人主義に関するホワイトハウス会議のレポート (1971)
		個人レベル； 不満 過去の人生の出来事 人口学的属性 （年齢，人種，性） 労働運動およびコミュニティへの参加 地位への期待 家計 現状不適合 社会的地位 ライフサイクルのタイプ 可処分所得 財・サービスの総消費量 財産	心理的側面； 恐怖・心配 攻撃 野心 競争 支配・優越 所有欲 慰安 新奇性 その他	個人主義
経済的環境； 仕事の満足感 所得 所得分配 経済的安定	福祉ベネフィット； 公共の援助・扶助 失業 老齢・退職 無能および年金の許容範囲	経済； 景気指標 近隣の平均所得 アブセンティーズム 転職 小売業売上高 生計費 失業		所得および経済的安定 経済全体の進歩 生産的雇用の領域 雇用と生産性
政治的環境； 見聞の広い選挙民 市民的自由 選挙による参加 選挙以外での参加 政府の反応		政治および政府 政府の諸問題の論点 権力への道の開放度 公共性への責任		正義，自由 生活環境
物的環境； 住宅 交通 有形物の質 公共サービス 審美性	住居，環境，公益事業； 住居 物的環境 （高速道路，水，ガスなど）	住居； タイプ 居住上の安定度 密度 有用性		
社会的環境； コミュニティ 社会的安定 文化 物的安定 家族 社会化 レクリエーション	規制および安全； レクリエーションおよび文化 国防 人的資源の開発（教育，健康）	社会性・文化性； 社会的混乱 価値観の一致 社会的受容性 コミュニケーション		一般的健康 訓練，教育，文化
健康； 肉体 精神 栄養		人口； 出生率 死亡率		
自然環境； 空気の質 水質 放射線 廃棄物 有毒物 騒音	住居，環境，公益事業； 空気 自然保護 資源開発	自然環境； 公害 気象の変化 自然資源の利用可能度		自然環境
	一般政府； （一般政府，国際問題，財政）	政治および政府 （政府の財政活動） 一般的サービス； （供給，需要，利用度） 人口； （移住）		

（奥田和彦稿「生活構造研究の今日的視点」（「現代社会学18―特集・生活構造論・現代社会学の論点」pp.50～51，編集・現代社会学会議，アカデミア出版会，1984, Vol.10, No.1））

GrossおよびSpringer (1967)	Wilson (1972)	San Diego 環境発展 (1972)	Flax (1970)	管理・予算局 (1972)
個人および集団の価値観 　特別の価値および信仰へのコミットメントの強さ	個人的地位			
	経済成長 　福祉		所得 失業 貧困	雇用 　労働環境と仕事上の満足感 　雇用の機会 所得 　低所得人口 　所得分配 　個人の所得水準
黒人差別の除去 市民的自由 　マス・メディア 　選挙面での参加	個人の平等 　中央および地方政府 　情報をよく知り，かつ参加的な市民 　プロフェッショナリズム		人種の平等 　コミュニティへの関心 　市民参加	
	技術変化 　生計の状況		住居 交通	居住および物的環境 　居住，生活状況の質 　近隣地区の質 　環境の質
犯罪・非行	教育	社会性・審美性 　住宅の適切さ 　目に見え，かつ審美的な特徴 　ベスト	公共の秩序 教育 社会的分解	教育 　基礎的技能 　高等教育の機会 レジャー，レクリエーション 　利用可能な時間，参加 安全および法的正義 　生活と財産の安全 　犯罪に対する正義
	健康		健康； 　精神的健康	健康 　長寿 　物的・精神的安定
自然環境 　川の流れ 　河口 　湖 　大都市の大気 　廃棄物		大気および水； 　大気の質 　廃棄物 　騒音 生活手段； 　危険物 　廃棄物	大気の質	
都市の状況 　国内の移住 　雇用データ 　有色人種の隔離に関するデータ	農業	土地； 　土地利用 　レクリエーション資源 　植物の成長 　自然資源の滅失		人口

① 経済情勢・景気情況……これによって臨時収入はもとより，経常収入も上下・左右されてくる。
② 生活環境……例えば環境悪化，居住周辺の諸リスクの増大，さらにまた衛生環境の劣悪化等。
③ 交通事情……これが改善または悪化。
④ 生活環境の質的（内容における）変化……若・壮年齢層向きの環境，これは同時に高年齢層の生存環境の悪化となりやすい。
⑤ 過密過疎現象（人口密集度変化）……概して高齢者には住みにくくなる。
⑥ 文化の多様化・高度化・技術化……これによって若・壮年齢層はより生活を楽しみえよう。老人は社会生活・悦楽生存より疎外されよう。
⑦ 住居事情……住宅不足・高層化・集合住宅化・モダン化・コンクリートや石造化等，さらにまた多層化（2階建・3階建住宅等）。これによって生活しやすい人も出るし，生活しにくい人も生ずるであろう。
⑧ 雇用状況……これが悪化は若年層と高齢層（とりわけここに厳しく）には不利で，生活そのものが脅かされることあり。
⑨ 医療保障制度・介護保険制度……弱者は今までよりは生きやすくなる。
⑩ 宗教関係……信仰の自由，宗教団体や施設のゆきわたりで，一部の人，ある種の人は生きやすくなる。心・精神・情緒等が安定し，ストレス克服にはよし。
⑪ 少子高齢化＝人口構成のあり方＝年金事情・事業直撃……これが歪むと生活被害が出だす。その影響は各層各様。
⑫ 食糧事情……家庭生活の楽しみの増減・増幅等。もとより体力・体位の変化＝労働生産力や生産性の向上・低下をもたらす。
⑬ 外国文化の流入＝文化の多様化……生活のおもしろさが増す，生活が向上するとともに煩わしさもふえる。
⑭ 社会公正性・適切性の堅持……なによりも精神安定・ストレス激減，国家や行政さらには社会そのものへの信用度の増加で，生活の明朗性や信頼度が強まる。

⑮ 動物・ペットなどとの関係保持で円滑生活……人間関係が悪化するにつれて，その精神的空間をペットで埋める。新時代の新生活娯楽。
⑯ 世代間の意思の疎通＝情報化促進・達成……生活における世代間協力の達成，文化・技術の継承可能。後継者や後続者の確保・育成，その結果の後代世代の正常・健全なる存在で，生産生活に生きがい。
⑰ 国家・政府・行政への高い信頼度……経済生活も安定し，精神的にも円満たりうる。諸評価も公正となり，生きるうえでの不安・不満・煩悶・煩瑣が減る。
⑱ 時間的余裕……働き蜂，労働蟻の地位脱却が可能。
⑲ 機会提供の適切・適正……これでこそ生活と家庭の段階での自己責任と自助努力と自己保障の力説・強要が可能。

（４）"将来の経済予測"と"将来の生活設計"

激変の時代がくる。世界経済とそこでの政治そして社会が，かつて類例をみないほどに揺れ動いている。そのなかで国土も資源も，今や生産技能までも小粒化し，戦後稼いで貯めた"お金"すら目減りしつつある。日本史上でまれにみる累積赤字国となってしまった。国民はこれにさして気付かず，政府は"知って知らん顔"をしている。

いずれ＝さして遠くない将来に国家財政は破綻するであろう。各家計と生活は危殆に瀕するであろう。そこでごくおおまかにその際の社会経済激変のシナリオを考えてみると，まずは次のごとくに予想できる。

① 超インフレ政策がとられる。機をみてデノミ政策が強行されるかもしれず。
② ますます増税と増負担政策が強行されるであろう。消費税もより強化されよう。社会保障の各制度の保険料・掛金・処出金は増額され，いわゆる受給時の際の一部負担も強化されよう。給付制限・抑制・切り下げは遂行される。各制度間の受給調整もまた強行されよう。
③ ここに"窮乏化現象"と"平等化現象"が同時発生する。低所得者や弱者のところには，所得再分配政策でより資金が流れ，高所得者や富者ならびに

資産家の所得や富がターゲットにされ，ますます厳しく取り上げられたり，吸い上げられたりして，それが下の階層に流される。

④ 国際化現象は避けられまい。政治・経済そして社会・文化の国際化。生活・家庭・生活様式と内容，ことごとくが万国類似化してくる。"鎖国"はありえず，国際社会の一員としてでなければ，繁栄も存続も望めない。なにせ"情報化社会"がますます進むのだから。

さてこのような社会情勢のなかで，それでも〈生産技術の開発──→生産力向上──→物的豊富化──→生活水準の漸次上昇〉はあって，生活設計は以前よりはより出たゆとりを，いかに上手に消費するかに知恵を傾けることになる。外国旅行は依然として流行する。知的生活の前進・拡充・向上が，生活設計のきわめて大きな部分を占める。そこではなんといっても教育・教養が求められる。物的生活から知的生活への切り替え。そこにはおのずから人間関係の重視が求められだすであろう。一方では親子・兄弟・夫婦などの親族的人間関係が弱まるものの，地域・職域などでの同業的・同地域人的・同志的・同趣味グループ的などで，人々がより強くつながるようになろう。

家庭の内容や性格が変わってくる。当然そこでの生活設計も変化をきたす。夫婦別姓と別財布，同居または同棲，シングル，生活場所の移動頻発＝不動産の動産化現象（広い意味での"生活の個性化と個別化"）。全国民中間階級化（中産階級化に非ず），都市と地方との生活接近（水準も内容も）による生活パターンの類似化。外国生活流行。"働き人間（精勤真面目人種）"と"怠け人間（享楽追求型人種）"への二極分解。自助努力・自己防衛派と国家・行政等への依存または依頼派への二極分解。晩婚化とそれによる少子化。そもそもが老後を子女の援助・介護に期待せず，まずは現在生活を尊重しながら，ほどよく国家・政府の生活保障に期待しつつも，なお自分自身で人生の"身仕舞い"を考えている。極貧現象の解消，その代わり尋常に働いていたのでは，決して資産家にはなれない。出世にさしたる価値をおかず，別のところでの人生の価値発見・追求。総じて〈大量生産─大量流通─大量購入─大量消費─大量ゴミ〉。

表7－2－4 老後の生活を心配しない理由と心配する理由

a. 老後の生活を心配していない理由

	総数（老後を心配していない世帯）	十分な貯蓄があるから	退職一時金があるから	年金や保険があるから	生活の見通しが立たないほど物価が上昇するとは考えられないから	十分な貯蓄はないが、老後に備えて着々と準備（貯蓄など）しているから	再就職により収入が得られる見込みがあるから	不動産収入が見込めるから	子どもなどからの援助が期待できるから	親などからの遺産が見込まれるから	その他	無回答
	世帯	%	%	%	%	%	%	%	%	%	%	%
全国（実数）	(871)	11.1 (97)	20.3 (177)	67.0 (584)	23.1 (201)	33.4 (291)	4.7 (41)	11.6 (101)	5.9 (51)	2.9 (25)	11.0 (96)	0.2 (2)
世帯主年齢別 20歳代	(21)	0.0	4.8	28.6	19.0	14.3	0.0	0.0	4.8	14.3	42.9	0.0
30歳代	(64)	1.6	28.1	43.8	12.5	23.4	3.1	3.1	6.3	9.4	28.1	0.0
40歳代	(106)	7.5	32.1	48.1	12.3	34.9	7.5	11.3	6.6	8.5	17.0	0.0
50歳代	(222)	7.2	35.1	64.9	21.2	36.9	7.7	9.9	5.0	1.4	9.0	0.5
60歳代	(270)	16.3	10.7	77.0	28.1	35.9	4.8	14.1	5.6	1.1	7.4	0.5
70歳以上	(188)	14.9	9.0	78.2	28.2	30.3	0.5	14.4	6.9	0.5	5.9	0.5

b. 老後の生活を心配する理由〈問40〉（複数回答）

	総数（老後を心配している世帯）	十分な貯蓄がないから	退職一時金が十分ではないから	年金や保険が十分ではないから	生活の見通しが立たないほど物価が上昇することがあり得ると考えられるから	現在の生活にゆとりがなく、老後に備えて準備貯蓄などしていないから	再就職により収入が得られる見込みがないから	家賃の上昇により生活が苦しくなると見込まれる	マイホームを取得できる見込みがないから	子どもなどからの援助が期待できないから	その他	無回答
	世帯	%	%	%	%	%	%	%	%	%	%	%
全国（実数）	(3,351)	72.2 (2,421)	27.2 (911)	69.4 (2,325)	19.7 (661)	39.3 (1,316)	15.5 (520)	2.5 (84)	3.1 (105)	17.8 (597)	6.9 (232)	0.3 (10)
世帯主年齢別 20歳代	(99)	64.6	31.3	70.7	17.2	45.5	8.1	6.1	10.1	12.1	8.1	0.0
30歳代	(537)	68.7	26.8	67.4	18.1	40.6	10.4	4.1	5.4	9.7	6.1	0.9
40歳代	(785)	75.2	32.4	67.9	17.6	44.2	15.4	3.6	4.3	14.3	8.4	0.1
50歳代	(918)	73.7	32.8	68.4	19.3	40.6	20.3	2.6	2.4	19.5	6.1	0.1
60歳代	(721)	71.4	20.2	73.4	21.6	35.0	16.6	1.2	1.5	24.1	5.4	0.3
70歳以上	(291)	70.8	12.0	69.8	26.1	27.8	10.0	1.7	1.7	23.4	10.3	0.3

(a．b．の2表（貯蓄広報中央委員会作成）の数字は，このところ一定期間さしたる変化をみせていない。)

現今の生活設計を考究するに際し、ここに決定的に注目しておくべきことは、
① 未来先取りの生活設計でなければならない。学理の発達、数理経済の浸透、情報化の進展、そして予測技術の開発などによって、未来・将来のきたるべき変動の相当部分では推測できるはずである。その推測の成果を生活設計に反映させてこその新時代生活設計とされるであろう。
② 国家・政府・行政等の方針と動向を把握し、それに極力沿うべく生活設計を形成しなければならない。彼らは多かれ少なかれ国際的視野をももっていようから、国家・国民の国内的生活設計の要請に対し、それに応えるべく指導・指示は出しながらも、同時に生活設計の国際化にも沿いうるよう努力はする。
③ 長寿化＝高齢化は生活設計にきわめて大きなインパクトをもたらすであろう。おそらくそれは最高・最強に近い。生活設計の主要内容は、"高齢化のなかでの老後生活の保持・安定"にあるといってよい。だがそこにも"自由選択＝選択の自由"に基づく個性化はある。
④ 物的生活の尊重は重んじて、重んじすぎることはないが、それに急接近しつつ、なおまた将来の生活設計は知的満足の追求、精神的充足感の達成、自他ともに関わる生活福祉の実現などに移行しつつある。そこに新時代の新生活設計の真の意義と価値が発見できるのである。

3. ライフイベントと生活設計

(1) はじめに

誕生から墓場までの人間の一生をどの時期のイベントをとっても家計と切り離すことはできない。また、日本社会は明治以来続いてきた人口増から10年以内には初めて減少に転じることが明らかにされている。少子化・高齢・超高齢や、核家族化の一層の進行、特に65歳以上の単身者世帯ならびに65～70歳以上の高齢者世帯の急増加は、目前に迫ってきている。

1991年以降のバブル経済崩壊後から、今日に至るデフレ傾向の状況を考え、生

活設計を立てること自体の是非論をとなえる人がいるかもしれない。右肩上がりの経済生活は期待できない厳しい時代背景のなかにあって改めて，ライフイベントを軸に生活設計を考えるうえでは，イベント自体の主要素とその構成を知り，これら構成要素の設計順位と資金繰りを考究していくことが重要となる。

人間の発達段階ごとに存在するリスクも念頭に置く必要がある。ライフイベントと生活設計についての試論を展開する。

（2） ライフイベント・生活設計と自助努力

平均的な大学卒，就職，結婚，出産，育児，住宅取得，子どもの教育，老後準備といったワンパターン・ライフイベントでは将来を予想することは困難である。人生の生涯家計を通じ個人的生活設計の骨子を考えてみよう。①教育計画（進学・専攻の選択），②職業選択，③能力開発計画，④余暇生活計画，⑤結婚生活，⑥出産育児計画，⑦養育・教育計画，⑧住宅取得計画（ローン開始時期）などが生活設計に重要な要素である。本稿は少子高齢を軸に⑤⑥⑦⑧を中心にみていく。

家庭経営では，家族機能を十分に果たし家族の生活が安定するように配慮することが必要である。しかも長期的展望のもとで，1つずつ目標に近づけていかなければならない。将来の生活がより豊かになると同時に，家族間ではできるだけ公平になるような家庭経営が肝要である。

家計運営は，どうしたら十分な収入が確保し，支出とのバランスが調整できるか，安全性，収益性，利便性などあらゆる方面における運営方法について熟知することは容易ではない。

加えて老後の生活は保障できるのか。現在金利は限りなくゼロパーセントに近く，少額な年金生活では，貯蓄など元本の取り崩し連動も余儀なくせざるを得ない。社会の変動とともにまだまだ不確定な要素が生ずるためにも，家計の営みはある程度の弾力性をもたせることが必要となる。また，自助努力で何ができるかを考えておくことが賢明である。自助努力には図7－3－1・2・3の3とおりが考えられる。まず図7－3－1の基本的な生活設計は，社会保障

第7章 生活設計とは

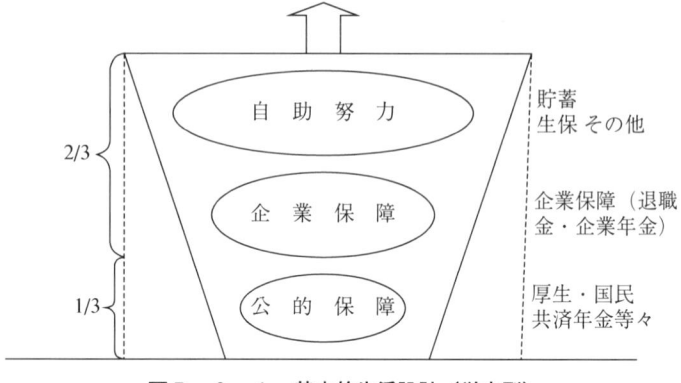

```
     ↑
  ┌─────┐
  │ 自助努力 │   貯蓄
2/3│     │   生保 その他
  │ 企業保障 │   企業保障（退職
  │     │   金・企業年金）
1/3│ 公的保障 │   厚生・国民
  └─────┘   共済年金等々
```

図7−3−1　基本的生活設計（従来型）

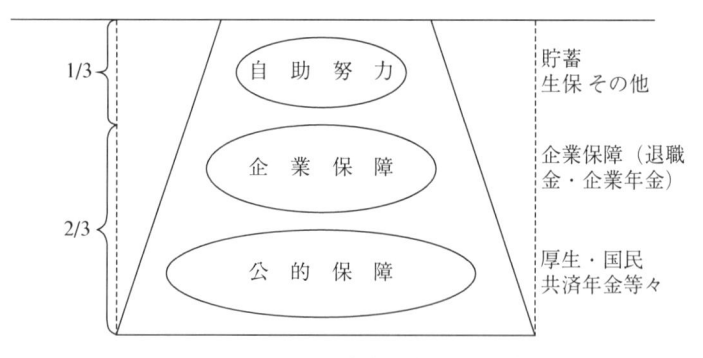

```
1/3│ 自助努力 │   貯蓄
  │     │   生保 その他
  │ 企業保障 │   企業保障（退職
2/3│     │   金・企業年金）
  │ 公的保障 │   厚生・国民
  └─────┘   共済年金等々
```

図7−3−2　安心・安全・豊かさ（理想型）

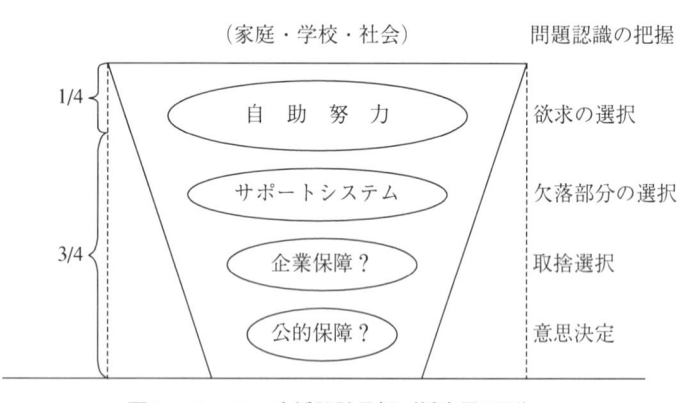

```
     （家庭・学校・社会）     問題認識の把握
1/4│ 自助努力    │  欲求の選択
  │ サポートシステム │  欠落部分の選択
3/4│ 企業保障？   │  取捨選択
  │ 公的保障？   │  意思決定
```

図7−3−3　生活設計目標（将来予測型）

の公的支給部分が低いため，自助努力として預貯金や生命保険などに頼りながら，なおかつ企業保障をあてにすることができていた。しかし，1990年以降のバブル崩壊後の景気は，長引く不況のため依然として低迷している状態である。このため図7－3－2に示す「安心・安全・豊かさ」を求める理想型の保障は徐々に遠のいている。逆にこれからは，図7－3－3のようにますます自助努力が強いられ重要となる。企業保障や公的保障に大きな期待はできない。

そこでは地域社会のサポートシステムが必要となりかつ重要となろう。

（3） ファミリーサイクルと生活設計

生活設計の意義は，生活の主体者がその家族にとってよりよい方向へ向かうことを目標と定めることにある。今日の社会は不確定要素（収入・資産運用）があまりにも多いため設計をより具現化することが大切である。

生活設計は，理想と現実を考慮しながら将来の見通しのもとに計画していく。不確定要素により予期せぬことに遭遇する事態が生じた場合は，設計の変更もやむを得ない。当初の計画に固執することなく，柔軟に対応していく方法をとらなければならない。つまり，目標それ自体の必要性や価値の変化あるいは社会経済的状況や社会政策，社会的価値に対する判断・変更などにより，生活者自体にとって方向修正が求められる。

弾力性とは，現実の生活に適合させるために融通性をもたせることである。このような弾力性を条件とし，設計や計画を立て実施していくことが主体性を十分発揮することにつながる。もし計画に束縛され自由を失ってしまうようなこととなれば，それは本末転倒といわざるを得ない。

（4） 生活設計への対応

わが国の2000年の平均寿命は男性77.6歳，女性84.6歳と世界第1位の長寿国となった。男女の平均寿命の差が年ごとに拡大し，2000年に7.0歳と開いてきている生活には老若男女個人間で差異が生じる。図7－3－4のような「世代別女性のライフサイクルのモデル」を作成し比較してみると，モデルAが1950

218 第7章 生活設計とは

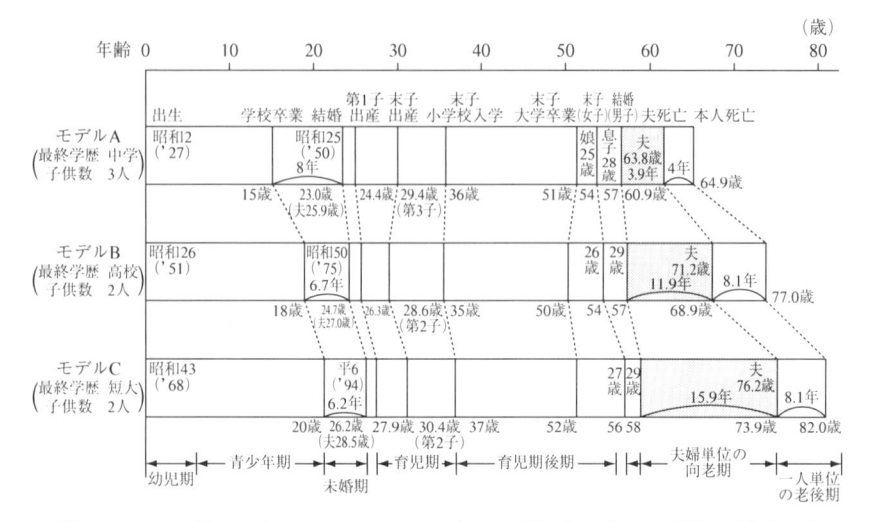

年齢	0	10	20	30	40	50	60	70	80 (歳)
	出生	学校卒業	結婚	第1子 末子 出産 出産	末子 小学校入学	末子 末子 結婚 大学卒業(女子)(男子)	夫死亡	本人死亡	

モデルA
（最終学歴 中学
　子供数 3人）
昭和12（'27）　昭和25（'50）8年　15歳　23.0歳（夫25.9歳）　24.4歳 29.4歳（第3子）　36歳　51歳 54 57　娘25歳 息子28歳　夫63.8歳 3.9年　4年　64.9歳　60.9歳

モデルB
（最終学歴 高校
　子供数 2人）
昭和26（'51）　昭和50（'75）6.7年　18歳　24.7歳（夫27.0歳）　26.3歳 28.6歳（第2子）　35歳　50歳 54 57　26歳 29歳　夫71.2歳 11.9年　8.1年　77.0歳　68.9歳

モデルC
（最終学歴 短大
　子供数 2人）
昭和43（'68）　平6（'94）6.2年　20歳　26.2歳（夫28.5歳）　27.9歳 30.4歳（第2子）　37歳　52歳　56 58　27歳 29歳　夫76.2歳 15.9年　8.1年　82.0歳　73.9歳

幼児期／青少年期／未婚期／育児期／育児期後期／夫婦単位の向老期／一人単位の老後期

（注）モデルおよび夫の出生年は1950，1975，1994年の「平均初婚年齢」より逆算。子どもを出産した年齢は，モデルAについては昭和25年の「第1子，第3子出産時の母の平均年齢」より，モデルBとCの第1子出産は昭和50年と平成5年の「結婚から第1子出産までの平均期間」より，第2子出産は昭和50年と平成5年の「第1子出産時の母の平均年齢と第2子出産時の母の平均年齢の差」より算出。モデルおよび夫の死亡年齢は，それぞれの満20歳時の年の平均余命より算出（ただし，モデルAの夫については昭和22年のものを使用）。
資料：厚生省「人口動態統計」「簡易生命表」「出産動向基本調査（出産力調査）」，文部省「学校基本調査」

図7－3－4　世代別女性のライフサイクルモデルの比較
（総理府編『女性の現状と施策』1995, p.19）

年，妻23.0歳，モデルBが1975年，妻24.7歳，モデルCが1994年，妻26.2歳にそれぞれ結婚している。

　子どもを産み育て，養育・教育を終え，末子が独立し，結婚してから夫婦2人だけで過ごす期間は，モデルA3.9年，B11.9年，C15.9年と配偶者が死亡してから，1人単位の老年期の長さを比較すると，1950年に結婚したモデルAの女性が最も短く4年，次いでモデルBの女性が8.1年，モデルCの女性が8.1年である。国民生活基礎調査（1998）概要をみても，高齢者のいる家族，高齢者のみの世帯，高齢者単独世帯の増加が著しい増加現象となって表れている。

（5） 少子化と出産計画

　各家族間において子どもを何人産み育てるかは，将来に向けた重要な人的資源問題である。最近の子ども向けの本で『日本村100人の仲間たち』（文芸社，2002.1）がある。彼らの目でみると100人のうち65歳以上老人の占める数は18人，15年後25人，45年後32人が老人になる。65歳以上の老人を4人で支え合っていた時代から，将来2人で支えなければならないことは大変な違いがある。日本人口全体でみるよりも「日本村100人」の仲間として考えるほうが，よほど真剣さが違う。日本村100人を子どもを産み育てる親としての視点でみるか，少子化を生き抜く子どもの視点でみるかでは村の見え方は違う。筆者の関係している大学生では，生活設計を考える人が1～2％と少ない。ましてやライフイベントに関する費用についてとなると皆無である。

　日本の人口の特徴は，世界的にみて比較的大型人口（世界第7位），高密（世界第4位）で，その内容は，平均寿命（世界第1位），15～64歳までの生産年齢人口（世界第3位）となっている。

（6） 教育計画と資金計画

　諸外国では「子どもの教育はどこまで親が負担するか」という問いに対して「その子どもがもっている能力によって高等学校ぐらいまで……」という答えが，何の抵抗もなく返ってくる。日本のように小・中・高・大・院卒まで親がかりのところはまれである。

　夫婦が考える平均的理想の子ども数を，3人以上として考えていたのは1940年4.2人，1952年3.5人，1957年の3.6人をピークに，以後激減している。1960年代2.6人，1970年代2.6人を理想としているが，現実の出生数は2.2人と減少傾向が続いている。子どもをもとうとしない理由は，「教育費にお金がかかる」（33.8％『厚生省白書平成10年』）と，「一般的に子どもをもつのにお金がかかる」（37.0％同白書）が突出している。こうした統計をみてもわかるように，子育て教育費は早くから目標を定めた計画が必要となるのである。

　具体的に子どもの教育資金計画を立てるとしても，子どもが小学校入学の頃

から住宅購入の時期と重なることが多い。しかも中学・高校・大学へと進学すればそれなりの費用がかさむことは明白である。子どもが幼少のときから計画的に積み立て，早めに教育資金を準備することが肝要である。

具体的な金額にAIU保険会社が算出した1980～1998年までの推計がある。1998年の数値でみる限り年々高額となっている。したがって，子どもをどこまで（高校卒業または大学卒）教育するか今後大きな課題となるといえよう。図7―3―5は，0～22歳までの日常生活に必要な基本的養育費1,782万円と，幼稚園～大学卒業までの教育費を計算し，国・公・私立別に費用を算出したものである。国・公・私立のいずれを選択するかは本人と親の意思決定による。

基本的養育費の1,782万円は，0歳から成人～大学卒業するまでの22年間，いったいどれくらいの費用がかかるかを試算したものである（表7―3―1）。成長期の育て方や，生育環境・条件，家族構成や男女差などによりへだたりが多少あるが，およその目安となる。例えば，私大文系を選択すると，基本的養育費1,782万円プラス教育費の合計を加え2,948万円が総額となる。

（7） 結婚資金計画

人生のイベントのなかでもハイライト的なものに結婚資金計画がある。費用がかさむために長期間にわたる計画設定として欠かせない。例えばライフコースを歩むなかで，新婚期に向けての準備としては，①配偶者の選択，②挙式，③新婚旅行，④新生活スタートまで一連のなかで資金繰りを考えておく必要がある。ともすると華やか事に夢追うこともあるが，リスクも考えておくことが重要である。

配偶者の選択は年々恋愛結婚志向が高まっている。過去の結婚形態は見合結婚が7割も占めていたが，1965年以後，恋愛結婚が見合い結婚を上回り，1997年以降では結婚した夫婦の恋愛結婚割合は87.9％と9割近い。一方，この割合を年齢別・男女別に志向でみると，女性18～19歳が83.8％，20～24歳で77.7％と高い。これに対して男性は18～19歳で75.3％，20～24歳で73.0％（1997年）となっており，いずれの年代も女性の恋愛志向が高くなっている。

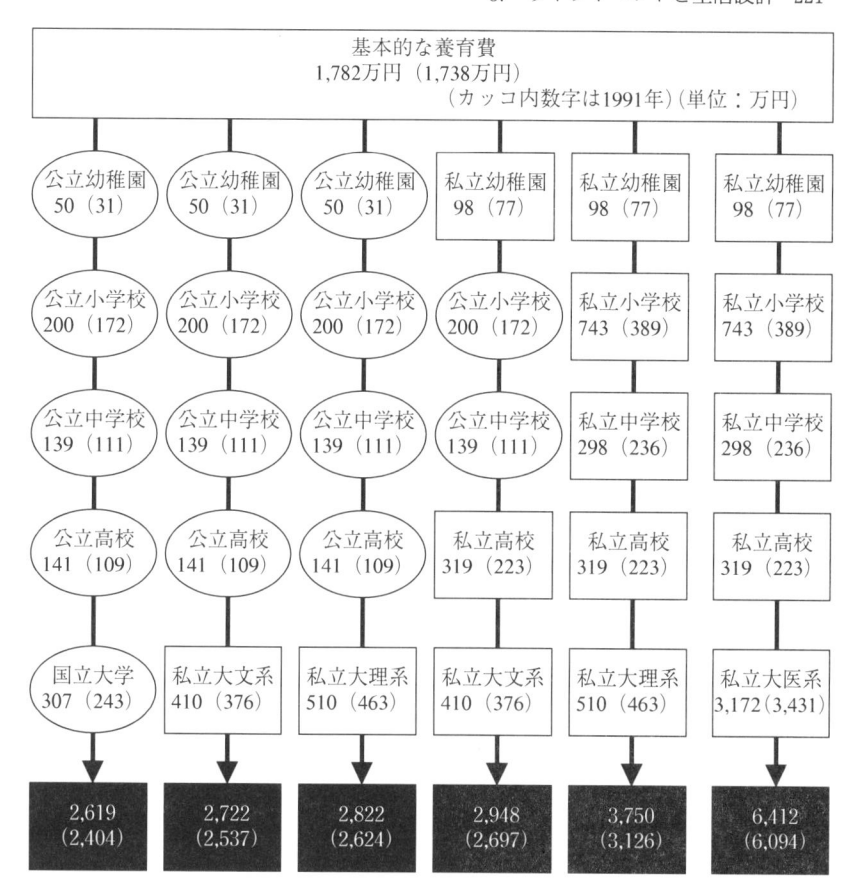

3. ライフイベントと生活設計　221

```
基本的な養育費
1,782万円（1,738万円）
　　　　　　　（カッコ内数字は1991年）（単位：万円）
```

公立幼稚園 50 (31)	公立幼稚園 50 (31)	公立幼稚園 50 (31)	私立幼稚園 98 (77)	私立幼稚園 98 (77)	私立幼稚園 98 (77)
公立小学校 200 (172)	公立小学校 200 (172)	公立小学校 200 (172)	公立小学校 200 (172)	私立小学校 743 (389)	私立小学校 743 (389)
公立中学校 139 (111)	公立中学校 139 (111)	公立中学校 139 (111)	公立中学校 139 (111)	私立中学校 298 (236)	私立中学校 298 (236)
公立高校 141 (109)	公立高校 141 (109)	公立高校 141 (109)	私立高校 319 (223)	私立高校 319 (223)	私立高校 319 (223)
国立大学 307 (243)	私立大文系 410 (376)	私立大理系 510 (463)	私立大文系 410 (376)	私立大理系 510 (463)	私立大医系 3,172 (3,431)
2,619 (2,404)	2,722 (2,537)	2,822 (2,624)	2,948 (2,697)	3,750 (3,126)	6,412 (6,094)

図7－3－5　国・公・私立別教育費
（『AIUの現代子育て経済考』AIU保険会社, 1998, p.2）

表7－3－1　出産～大学卒業するまでの22年間の基本的養育費

（単位：円）

費　　　用	1981年	1991年	1998年
出産・育児費用	480,000	810,000	790,000
22年間の食費	5,100,000	6,580,000	6,920,000
22年間の衣料費	1,650,000	2,230,000	1,690,000
22年間の保険・理美容費		1,560,000	1,490,000
22年間のおこづかい	2,060,000	3,930,000	5,220,000
パーソナル所有費		2,270,000	1,710,000
基本的教育費	9,290,000	17,380,000	17,820,000

（資料：AIU保険会社　1998.）

表7－3－2　結婚資金データ比較

		1977年	1987年	1991年
結婚・総費用		4,202,000円	7,614,000円	7,685,000円
うち挙式・披露宴費用		940,000円	2,504,000円	3,052,000円
うち新婚旅行費用		453,000円	1,010,000円	1,033,000円
お見合い		26.5%	14.8%	9.4%
恋愛		72.7%	85.2%	90.6%
結婚時期の年齢	男	26.5歳	27.9歳	28.1歳
	女	23.9歳	25.3歳	25.8歳
挙式・披露宴会場	ホテル	③19.7%	①38.4%	①48.1%
	一般式場	①33.5%	②32.3%	②24.9%
	公共施設	②20.5%	③15.0%	③9.8%
新婚旅行行き先	国内	67.3%	13.4%	13.6%
	海外	30.3%	84.5%	82.3%

（三和銀行調査レポート　1977, 87, 91年）

　こうした傾向は，結納や披露宴などを敬遠し，事実婚も容認するなど現代女性の結婚観に変化してきている（2000,11月ライフデザイン研究調査）。事実，結婚暦7〜10年以内では3分の2が結納を行っているが，4〜6年で半数，3年以内では3分の1に下がっている。具体的に結婚前には，自己の結婚準備資金にどのくらいの資金が必要となり，どのくらいの資金があれば新婚期の生活を営むことができるかなどを考え，安定収入を確保することが大切である。しかもこれを怠ると予期せぬ事態が発生する。ことに結婚後，新居を確立するか否かでは，生活費稼得にかなりの差が生じてくる。表7－3－2で，結婚資金データを比較すると，1977, 87, 91年の過去14年間に，結婚総費用が1.8倍あまりに高騰している。なかでも著しいのは挙式・披露宴が3倍となっている。これは，ホテル志向が強くなっている現れによる。

　夫側の負担が著しいものでは結納83％，新居91.9％と突出している。これらはいずれも婚前期最後における金銭管理であり，同時に高額であるため，資金準備には相当の時間が必要となろう。こうした傾向は，関東・関西では挙式・披露宴に関する費用は1割程度関東のほうが高いが，新生活準備となる家具・電気製品の購入は関西が6割高となっている。家族生活を始める当初から，住

宅資金，養育費・教育費も考慮しなくてはならない。

　できるだけ早期に資金の捻出を課題達成手段として検討すべきである。この時期いまだ収入はそれほど高額ではないから，支出だけが先行することのないようにしたいものである。

(8) 住宅資金計画

　ライフイベントで最も長期的計画かつ高額な資金準備が必要なことに住宅ローンの開始時期がある。老後の経済計画など考慮すると，いつから始めてよいか具体的な課題が山積している。10年間に及ぶ長期の景気低迷，超低金利で住宅ローンが組みやすい状況にある。しかし，住宅取得金額がかなり高額なため，低金利とはいえ長期のローンが必要となるため早期に開始したほうがよい。例えば住宅ローン返済完了時期を60歳に合わせると，30歳に開始していないと30年ローンを契約するには無理がある。晩婚になっている現在では，早くも新婚期の頃に開始しなければならないケースも出てくる。

　例えば，自己資金1,000万円，借入金およそ2,000万円とした場合の月額返済は，32,000円以上になる。ボーナス併用の6月・12月の場合は，20万円近く返済しなければならない。1990年以降の景気後退，2000年頭初のデフレもあり金利はかなり安くなった反面，不透明な経済情勢ではリスクも高くなっているので，十分検討したうえで実施することが賢明である。同時に住宅ローンを開始する時期には子どもの養育・教育費もかさむため，生活にかなりの負担がかかる。表7−3−3は世帯年収別・住宅取得経費別世帯数であるが，年収500〜700万円未満で1,200〜1,300万円・1,600〜1,900万円程度の住宅を購入している。年収の3〜5倍を超えるこの費用には土地代は含まれていないので実際にはもっと負担額は大きい。理想的には「財形住宅貯蓄」などで自己資金を確実に形成することが将来必要となる。バブル期を過ぎたとはいえ，ローンなしでは住宅取得が得られないのが実状である。

　一例であるが，建売住宅購入者の平均像を表7−3−4に示す（夫の年齢38.3歳，家族数3.5人，世帯年収707.7万円）。住宅ローン返済時期は，子どもの教育期間

表7－3－3　世帯年収別・住宅取得経費別世帯数（1991年）

所得経費 （万円）		世帯年収別					
		200～ 300未満	300～ 400未満	400～ 500未満	500～ 700未満	700～ 1000未満	1000万 以上
住宅新築経費	800～900	10,000	8,000	9,000	6,000	1,000	1,000
	1000～1100	6,000	18,000	19,000	21,000	9,000	2,000
	1200～1300	8,000	18,000	17,000	30,000	15,000	3,000
	1400～1500	6,000	18,000	18,000	29,000	13,000	5,000
	1600～1900	5,000	14,000	15,000	29,000	26,000	12,000
	2000～2400	7,000	14,000	12,000	27,000	23,000	14,000
分譲住宅購入経費	1400～1500	2,000	6,000	7,000	4,000	2,000	0
	1600～1900	5,000	3,000	10,000	18,000	10,000	3,000
	2000～2400	2,000	11,000	19,000	34,000	10,000	3,000
	2500～2900	2,000	4,000	16,000	30,000	19,000	7,000
	3000～3400	1,000	3,000	8,000	24,000	16,000	8,000
	3500～3900	1,000	―	2,000	4,000	8,000	3,000
中古住宅購入経費	700以下	10,000	8,000	4,000	4,000	3,000	1,000
	1200～1300	4,000	9,000	5,000	7,000	6,000	0
	1400～1500	4,000	7,000	5,000	10,000	4,000	0
	1600～1900	3,000	9,000	10,000	23,000	7,000	1,000
	2000～2400	5,000	9,000	10,000	16,000	7,000	2,000
	2500～2900	2,000	2,000	4,000	10,000	8,000	2,000
	3000～3400	0	2,000	2,000	8,000	7,000	3,000

（建設省：平成3年住宅需要の動向による）

表7－3－4　建売住宅平均的購入価格

購入物件価格 （うち手持ち金）	3859.7万円 （1218.0万円）
返済月額	123,300円
住宅面積	107.0㎡
敷地面積	161.9㎡

（住宅金融金庫調査2000年）

表7−3−5　老後の必要資金

		必要生活資金「ゆとりある老後」を目指して月額の生活費を38.3万円とすると	準備済資金公的年金額累計*	不足額老後資金不足金額
	65歳	約2,298万円	約381万円	約1,917万円
60歳の方が80歳まで生きる1.4人に1人	80歳	約9,192万円	約4,663万円	約4,529万円
60歳の方が85歳まで生きる2.0人に1人	85歳	約11,490万円	約6,120万円	約5,370万円
60歳の方が90歳まで生きる3.6人に1人	90歳	約13,788万円	約7,576万円	約6,212万円

（厚生省「平成11年簡易生命表」より）

　生命保険文化センターの調べによると、「ゆとりある老後」を過ごすために必要な資金は月38.3万円となっている。上記の「老後資金不足額」は必要となる老後生活費から公的年金の金額を差し引いたものである。「ゆとりある老後」を過ごすためにはこの金額の退職金や貯蓄金等の自助努力で確保する必要がある。

＊：記載の金額は下記のモデルにて計算しているので，実際の金額は個々で異なる。
　夫：45歳（S31.4.2生まれ），厚生年金加入期間40年，平均標準報酬月額304,138円，平均標準報酬額604,231円　妻：43歳（S33.4.2生まれ），国民年金加入期間40年（平成13年度価格・制度下で試算した場合・5％適正化を反映し，総報酬制を反映）
　（こんなにかかる生活費　『老後の現実』　第一生命保険相互会社）

と重なり負担が大きいため「いつ購入し」「無理なく返済可能金額はいくらか」「いつから開始」するか「借りる金額／返せる金額」を確認したうえでの物件選びが非常に重要である。

（9）　老後の生活設計と資金

　厳しい高齢社会のライフイベント・生活設計で，超高齢期の生活準備，キーワードを「生きがい」「健康」「経済」とするならば，健康で生活を保っていくことができればいちばん経済的であるともいえよう。
　老後の生活資金運営で欠くことのできない厚生年金は，支給年齢が徐々に上がり，1961年65歳（男子），5年遅れて女子が受け取れた。しかしこの時代，一

般的定年が60歳だったため，60〜64歳までは年金の支給がなかったので，老後の生活設計が不可欠であった。最近ではさらに，年金支給年齢が70歳まで徐々に引き上げられる可能性が出てきても不思議ではない。

政策のなかでゴールドプラン・新ゴールドプラン，介護保険制度，年金制度など多様なニーズに対応するための対策もとられている。しかし世界——急速な高齢化現象に対応していくことが困難なこともある。

一度だけの人生を楽しく豊かに暮らすためのイベントに対する設計は，退職金の運用や資産・負債のバランスチックなどをはじめとする安定資金確保を中年からしておかないと，リスクが大きいものがあるので注意を怠らないことが肝要である。

ライフイベントへの経済的生活設計を考える場合，人間それぞれの「生き方」があるように，経済的価値観に基づく「お金の使い方」もそれぞれ異なっている。リスクを生じることも長い人生のなかにはあるかもしれない。生活をネガティブに受身でとらえることなく，自分自身の「生き方」を見つけ出すことが大切である。表7－3－6はその意味で，現在短大2年生が考えていることを年代別にまとめてみた。

(10) ま と め

老後をいかに「豊かな生活」を営むかは多くの人が真剣に考えている。生活設計で大変なのは均衡のとれた収支のバランスを図ることが鍵となり，老後の安定資金をどう確保するかにある。

現在では価値の多様化により人生の生き方が個々に変わり，独身者，キャリアウーマンなど増加している。ライフプランで経済的側面から退職後5〜10年，15〜20年以上と短・中・長期にわたるファイナンシャル・プランを立てることも重要である。

老後資金の中心は，厚生年金，私立共済組合年金，国民年金などがあるが，政策として一本化する方針が出されながら，今日のような状勢ではなかなか先を読むことが困難となっている。支給年齢が上がることは容易に考えられるが，

3. ライフイベントと生活設計   227

表7－3－6　ライフイベントに対する資金準備対策

年齢	内容	
20代	・仕事の目標設定 ・結婚	・必要なスキルの習得 ・貯蓄のスタート
30代	・仕事に集中 ・養育スタート ・退職 ・住宅，育児等の資金の準備 ・年金資金準備	・出産（女性） ・住宅取得の選択 ・育児 ・教育資金の準備
40代	・スペシャリストとしてのクオリティアップ ・教育資金の確保・年金資金準備スタート ・貯蓄と投資運用資金 ・保障のチェックと充足 ・両親のケア・相続対応	
50代	・リタイアメント・プランの検討 ・就業形態の検討（継続・独立・転職） ・子どもの自立，就職，結婚への準備 ・老後の資金確保のプランづくりと人生目標設定 ・保障の見直し ・老後の生活設計準備	
60代	・第2の人生スタート ・家計の見直しと安定収入源（再就職）の確保 ・豊かな人生，生きがいの模索 ・老後の生活設計確認 ・相続・継承問題の検討 ・退職金の運用と資産構成の見直し ・ケア資金準備	
70代	・家族関係の調整 ・資産移転準備（贈与・遺贈） ・ケアの資金確保 ・豊かな生活の追求	

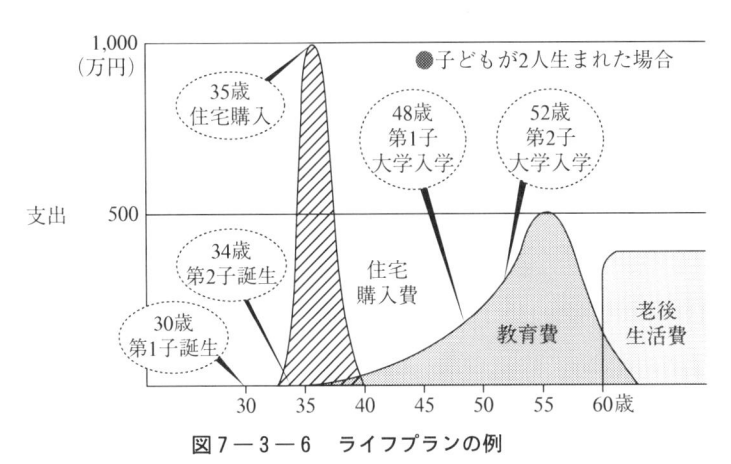

図7－3－6　ライフプランの例
（「私たちの金融教室」2001.11.26，毎日新聞）

前述の少子化問題が出てくると、支給額すら現状維持が保てるかどうかはわからない。このように、年金制度、厚生保険についても先の見通しは暗い。

　子どもが独立後の家計負担は多少軽くなるが、一般的に夫婦2人の老後生活資金はおよそ1億円近くなる試算がある。公的年金でカバーされる部分が徐々に減少すると、個人年金・個人貯金負担が増大し、冒頭の自助努力への重みが増大する。中・長期的設計を立てた社会情勢に柔軟な対応がとれてこそ「豊かな生活」を営むことができるのである。その意味で、日本経済の動向と専門金融機関の情報に対して関心を高める努力を怠らないことが設計上最重要となる。

　高齢社会・超高齢社会（国連によれば各国々で65歳以上人口比率が7％以上の場合「高齢化社会」、同14％以上の場合「高齢社会」、同21％以上の場合「超高齢社会」として分類している）の到来は、深刻な少子化に伴う生産年齢人口の減少が生じているだけに、家族システムが崩壊した今日では、逆に地域社会システムの確立を充実させることが早急に望まれるのである。

4. 経済的準備計画

（1）危機に立つ家庭経済

　現在、家庭経済は危機に瀕している。ここでは、さまざまな経済指標により危機の状況を描き出したい。

1）増加する失業者

　新世紀（2001年）になってから深刻な雇用状況が続いている。完全失業者数、完全失業率、非自発的失業者数、長期失業者数、有効求人倍率が相次いで過去最悪の記録を更新している。

　2002年4月の完全失業者数（原数値）は375万人と前年同月比27万人増え、2001年4月以来13カ月連続で前年を超えた。完全失業者のうち倒産や失業などによる非自発的失業は161万人と過去最多となり、自己都合で失業した104万人を大きく上回った。長期失業者（失業期間1年以上の者）数が103万人と過去最高を更新し、完全失業者数に占める比率は30.4％と3割を超えた。失業期間

が長くなる傾向が読みとれる。

　完全失業率は2001年11月に5.5％と4カ月連続して最悪記録を更新して以来，やや改善傾向にある。しかし，この改善は数値のうえでの出来事であり，手放しで喜べない。完全失業率は労働力人口に占める完全失業者の比率であり，完全失業者は，現在失業中であるが仕事を探している人，である。完全失業者が求職活動をやめると非労働力人口に分類されてしまい，失業率の計算から除かれてしまう。

　非労働力人口は106万人増加した（前年同月比）。このうち，25〜34歳の非労働力人口の増加が目立つことから，失業率の改善には，職探しを断念した若年層が増加したことが影響しているのであろう。

　2002年4月の有効求人倍率（季節調整値）は0.52倍となり，過去最悪を記録した2月の0.50倍に比べてわずかながら改善傾向にある。0.52倍とは，求職者の2人に1人は職が見つからないという深刻な状況を示している。求職者数よりも求人数が大幅に増加しなければ，有効求人倍率のいっそうの上昇は見込めないであろう。求職者の希望と企業の求人条件とが合わないという「雇用のミスマッチ」を解消するためには，求職者の能力開発への支出（人的投資）も必要となろう。

　就職難は若年層にとっても深刻な状況である。若年層の失業率は高いままで，下がる兆しがみられない。学校卒業後に就職先が見つからない失業者（学卒未就職者）は近年増加傾向にあり，2002年3月には29万人（総務省「労働力調査」）と，前年同月とほぼ同数であった。2002年3月末時点の高卒者の就職内定率は89.7％と，前年同期より3.1ポイント低く，過去最低であった。90％を下回ったのは1977年の調査開始以来初めてである。求人倍率は1.26倍と，前年より0.05ポイント低く，過去最低であった。他方，4月1日時点の大卒者の就職内定率は92.1％，短大卒者のそれは90.2％で，各々2年連続の増加であった。大卒就職率は2000年以降やや好転していることから，企業が新卒採用を短・大卒に比べて高卒を抑えている様子がわかり，高卒の就職希望者にとっては依然として厳しい状況が続いている。

2002年3月の日本銀行「企業短期経済観測」によれば，企業の雇用人員判断指数（「過剰」マイナス「不足」）は，大企業製造業36と過剰感が高く，業績改善のために，今後，人員削減も予想される。

2）減少する家計所得

厚生労働省「毎月勤労統計調査」によれば，企業（従業員5人以上）の2001年の1人当たり現金給与総額は，前年比1.2％減少した。これは，景気悪化により前年後半から残業時間が減少し，所定外給与（残業代）が4.2％と大幅に減少したためである。また，実質賃金も0.5％減少した。実質賃金の減少は2年ぶりである。2001年の消費者物価は0.8％下落したが，これを上回るペースで賃金が低下したのである。家計の所得状況がいっそう厳しくなったことを示している。現金給与総額を就業形態別にみると，正社員などの一般労働者は0.5％減少，パート労働者は1.2％減少と，パート労働者は事態がいっそう深刻である。

総務省「家計調査」によれば，2001年の勤労者世帯の1世帯当たりの実収入は前年比で実質0.8％減と，4年連続で減少した。

2002年になってからも労働時間や給与は減少している。日本経済新聞社の調査によれば，2002年春闘の平均賃上げ率は1.64％と過去最低を記録し，36業種のうち34業種で前年の賃上げ率を下回った。3月の製造業の所定外労働時間は13ヵ月連続で，税込現金給与総額は11ヵ月連続で，各々前年同月に比べて減少した。

3）足取りの重い家計消費

家計消費は実質国内総生産（GDP）の約55％を占める（2001年）。雇用悪化と家計所得の減少により，消費も減退傾向にある。総務省「家計調査」によれば，2001年の全世帯の1世帯当たり消費支出は30万8,692円（1ヵ月平均）と，前年比で実質1.8％減少した。これは9年連続のマイナスである。2001年12月の全世帯の消費支出は前年同期比実質6.6％減と，石油ショック後の1974年2月以来約28年ぶりの減少幅を記録した。

また，2001年の勤労者世帯の1世帯当たり消費支出は33万5,042円（1ヵ月平均）と，前年比で実質0.9％減少した。これは4年連続の減少であり，1964年以

降で初めてのことである。2001年12月には前年同期比実質4.4％減と，1999年12月以来の減少幅であった。

世帯属性別では特に高齢無職世帯の家計が厳しい。可処分所得が1999年以降，前年より減少したのに対して，消費支出はそれほど減らないため，平均消費性向が増加しつつある。可処分所得だけで消費を賄えない状況にあり，赤字の拡大を預貯金等の取り崩しで補っていると考えられる。

2001年の単身世帯（学生を除く）の消費支出は前年に比べて実質1.9％減少した。これは2年連続のマイナスであり，減少幅は2人以上の世帯よりも大きい。特に，35歳未満の消費支出が実質5.8％と大幅に減少した。消費の牽引役と期待される単身世帯でも消費の低迷が際だってきた。

販売側の動向からも消費不振は明らかである。2002年4月には全国百貨店売上高は前年同月比2.5％減少し，全国スーパー売上高は1.2％減と41カ月連続して，家電販売額は10.1％減と10カ月連続して，外食既存店売上高は7.1％減と53カ月連続して，各々前年同月に比べて減少した。2002年1月以降，家計消費は一進一退が続いている。雇用の悪化と将来への雇用不安，賃金引き下げにより，消費の本格的な回復はいまだむずかしいといえよう。

4）加速する少子高齢化

厚生労働省「人口動態統計（概数）」（2001年）によれば，合計特殊出生率（女性が生涯に産む子どもの数）は1.33と過去最低を記録した。これは，国立社会保障・人口問題研究所「日本の将来推計人口」が予測した1.34という見通しを下回っている。「日本の将来推計人口」では，合計特殊出生率は今後1.39で安定すると予測されていた。これは人口維持に必要な2.08を大きく下回り，2007年以降，人口減少が始まることになる。

「日本の将来推計人口」に基づく年金の保険料試算によれば，2025年度の厚生年金保険料は月収の31.9％（労使折半，年収の24.8％）に達する。これは現在の17.35％（年収の13.58％）の約1.8倍である。国民年金保険料は月29,600円と現在（13,300円）の約2.2倍となる。しかし，これまでの推計よりも少子化がいっそう進むならば，少子高齢化と人口減少が公的年金制度や医療保険制度の財政

悪化や，労働力不足による経済成長の停滞をもたらすであろう。国民に対する情報の十分な開示と選択肢の提示が求められる。

5）増大する生活不安

日本リサーチ総合研究所「消費者心理調査」（隔月）によれば，2000年にほぼ130前後であった「生活不安度指数」は2001年以降ぐんぐん高くなり，12月には158にまで達した。2002年になってからも150台の状況にあり，生活不安が高いままであることがわかる。

内閣府「消費動向調査」（四半期）によれば，2000年にほぼ40台を維持していた「消費者態度指数」は，2001年以降低下し，12月には36.9にまで下がり，2002年3月には38.4となった。特に，「雇用環境」指標は2002年3月に24.8となり，雇用に対する消費者意識の悪化が著しい。

厚生労働省「人口動態統計（概数）」（2001年）によれば，自殺者は約2万9,300人であった。1998年に3万1,000人と過去最悪になって以来，交通事故による死者の約3倍という高い水準が続いている。離婚件数は約28万6,000件と過去最高を記録した。リストラ等による雇用悪化や将来への不安が人々の心理に悪い影響を及ぼしているのであろう。

物価は近年下落傾向にある。物価下落により実質購買力は高まることになるから，消費にプラスと考えられる。しかし，物価下落が長期化し，デフレ予測が高まると，消費の先延ばしが生じることになる。また，物価下落による企業の収益悪化は雇用の減少や賃金引き下げをもたらし，消費にマイナスの影響を及ぼす。今後も物価下落が続くと，こうした「デフレ・スパイラル」の悪化が懸念され，雇用や消費の回復が遅れる可能性がある。

2001年の狂牛病（BSE，牛海綿状脳症），遺伝子組み換え原料問題，原産地の虚偽表示や不正な品質表示に続き，2002年には国内無認可の食品添加物を使用した食品の回収騒ぎが起きるなど，家庭の「食の安全」が脅かされる事態が続いている。内閣府調査（2002年5月，4,326人回答）によれば，1年前に比べて食品に「表示されていることが信用できなくなった」と思う消費者が78％にも達した。食品に正しい表示をさせるために必要と思うことでは，「表示違反があっ

た場合はすぐに公開する」が58％と最多であった。虚偽表示を防ぐためには違反業者に対する罰則の強化や行政指導・立ち入り検査の強化などが求められる。

現在の経済社会システムは，人口増加や終身雇用，所得上昇を前提にしてつくられたものである。そうした前提が崩れてしまった以上，現在のシステムはもはや機能し得ない。また，このシステムを基本とする生活設計も，もはや成立しなくなった。将来については，なお予測不可能な不確実性やリスクもある。

今日，経済的準備の必要性がますます高まっているのである。国や自治体に頼ることなく，家計の「自己防衛」に努めなければならない。

（2） 生活におけるリスクへの対応

これまで生活設計のなかでは，ライフイベントと並び「病気や災害への備え」などとして扱われていた生活における予測し得ないリスクについて，生活設計のなかにあらためて位置付け，今後の方向につき考察する。また，個人や世帯における対応の背景をなす，社会保障など社会的資源やそれら社会的環境醸成への視点についても触れる。

家庭経営，生活経営分野では，経営学など他分野のリスクマネジメントを参考とし，それを再編成するかたちでリスクマネジメントの研究が進められてきた。また，生命保険・損害保険業界は，経済的生活設計プランを提示し，生活設計におけるリスクマネジメントの理論的根拠を提供してきた。しかし新たな理論に基づき，個人あるいは世帯がリスクに対しどう対応すべきかという具体的方法や指標については，検討が始められた段階であるといえる。

金融業界の再編，規制緩和に伴って，自己責任がますます求められる今後の情勢において，個人あるいは世帯はリスクに対応するための指針をどこに求めたらよいのか。「生活におけるリスク」とは，「個人および世帯において，その構成員および資産の存在を傷つけ，脅かすなど生活経営の資源に不利益をもたらす可能性と状況」である[1]。このような状況は，生活していくうえで多く存在するが，発生する対象でとらえると，世帯の構成員や個人など"人"に関わる場合と，世帯や個人が所有し，使用・利用する"もの"に関わる場合があり，

具体的に次のようなケースが考えられる。

・人に関わるもの

①個人または世帯の主たる稼ぎ手の失業，②個人または世帯員の疾病・傷害・死亡・老齢化など，③個人または世帯員の他人に対する損害賠償責任

・ものに関わるもの

①個人または世帯員が生活するために必要な商品やサービスの購入，あるいは土地・住宅，金融商品など資産の購入・所有の際に生ずる契約トラブル，欠陥による事故，②自然災害，社会情勢の変化による損害や資産価値の減少・喪失など

そしてこれらに対応する「生活経営におけるリスクマネジメント」とは，石名坂 (2001) によれば「生活システムの存続・発展のための環境変動への適応であり，その主体的な働きかけ」であって「生活経営の目的に沿い，生活におけるリスクの影響を最小化するための意思決定と実行の過程」である[2]，と説明される。つまり上記のような，生活に不利益をもたらす可能性と状況を回避し，その影響を最小にする意思決定・実行の過程ととらえることができる。

一方藤田 (2001) は，1990年代に入り収入減少のリスクを経験して，生活設計にリスクマネジメント概念が取り入れられたとし，具体的にその考え方を提示する。「リスクマネジメント」は，①リスクの確認，②リスクの評価，③リスクの処理という3つのプロセスからなり，リスクの処理は，さらに (a) リスクコントロール（損失をもたらす事柄を回避する），(b) リスクファイナンス（損失を経済的に補填する），(c) ポスト・ロスコントロール（損失をもたらす出来事が起こってしまった後の回復を促す）に分けられる，とする。そして経済的準備というのはその部分をなすリスクファイナンスであったとする[3]。つまりリスクマネジメントは，生活に不利益をもたらす可能性と状況を回避するため，それを「確認をし，評価し，処理する」こと，そしてその処理の内容は「発生の回避，損失への経済的補填，損失からの回復」であって，経済的準備計画は，その一部にあたる「損失への経済的補填のため」であるととらえられよう。

（3） リスク対応の手段

　世帯および個人の生活において，生活に不利益を与える可能性を最小にする処理段階では，通常，リスクの予防，回避，軽減策，また対応のための資金の手当てを行う方策等が考えられる。これらは公的・私的保険，社会福祉など公的サービスも含めて考慮される必要があり，広くはそれらの社会的・経済的環境をつくり上げていく生活態度も考慮されねばならない。

　そしてリスクに対する認識と評価，つまり分析と測定の結果により，知識を得，習熟して，設備を整えるなどの予防，回避，軽減策が行われるが，本項で問題とされるのは，損害発生時の対応のためとされる，経済的準備である。ここでは，処理のなかでも主要な，その経済的準備に焦点をしぼり検討する。さらにその準備過程で今後必要とされる留意事項についても，併せて提示する。

1）経済的準備計画

　生活におけるリスクへの対応に関する経済的準備計画は，リスク（危険）にさらされているものが集まって危険を分散させるしくみを構成する，保険が中心になると考えられる。リスクの発生する客体によってこれを分類すると，人保険，財保険となるが，ここでは生活のなかで検討することから，私的保険としては生命保険，損害保険，公的保険としては年金保険，健康保険，介護保険など生活におけるリスク対応に応じた分類による。

2）経済的準備過程での留意事項

　近年，金融の自由化，規制緩和，業界の再編が進み，生活設計の経済準備計画においても，選択肢が増加している。しかしそれは同時に，準備計画自体においても，経済・金融情勢や為替リスク，商品の特質からもたらされる資産の減価，また金融機関破綻などのリスクの増大を意味する。そこで，まずは経済的準備計画段階での，リスクに対する基本的留意事項を列挙しておこう。経済的準備計画において，留意すべき事項は次のようなことがらである。

① まず基本原則として，経済設計プラン，金融商品の選択，金融機関の選択すべてが，自己責任に基づくものであり，成果も損失も自己の将来に影響を及ぼすことを認識する。

② 金融商品全体についての知識を深め，そのリスクを認識し対応の方法を学ぶ。通常リスクとリターン（収益性）は関連が深く，ハイリスク・ハイリターンなどといわれる。またリスクには，株式・為替などの相場が変動する価格変動リスク，為替変動リスク，金融機関の経営に対する信用リスク，換金の自由度に対する流動性リスクがある。

③ その対応には，各金融商品のリスクおよびリスクを避ける方法を知り，約款，パンフレット，ディスクロージャー誌，格付け，金融機関の説明も参考にする。その説明に対する評価も金融機関選択の資料となる。

④ 消費者保護の法律である金融商品販売法，消費者契約法（いずれも2001年4月施行）による規制の内容を知り，トラブルの際は国民生活センター，消費生活センターなどに早めに相談する。金融商品販売法では重要事項に関する説明義務，義務違反の場合の損害賠償請求，勧誘方針の公表などにつき定めている。消費者契約法は，事業者が契約時，重要な情報を伝えなかったり，勧誘の際の不退去など消費者を困惑させる行為を行ったときなど，消費者に契約取消の権利を与えている。

⑤ 金融機関破綻の際に保護される，預金保険制度，投資者保護基金，保険契約者保護機構などの制度，内容について知り，万一の際にも損失を最小にするよう配慮する。

3）経済準備計画の指標

経済準備計画は前述のように自己責任に基づく個人の選択によるが，世帯・個人におけるリスク対応の中心となる，生命保険・損害保険また公的保険の現況を検討，主として世帯主年齢別にみた指標の参考とする。次に生命保険・損害保険のこれまでの推移および公的・私的保険の世帯主年齢別現況を検討する。

まずこれまでの生命保険・損害保険の年次的推移を，表7—4—1でみよう。「保険料合計」は，火災保険料，自動車保険料，損害保険料など，いわゆる損害保険の保険料の合計で，全世帯の年間当たりの消費支出に対する割合は，1975年から2001年まで順次増加し，「保険純増」として示す，保険掛金から保険取金を控除した，いわゆる生命保険の勤労者世帯の1カ月当たりの費用割合

4. 経済的準備計画　237

表7－4－1　1世帯当たり保険料の年次推移

単位：円，%

年次	全世帯（1年間当たり）					勤労者世帯（1カ月当たり）			
	消費支出	保険料合計	火災保険料	自動車保険料	損害保険料など	可処分所得	保険純増	保険掛金	保険取金
1975年	1,895,786	12,634	6,441	5,146	1,047	215,509	7,738	8,547	809
1980〃	2,766,812	29,199	12,034	12,948	4,217	305,549	15,825	17,051	1,226
1985〃	3,277,373	45,393	15,874	18,954	10,567	373,693	22,699	24,586	1,887
1990〃	3,734,084	57,006	14,089	26,594	16,323	440,539	31,211	33,973	2,762
1995〃	3,948,741	72,922	12,883	35,220	24,819	482,174	40,192	44,494	4,302
2000〃	3,805,600	87,359	10,286	37,987	39,076	472,823	36,663	41,203	4,540
2001〃	3,704,298	87,237	10,529	37,478	39,230	464,723	35,756	41,056	5,299
1975年	100.0	0.7	0.3	0.3	0.1	100.0	—	4.0	—
1980〃	100.0	1.1	0.4	0.5	0.2	100.0	5.2	5.6	—
1985〃	100.0	1.4	0.5	0.6	0.3	100.0	6.1	6.6	—
1990〃	100.0	1.5	0.4	0.7	0.4	100.0	7.1	7.7	—
1995〃	100.0	1.8	0.3	0.9	0.6	100.0	8.3	9.2	—
2000〃	100.0	2.3	0.3	1.0	1.0	100.0	7.8	8.7	—
2001〃	100.0	2.4	0.3	1.0	1.1	100.0	7.7	8.8	—

注）　1．自動車保険料は自賠責と任意を合計したもの
　　2．損害保険料などは，損害保険料と自動車以外の輸送機器保険料を合計したもの
　　3．保険純増は保険掛金から保険取金を控除したもの，保険掛金は掛捨てでない保険料
（総務省統計局『家計調査年報』各年版より作成）

表7－4－2　世帯主年齢別1世帯当たり保険料（平成13年）

単位：円，%

世帯主年齢	全世帯（1年間当たり）					勤労者世帯（1カ月当たり）			
	消費支出	保険料合計	火災保険料	自動車保険料	損害保険料など	可処分所得	保険純増	保険掛金	保険取金
平均	3,704,298	87,237	10,529	37,478	39,230	464,723	35,756	41,056	5,299
〜29歳	3,014,152	73,899	4,203	43,626	26,070	328,927	17,541	19,034	1,493
30〜39	3,399,218	85,225	5,041	39,813	40,371	434,467	33,657	34,947	1,290
40〜49	4,207,252	96,455	8,262	42,826	45,367	494,273	40,106	43,936	3,830
50〜59	4,333,640	112,778	12,663	47,273	52,842	521,926	43,129	49,693	6,563
60〜69	3,392,488	78,433	13,884	31,564	32,985	384,237	21,788	38,000	16,212
70〜	2,954,542	50,136	12,629	18,133	19,374	392,540	13,483	24,316	10,833
平均	100.0	2.4	0.3	1.0	1.1	100.0	7.7	8.8	—
〜29歳	100.0	2.5	0.1	1.4	0.9	100.0	5.3	5.8	—
30〜39	100.0	2.5	0.1	1.2	1.2	100.0	7.7	8.0	—
40〜49	100.0	2.3	0.2	1.0	1.1	100.0	8.1	8.9	—
50〜59	100.0	2.6	0.3	1.1	1.2	100.0	8.3	9.5	—
60〜69	100.0	2.3	0.4	0.9	1.0	100.0	5.7	9.9	—
70〜	100.0	1.7	0.4	0.6	0.7	100.0	3.4	6.2	—

注）　1．自動車保険料は自賠責と任意を合計したもの
　　2．損害保険料などは，損害保険料と自動車以外の輸送機器保険料を合計したもの
　　3．保険純増は保険掛金から保険取金を控除したもの，保険掛金は掛捨てでない保険料
（総務省統計局『家計調査年報』平成13年版より作成）

表7－4－3　世帯主年齢別1世帯当たり公的・私的保険料（平成13年）

勤労者世帯（1カ月当たり）　　単位：円，%

世帯主年齢	実収入	非消費支出	社会保険料	可処分所得	保険純増	保険掛金	保険取金	社会保障給付
平均	551,160	86,437	48,232	472,823	36,663	41,203	4,540	20,359
〜29歳	378,537	49,610	33,366	347,477	21,442	22,421	978	7,644
30〜39	507,738	73,271	45,010	431,874	34,973	36,492	1,520	7,566
40〜49	587,821	93,548	53,326	512,512	41,213	44,238	3,024	7,207
50〜59	630,830	108,904	57,637	530,014	43,510	48,657	5,147	9,392
60〜69	445,596	61,359	28,635	388,470	21,280	35,853	14,573	101,905
70〜	440,284	47,744	13,767	376,515	9,290	28,398	19,107	195,733
平均	100.0	15.7	8.8	100.0	7.8	8.7	—	—
〜29歳	100.0	13.1	8.8	100.0	6.2	6.5	—	—
30〜39	100.0	14.4	8.9	100.0	8.1	8.5	—	—
40〜49	100.0	15.9	9.1	100.0	8.0	8.6	—	—
50〜59	100.0	17.3	9.1	100.0	8.2	9.2	—	—
60〜69	100.0	13.8	6.4	100.0	5.5	9.2	—	—
70〜	100.0	10.8	3.1	100.0	2.5	7.5	—	—

注）　1．保険純増は保険掛金から保険取金を控除したもの，保険掛金は掛捨てでない保険料
（総務省統計局『家計調査年報』平成13年版より作成）

も，損害保険を上回る勢いで増加している。年を追って高まるリスク対応への関心の高さを示している。

次に表7－4－2と表7－4－3により，世帯主年齢別にリスク対応への傾向をみる。

表7－4－2の，表7－4－1と同じ分類で示す，私的保険料の「保険料合計」は，40歳台を除き，20歳台から50歳台間で増加し，60歳台，70歳台と急激に減少する。また生命保険の費用である「保険純増」は，20歳台から40歳，50歳をピークに増加し，60歳，70歳台で急激に減少する。公的保険の費用である健康保険，雇用保険などの合計を示す「社会保険料」も，生命保険と同様，20歳台から40歳，50歳をピークに増加し，60歳台，70歳台で急激に減少するのである。40歳，50歳台は活動の最盛期で，リスクも，またその対応への関心も高まるが，60歳台，70歳台では世帯の縮小やリタイアとともに保険に対する費用は減少し，保険金などその対応の結果を受け取る年代となっていることを示している。

準備計画の詳細を示すことはむずかしいが，21世紀は豊富な選択肢の反面，リスクも高まる時代である。リスク対応への原則にみるように，自己責任による対応の検討が迫られている。また社会保障の背景をなす社会的環境の醸成についても，市民としてのコンセンサスを形成する時期が到来している。

◇引用文献◇
1）馬場紀子・磯村浩子「家庭における生活危険とその対応」『生活の経済学と福祉』建帛社，1993を参照
2）石名坂邦明『リスクマネジメントの理論（6版）』白桃書房，2001
3）藤田由紀子「リスクと生活設計」御船美智子・上村協子共編著『現代社会の生活経営』光生館，2001，p.54

◇参考文献◇
● 馬場紀子・磯村浩子「家庭における生活危険とその対応」『生活の経済学と福祉』建帛社，1993

- 石名坂邦明『リスクマネジメントの理論（6版）』白桃書房, 2001
- 金融広報中央委員会『金融商品なんでも百科』金融広報中央委員会, 2001
- 藤田由紀子「リスクと生活設計」御船美智子・上村協子共編著『現代社会の生活経営』光生館, 2001
- 橘木俊詔編著『ライフサイクルとリスク』東洋経済新報社, 2001

5. 総合的生活設計と生活主体

(1) 生活主体
1) 生活主体の質の変化

人間の生活を「生活主体」と「生活環境」に2分し，主体と環境の相互作用だととらえれば，従来の生活指標には生活主体の存在感がなく，生活環境とりわけ「生活資源」の「静的状態」を「量」として数値化し表示されたものが多かった。本書のなかで何度か指摘された点であるが「人（生活主体）」を欠いた生活指標は，個人の生活を「よりよく変革していく」道具になり得ない。そこで本稿では，人が総合的に生活設計をすることで，人が生活をとらえる目線がいかに変わっていくか，いわば「生活主体」の「質」の「変化」に注目した。

＜生活指標で何を測るか＞

従来の生活指標　　本稿で目指す生活指標

生活資源	→	生活主体
量	→	質
静的状態	→	行動を通じた変化

2) 人生を料理するための生活指標

「数字がうそをつき，うそつきが数字をつくる」これは，リチャード・ニクソン大統領の司法長官，ジョン・N・ミッチェルのお気に入りの文句であった。客観的指標にみえても実は指標作成者の意図が含まれていることは多い。うそつきのつくった数字に踊らされないためには，生活者視点からの生活指標チェッ

クが必要である。ローレンス・コトリコフはミッチェルの言葉をうけて「数字はたくさんあるし、数字を調理する方法もたくさんある」といいなおしている（コトリコフ，1993）。

　コトリコフを真似て、生活設計を、生活の糧（生活資源）を食べるために献立をたて、数字を調理し、糧を味わう過程と考えてみよう。人は各人異なった食文化で育ち、現在の体調も異なる。食事は自分の五感全身で感じとって評価する。自分の舌の感触で味わったものは、やがて血となり肉となり、生活主体の身体を形成していく。従来の生活指標で記録されてきたのは、いわば何カロリー、どのような栄養素を摂取したかであり、誰とどのように食べておいしかったかといった視点をもつ記録ではなかった。生活指標が人生の指標・料理書となるためには、材料や人にあわせた調理時間方法を提示し、さまざまな素材の組み合わせが必要である。

3）個性的生活と総合的生活設計

　生活設計は、生活主体が生活選択をするための技であり、「自分らしい生き方を」という目的をもつ方向性のある動きを支える手段である。

　生活圏が狭く限られていたときは、生活の指針は、生活の知恵といわれる伝承された知識や慣習、集団の掟や長の指令、世間体など自分自身の外部にあった。もちろん経験を蓄積し、身をもって覚えることも多くあったが、体験した本人のみが習得しうる技であった。阿部謹也が「世間」と「社会」の違いとして説明したように、世間では個性的な個人は存在し難い。世間では自分自身が内省して個性的な生活の指針を築くのではなく、世間の掟という外部の所与の生活指針を受け入れて生きていた。

　貨幣のように客観的に資源の量を示す生活指標は、慣習や伝承といったわかり難い指針でなく、明確な値のある目標・評価基準となる。ただし、「目指せ！売上目標の100％達成」といった集団としての目標および達成度の数値が無批判に一人歩きすれば、その社会の生活は画一的になり、没個性的な大衆化・管理化を助長することになりかねない。

　自分らしさを確立するために重要であるのは、生活指標を「総合」「統合」

する過程である。それぞれの人は生活の現場で，生活領域ごとに細分化・指標化された生活資源を，計画主体として自分なりの価値観で総合化し，重要性・優先順位を判断しつつ収斂させ決断し，行動する。さらに結果を評価主体として評価する。その過程で，個性的な生活様式が創造される。時には行動の前と後で違った新たな自分自身が創造される。それが生活主体の質の変容であり生活主体の形成となる。

　生活設計は個人が自分の可能性を開発するための技であり，個性の尊重という同じ目標に共感できる人を組織していくことで，多様性のある社会を形成する手段にもなる。

（2）主観的指標と生活主体
1）QOLスケール：腎臓移植の前と後の時間軸変化

　主観的指標をいかに扱うかは，むずかしい課題である。具体的な尺度の例として腎移植患者の生活調査で用いたQOLスケールを検討してみる。ここで示したQOLスケールは，Ahlsiöらによって脳卒中患者に用いられたもの（図7−5−1）を，腎臓移植患者に応用したものである。質問は「あなたの生活全般について，下の2本の線の目盛の100が100％満足できる状態，0が全く満足できない状態をあらわしていると考えた時，移植前（透析時）と移植後（現在）のあなたの生活全般の満足度がどの位置にあるか，2本の線の上にそれぞれ×印をつけて下さい」という問いに対し，10センチの2本の線で，腎移植前と移植後（現在）の生活全般の満足をスケールで示してもらった。

　1985年に北里大学で調査を行い，腎移植を経験した89人から回答を得た結果を紹介する。調査時点は，臓器の移植に関する法律が1997年に施行される12年前である。腎臓移植の多くが親族からの生体腎移植であった。回答した89人は移植前には透析のために週2〜3回の通院を余儀なくされていた。調査時点で移植が成功し生着していた55人は透析から解放されていたが，34人は非生着で再透析中であった。

　図7−5−2に示されるように，生着と非生着でのQOLスケールのスコア

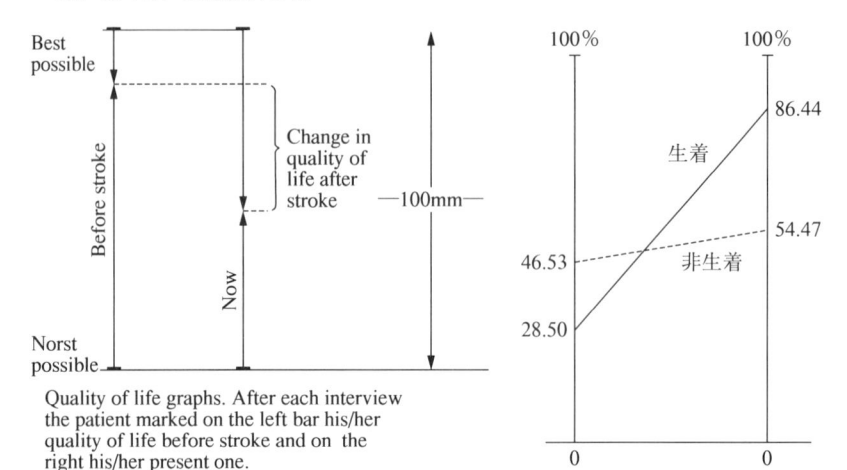

図7-5-1　脳卒中患者に用いられた
　　　　　QOL スケール
〔Ahlsiö, B., et al;Disablement and
quality of life after stroke, stroke15(5)〕
　　　　（堀越・上村，1986, p.78より）

図7-5-2　腎移植生着・非生着者の
　　　　　QOL スコア変化
　　（堀越・上村，1986, p.78より）

の変化に差がある。生着の場合，スコア平均は急上昇している（28.50→86.44）。だが期待が大きすぎて生着しても移植前より移植後にスコアが下がる人もいる。なお非生着であっても，平均すれば移植経験後スコアが上昇している（46.53→54.47）点に注目されたい。

　さらに同じ調査で，5つの項目（身体状況，社会生活（仕事への制限），余暇生活，暮らし向き，生活満足度）で5段階評価を行った。身体状況や仕事での制限などで生着の場合と非生着の場合で明らかに差がある。しかしその生活満足度では生着（2.3→3.8　+1.5），非生着（2.2→3.7　+1.5）と満足度の増加に大きな差がみられなかった（図7-5-3）。

2) 目標達成と「危機を超える」こと

　QOL スケールを用いて，腎臓移植患者の生活変化について，①移植前と移植後を比較し，変化をみることで腎臓移植が生活にもたらす影響をとらえた，②主観的な満足度指標を2種類用いて，その他の指標とも併せて主観的指標を決定する要因を考えた。

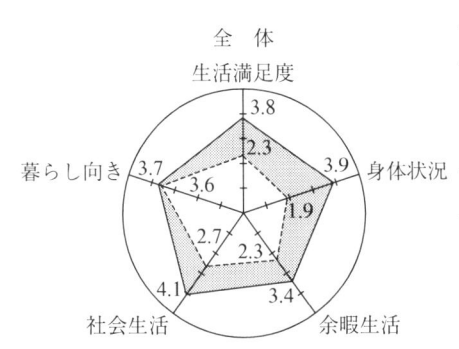

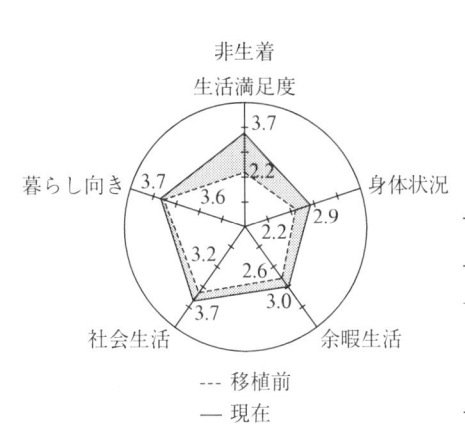

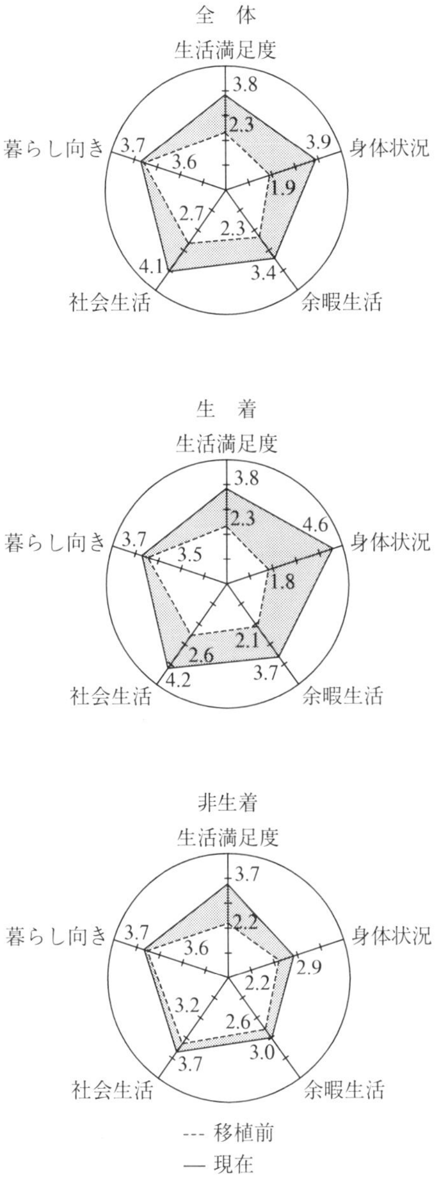

5. 総合的生活設計と生活主体　243

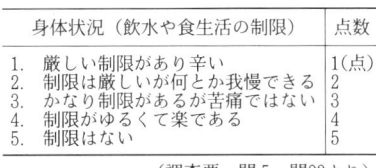

身体状況（飲水や食生活の制限）	点数
1. 厳しい制限があり辛い	1(点)
2. 制限は厳しいが何とか我慢できる	2
3. かなり制限があるが苦痛ではない	3
4. 制限がゆるくて楽である	4
5. 制限はない	5

（調査票　問5,問23より）

社会生活（仕事への制限）	点数
1. 実質, 仕事はできなかった	1(点)
2. しばしば仕事を休むことがあった	2
3. 休むことはないが思うように仕事はできなかった	3
4. 仕事をする上で多少の制限はあった	4
5. 制限はなかった	5

（調査票　問8,問24—28より）

余暇生活（趣味・スポーツの制限）	点数
1. 趣味やスポーツをしたいと思う気持ちの余裕がなかった	1(点)
2. 趣味やスポーツをやろうとしたが制限が多くまったくできなかった	2
3. 制限は多かったが、時には趣味やスポーツをしていた	3
4. 多少制限はあったが、趣味やスポーツをしていた	4
5. 制限はなかった	5

（調査票　問9,問30より）

経済状況（暮らし向き）	点数
1. やっとその日を送っており生活に不安があった	1(点)
2. 食べていくのに精一杯で全然他のものには手が届かなかった	2
3. 食べていくほうの心配はまずないがまとまったものには手が届かなかった	3
4. ぜいたくとはいえないが, 暮らしに必要なものはまとまったものでも買えた	4
5. 一般と比べて恵まれた生活を送っていた	5

（調査票　問12,問35より）

生活満足度	点数
1. 非常に不満	1(点)
2. 少し不満	2
3. どちらとも言えない	3
4. まあまあ満足	4
5. 非常に満足	5

（調査票　問13,問35より）

図7－5－3　生活水準5段階指標にみる移植前後の生活
（上村・堀越, 1987, p.138より）

結果をみると，腎移植の成功という目標達成の成功＝QOLの向上，目標達成の失敗＝QOLの下落という単純な図式ではなかった。もちろん目標にチャレンジし，工夫し，努力し，そこで得た成果として新たなステップを進む過程で人は成長する。目標を掲げること，成功し高い評価を自他ともに得ることが，生きる意欲につながることはいうまでもない。生着者のスコアの上昇＞非生着者のスコアの上昇という結果が示された。

しかし，原ひろ子が危機管理で指摘するように，「今まで想像したことがない状況に遭遇する」のが真の危機である（原ひろ子，p.172）。目標を立て，その達成のために邁進している状態で他の大切なものを失う場合もある。例えば思いがけず身近な家族を失ったとき，人間は今まで「大事だと思っていたこと，ものが重要でなくなり，ほんのわずかな何かがとても大切になってきた。そして身のまわりの多くのものが不要になった」（柳田邦男，p.18）という体験をするという。想像していなかった喪失を乗り越える力を蓄えることが危機管理である。

他方，目標達成に失敗しても，チャレンジする過程で思いがけず得るものは多い。非生着の生活満足度上昇の数値からは，生活主体の質とその変化が読み取れる。家族の腎臓を移植しそれが生着しなかった場合でも，QOLが下がるとは限らない。危機を乗り越えたとき，より大きな生活主体の質の変化（可能性の拡大）をもたらされる。

既存・所与の「うそつきがつくった数字」を工夫もなく並べ目標や基準を設定し，結果を評価するところからは，生活主体の生活選択に寄与する本質的な生活指標は生まれない。問題を抱えそれを超えようと生活する人を見つめることから，生活主体の質の変化を簡潔に説明できる生活指標が生まれてくる。

（3）「政策評価指標」と「生活設計指標」
1）納税者としての国民の視点に立った政策評価

行政機関が行う政策の評価に関する法律（平成13年6月29日法律第86号）が平成14年4月から施行され，各領域で政策評価が実施されつつある。政策評価に

ついては，本書においても高橋桂子・鈴木真由子により，オレゴン・モデルの紹介等がなされている。ここでは，家計と関わりのある財務省をとりあげ，財務省平成14年度政策評価実施計画で用いられる指標を検討して，行政の政策評価における生活主体からの生活指標について考えてみたい。

政策評価実施において掲げられた財務省の使命は「納税者としての国民の視点に立ち，効率的かつ透明性の高い行政を行い，国の財務を総合的に管理運営すること……」であり，政策評価の目的の1つは「納税者としての国民に対する説明責任（アカウンタビリティ）を果たすこと」とされている。

47の目標等（総合目標9，政策目標33，組織運営の方針5）を設定し，対応する「指標373」をもとに実績評価を行う。ただし373指標のうち，客観的に測定可能な定量・定性的な指標「業績指標」は60にすぎず，社会情勢の把握・分析および事務運営の参考としモニタリングするための「参考・モニタリング指標」が313である。利用者満足度に関する業績指標は「来署納税者の好感度」「税務相談室における面接相談の満足度」「税関相談制度の運用状況」「税関広報に関する評価（認知度・好感度）」など，納税者として財務省との関わりのなかで細かく分断された一瞬の満足度でしかない。実績評価は次の評価基準でなされる。

①指標等に照らした目標の達成度
②目標を達成するための事務運営のプロセス（施策・活動の手段や進め方）が適切，有効かつ効率的であったか
③結果の分析（特に目標未達成の場合の反省点の把握）が的確に行われているか
④当該政策自体の改善や，政策評価システムの改善について有益かつ積極的な提言がなされているか

2）政策評価指標と生活設計指標をつなぐ

現在用いられている財務省政策評価の利用者満足度の指標でとらえられるのは，限られた生活の一断面である。生活は総合的なものである。断面をつなぎあわせたとき何ができるか。例えば，税金や社会保険料といった非消費支出の負担の軽重について質問されれば，通常負担が軽いほうが望ましいと答える。他方，自分の生涯を通じて考え，また家族や地域や国内外のさまざまな人との

関わりや次世代の人の暮らしなども含め，自分の将来生活への貢献を考えどの程度の負担が可能かと質問されれば，答えは違ってくる。どのような情報を与えられ，どのような状況で，いかに質問されたかによって結果は違う。数字はつくられるのである。

　各種政策を生活主体の側から評価するときには，総合的把握がされることが望ましい。ある生活条件の人にとって，1つの政策・制度は「その他の政策・制度と結びついて」どのような成果をあげることが可能か不可能かを明確化することが必要である。透明であるということは，単に隠されていないということではなく，政策の相互関係が見通せることも要件になる。生活設計の主体とは，全体的な生活を統括して1つの判断を下す人である。政策評価に反映させることが望まれるのは，生活設計主体の生活指標である。

　社会を遮断したところに生活はない。社会に向けて自分を表現（この場合，政策評価）することで社会が変われば，社会における自分の位置を確認できる。また社会の政策のなかに自分を位置付けることで，自分の生活内部の設計を見直す契機になる。社会参画すれば，社会の方向性と，自分の生き方との相互関係が確認できる。政策評価を通じて，評価をして生活主体の質を変え得るような，例えば政策評価指標として活用し得る生活設計指標の開発が課題となろう。

（4）　自己決定と社会変革
1）変える力と自己決定

　自己決定【個人の自由意志に基づく生活設計・ライフスタイル選択】がもつ意味を3点あげておきたい。
① 　自由な選択の本質的・根源的な意味：人間的な生活の有り様は，本来個々人で異なった経歴・生活文化を基盤とした個別なものである。とりわけ私的（プライベート）生活の領域においては，外発的（外部からの不当な圧力）ではなく，内発的（自発的）欲求に基づく自由な選択が尊重されることが人権の根幹であり，人間的生活の根源である。
② 　自己決定が開発する生活選択能力：自己のライフスタイルを自らデザイン

し選択し表現する自己決定の機会・場がありチャレンジすることにより，各々の個人がもつ生活選択能力が発達していく。個人が潜在的にもつ能力（可能性）の限界まで，自分の人生として実現する能力開発には，創造的に自己を表現する機会・場が必要である。御船美智子が「自己情報（自分についての，自分による，自分のための情報）」と呼んだ生活設計の機能は，内発的欲求を精選し新たな自分を創造するために有益である（御船，2001.4）。

③ 社会参画と主体形成の相互作用：「合理的な愚か者」とアマルティア・センが呼んだ利己的な人間像ではなく，他者の存在に関心をもち，他者との相互作用・相互関係のなかから自分自身の価値と社会的な価値を形成していく主体形成の技としても生活設計は有効である。自己決定（自分の意思を表明し選択・行動しその結果を自分自身でひきうける）経験を蓄積することにより，自分が社会を構成しているという積極的主体認識が形成される。すべての人に公正に主体形成の機会が開かれていることが必要である。

図7－5－4の内部に自己を形成し外部に働きかける力に示そうと意図したものは，生活設計し社会参画することを通じて社会を変え，自分自身を変革する力である。自分の存在を表現する個性的生活を選択し，多くの人と共感し共同し外部に多様性のある社会を構築する。内部に人格を形成する力や外部に働きかける力を生み出すのは，生活をよりよく「変える力」となる生活指標であ

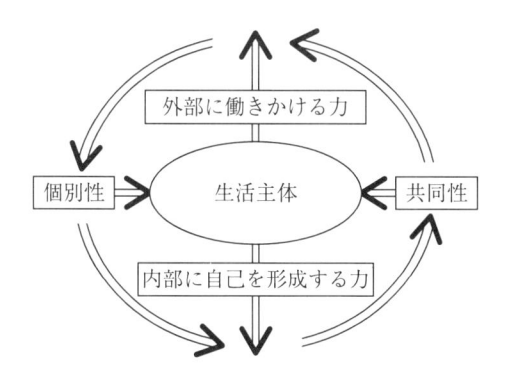

図7－5－4　内部に自己を形成し外部に働きかける力
（上村協子『生活と経営』p.11より作成）

る。また，生活指標を常に点検し，よりよい生活，よりよい社会を実現しようとする一貫性をもった生活主体である。

2）生活主体の形成

　生活主体の質の変化について考察してきた。生活主体の質の変化をもたらし得るのは，自己決定によるライフスタイルの選択である。選択を可能にするためには社会の仕組みと結びついた生活指標が不可欠である。

　本稿で目指したものは，「生活主体の質の変化」を指標化してとらえる視点とその意義を考察することであった。生活主体の質の変化とは，「人間開発」「生活者になる」「人間回復」などと表現されるものと同じ含意がある。人間は自己決定によって，生まれ死んでいく生涯の生活の場（地域）で，広い基盤で共有できる財産の上に他者と共感し内発的な欲求を洗練させながら共同生活を組み立て，営利を目指すとともに非営利活動に参加する生活の豊かな全体性を認識することができる。総合的生活設計は，生活の豊かな全体性を認識し，多様な生活スタイル・生活選択を支える社会を実現する生活主体形成の技である。

◇参考文献◇

- 阿部謹也『学問と世間』岩波新書，2001
- アマルティア・セン『貧困の克服　アジアの発展の鍵は何か』集英社新書，2002
- 上村協子・堀越由紀子「生活者としての腎移植患者」『臨床透析』3巻2号，1987
- 上村協子『生活と経営』産能大学，2002
- 上村協子「高額な家計と生活・生活の質を問う　1」『家政学雑誌』53巻1号，2002
- 国際連合開発計画「消費パターンと人間開発（人間開発報告書）」国際協力出版社，1998
- 財務省「平成14年度政策評価実施計画」2002
- 堀越由紀子・上村協子「QOLスケールにみる腎移植患者の生活観」『臨床透析』第2巻第4号，1986
- 原ひろ子『生活の経営』放送大学教育振興会，2001
- 御船美智子『生活者の経済』放送大学教育振興会，2000
- 御船美智子・上村協子編『現代社会の生活経営』光生館，2001
- ローレンス・コトリコフ著，香西泰訳『世代の経済学』日本経済新聞社，1993
- 柳田邦男『犠牲への手紙』文春文庫，2001

索　引

【欧　文】

capability rest …………169
Ecological Footprint …159
GDP …………………………7
GNP …………………………7
ILO ……………………137
NNW ………………………7,10
NSI …………………………11
PDCA サイクル …………54
PLI …………………………12
QOL スケール …………241
SI ……………………………7,10

【あ】

愛知県農山漁家生活実態
　　調査 …………………25
愛知県農山漁村の生活水
　　準指標 ………………25
アウトカム指標 …………50
アウトプット指標 ………51
アンペイド・ワーク …138,140

【い】

生きがい …………………94
育児・介護労働 …………139
意思決定 …………………146

【う・え・お】

ウエイト付け ……………49,57
栄養家計簿 ……………110
エンゲル方式 ……………127
沖縄県社会指標 …………32
オレゴン・モデル ………50

【か】

格差縮小方式 …………127
家計 …………………………69
家計管理 ………………141
家計管理予算 …………199

家計消費 ………………230
家計所得 ………………230
家計の共同性 …………126
家計の個別性 …………126
家計診断 ……………116,166
家計調査 ……………112,116
『家計調査年報』 ………120
家計の個別化 …………126
家計分析の手法 ………135
家計簿 …………110,115,145
家計簿記 ………………115
家計簿をつけ通す同盟 …117
『家事教科書』 …………118
『家事経済訓』 …………118
『家事経済綱要』 ………118
『家事経済論』 …………118
家政学 ………………………68
家政理学 ……………………69
家族協定 ………………138
家族の向上生活 ………167
家族モデル ……………105
過疎地 …………………171
価値 ……………………146
価値の家計簿 …………149
活動領域 ………………………13
家庭会計 ……………………69
家庭経営 ……………97,184
家庭経営学 …………………68
家庭経営評価軸 ………168
家庭経済学 ……68,69,202
家庭経済環境指標 ………37
家庭経済研究 ……………62
家庭経済主体指標 ………37
家庭経済診断 …………163
家庭ごみ ………………101
家庭生活の診断 ………185
貨幣経済 ………………200
簡易豊かさ診断票 ……176
環境家計簿 …………110,151
環境カルテ ……………160

環境共同書 ……………161
環境への配慮 …………187
環境報告書 ……………160
環境問題 ………………101
完全失業率 ……………229

【き】

危機管理 ……………194,244
危機管理能力 …………198
基準 ……………………146
基準の設定 ……………113
基礎的消費生活 ………167
基本的養育費 …………220
客観的基準 ……………114
教育計画 ………………219
教育資金計画 …………219
行政評価 …………………50
業績指標 ………………245
金融経済 ………………193
金融広報中央委員会 …191
金融商品 ……………194,199
金融商品販売法 ………236
勤労者総合生活指標 ……11

【け】

経営の改善目標 ………163
経済的準備計画 ………235
経済予測 ………………211
計量タイプ ……………152
結婚資金計画 …………220
「元気が出る地域づくり」
　　県民意識調査 ………87
元気度 ……………………87

【こ】

公共料金 ………………102
厚生年金 ………………225
厚生年金保険料 ………231
高度情報社会 …………193
幸福感 ……………………94

効用理論 …………………203
高齢化社会 ………………228
高齢社会 …………………228
国民純福祉 ………………7,10
国民生活指標………………11
国民年金保険料 …………231
個性的生活 ………………240
個別家計 ……………162,164
個別経済……………………67
個別支出割合 ……………133
個別指標……………………40
個別指標値…………………35
個別配分 ………129,133,135
個別評点 …………………133
混合タイプ ………………153

【さ】
埼玉県生活指標……………32
最低生活費 …………127,128
佐賀県豊かさ指標…………32
参考・モニタリング指標
　　　……………………245

【し】
ジェンダー・ヒエラルキー
　　　……………………138
時間 ………………………112
時間調査 …………………144
資金運用計画 ……………191
自己決定 …………………246
自己情報 …………………193
自己責任 …………………194
自己破産……………………99
資産形成・保障計画 ……191
支出科目分類 ……………119
自助努力 …………………215
市町村指標 ………………172
実績評価 …………………245
実用家計簿 ………………119
指標項目の選択……………56
社会参画 …………………247
社会指標 …………………7,10
社会生活統計指標…………10
社会的固定費 ……………121

社会保険料 ………………238
社会保障給付 ……………199
就業設計計画 ……………191
集計分析 …………………164
就職難 ……………………229
充足度………………………74
住宅資金計画 ……………223
住宅ローン ………………223
収入関連生活 ……………167
住民参加型の生活指標……46
住民ニーズの把握…………54
重要度 …………………49,74
主観的基準 ………………114
生涯生活設計 …………69,199
消費支出 …………………167
消費支出の分類 …………112
消費者契約法 ……………236
消費者態度指数 …………232
消費単位 …………………128
情報 ………………………146
将来予測 …………………202
職業能力形成計画 ………191
食の安全 …………………232
食費関連科目 ……………121
新国民生活指標……………12
診断指標 …………………166
診断プロセス ……………169
人的資源 …………………111

【す】
水準均衡方式 ……………128
スコア化……………………49
ストック …………………111
住みやすさ…………………87

【せ】
生活 ……………………70,207
生活課題発見型………………9
生活環境 …………………239
生活環境の調査 …………164
生活経済 ………………64,66,72
生活経済学会………………63
生活経済現象………………70
生活経済指標作成の目的…35

生活経済指標の主体………54
生活経済指標の体系化……36
生活経済指標の対象………53
生活経済簿 ………………110
生活構造の変化 …………207
生活構造論的生活設計 …206
生活資源 …………111,196,197
生活資源管理 ……………197
生活実態把握型………………8
生活指標 ………………8,97,239
生活指標研究…………………6
生活者 …………………67,70
生活主体 ……………196,239
生活診断 …………………163
生活設計 ……191,202,214,215
生活設計指標 ……………195
生活設計の意義 …………194
生活設計の意味 …………195
生活設計の主体 …………246
生活選択能力 ……………246
生活大国研究………………73
生活大国5か年計画………73
生活の保障 ………………168
生活の豊かさ指標 ……11,16
生活評価軸…………………13
生活不安度指数 …………232
生活・福祉水準測定型………8
生活扶助基準 ……………129
生活保護基準 ……………127
生活保護基準額 …………129
生活目標 ……………185,196
生活リスク ……………196,198
生活領域 …………………186
生活領域指標………………35
政策評価 …………………244
成熟社会 …………………192
精神的豊かさ………………94
静態的指標…………………55
生命保険 …………………236
生命保険文化センター
　　　……………191,196,200
世界女性会議 ……………137
世帯内配分 ………………128
世帯の可処分所得 ………144

積極的主体認識 …………247	【な・に】	目標 ………………………146
設計の変更 ………………217	内々価格差 ………………102	【ゆ・よ】
絶対的基準 ………………114	名古屋市社会指標…………34	有効求人倍率 ……………229
全国生計費調査 …………116	ニーズ得点…………………74	豊かさ ……………………176
選択肢 ……………………192	二酸化炭素の排出量 ……153	豊かさ指数…………………91
【そ】	二十職工家計調査 ………119	豊かさ指標…………………74
総合化………………………33	【は・ひ】	豊かさの概念 ………………8
総合指標……………………89	『羽仁もと子案家計簿』…119	「豊かさ」の定義 …………55
総合的生活設計 ……240,248	非人的資源 ………………111	予算 ………………………199
総体家計 …………………126	評価基準 …………………129	【ら】
相対的基準 ………………114	評価の観点 ………………113	ライフイベント ……196,215
損害保険 …………………236	標準生計費 ………………127	ライフイベント選択計画
【た】	標準得点方式 …………33,37	………………………191
第三者基準 ………………140	【ふ・へ・ほ】	ライフサイクル …………204
『墓所勘定表』……………117	ファミリーサイクル ……217	ライフサイクルエネルギー
多様化社会 ………………192	不安社会 …………………194	………………………155
男女の平等 ………………186	物価下落 …………………232	ライフステージ
【ち】	フロー ……………………111	……………102,129,133
地域経済指標 ……………171	ブラックボックス …125,135	ライフデザイン …………196
地域生活経済の診断 ……165	ベスト・プラクティス……50	【り】
地域守り労働 ……………139	報酬額算定手順 …………140	リスク ………194,196,198
チェックタイプ …………152	報酬額の算出方法 ………144	リスクコントロール ……234
千葉県統計指標……………32	保険純増 …………………238	リスクファイナンス ……234
長期時系列指標値…………35	ポスト・ロスコントロール	リスクマネジメント ……233
超高齢社会………………99,228	………………………234	【れ・ろ】
貯蓄可能額 ………………199	北海道生活指標……………32	連合総合生活研究所………11
貯蓄目標額 ………………199	【ま・み・む・も】	老後生活 …………………214
貯蓄予定額 ………………199	マーケットバスケット方式	老後の生活設計 …………225
【と】	………………………127	労働単価 …………………139
同一価値労働同一賃金 …139	満足度………………………49	労働能力単位 ………141,144
動態的指標…………………55	民法 …………………………97	労働報酬算定 ……………140
トップダウン方式…………32	無償労働の貨幣評価 ……137	労働報酬の算定 …………138

多様化するライフスタイルと家計
―生活指標研究―　　　　　　　定価（本体3,400円＋税）

平成14年8月26日　初版発行

編　者　（社）日本家政学会
　　　　　　　家庭経済学部会

発行者　筑　紫　恒　男

発行所　株式会社　建帛社
　　　　　　　KENPAKUSHA

〒112-0011　東京都文京区千石4丁目2番15号
　　　　　　　TEL(03)3944-2611
　　　　　　　FAX(03)3944-4377
　　　　　　　http://www.kenpakusha.co.jp/

ISBN4-7679-6512-8　C3077　　　　　中和印刷/関山製本社
Ⓒ(社)日本家政学会家庭経済学部会, 2002.　Printed in Japan.
定価はカバーに表示してあります。

本書の複製権・翻訳権・上映権・公衆送信権は株式会社建帛社が保有します。
JCLS　〈(株)日本著作出版権管理システム委託出版物〉
本書の無断複製は著作権法上での例外を除き禁じられています。複写される
場合は, (株)日本著作出版権管理システム(03-3817-5670)の承諾を得て下さい。